DOCUMENTS NOBILIAIRES

AUTHENTIQUES, INÉDITS

Concernant le destinataire de la présente Circulaire

Adonné depuis un grand nombre d'années aux travaux héraldiques, j'ai acquis la conviction que si peu de familles en France possèdent les preuves essentielles de leur noblesse et de leurs titres réels, la perte en est rarement irréparable. Les archives publiques sont riches en documents nobiliaires, et leur compulsion est le constant objet de mon labeur.

Rétablir par des recherches les lacunes existant dans les situations nobiliaires est l'étude à laquelle je me suis voué. Je puis dès à présent donner ce qui a été recueilli sur votre famille au dix-septième siècle par un généalogiste des ordres du roi dont le gouvernement conserve avec soin les écrits inédits. Ces écrits ont servi de base, de fondement aux œuvres de d'Hozier et de Lachenaye-Desbois. Ce sont les pièces fondamentales, capitales, officielles et légales de votre généalogie et de vos titres de noblesse.

Ces extraits seront transcrits d'une écriture compacte et soignée, sur timbre de grande dimension. Ils seront attestés pour copie conforme, enregistrés, et mentionneront en tête la source dont ils émanent.

Le prix des transcriptions, frais et timbre et de légalisation compris est de vingt-cinq francs par feuillet, mais des réductions seront faites sur le taux de la dépense quand le titre ou la série de titres délivrés dépassera dix feuillets, soit vingt pages d'étendue.

La nature et l'analyse des documents intéressant les destinataires de la présente circulaire leur seront communiquées au reçu d'une demande accompagnée du timbre de réponse. Les recherches spéciales dont en outre on voudra bien me charger feront l'objet de conventions précises et déterminées.

CH. POPLIMONT.

27, Rue Casimir-Périer.

FRANCE HÉRALDIQUE. — Recueil complet des armes, de l'origine des principaux représentants de toutes les familles nobles de France.

Notices sommaires ou étendues sur un grand nombre de ces familles, par Ch. Poplimont, 8 volumes in-8° de 320 pages.

Les derniers exemplaires de cet ouvrage, valeur en librairie 80 fr., seront livrés au prix de 30 fr., pris dans nos bureaux.

Expédition contre remboursement, retour franco. Adresser les demandes à M. Ch. Poplimont, 27, rue Casimir-Périer, à Paris.

Imp. D. BARDIN, rue de Paris, 80, à St-Germain.

LA

FRANCE HÉRALDIQUE

LA
FRANCE HÉRALDIQUE

PAR

CH. POPLIMONT

CHEVALIER DE L'ORDRE DES SAINTS-MAURICE & LAZARE

TOME I

A – BOM

BRUGES
TYPO- & LITHOGRAPHIE EDW. GAILLIARD & COMP.
PARIS, 3, RUE MARTEL
1870

AVANT-PROPOS

Les transformations sociales, œuvre du temps et des révolutions, ont enlevé à la Noblesse ses priviléges et sa prépondérance, mais n'ont pas amoindri son importance et son éclat. La Noblesse qui affirme la grandeur de son passé, l'héroïsme et la valeur de ses ancêtres dans les guerres qui ont porté si haut le drapeau de la France; le courage civique, plus sublime encore que celui des champs de bataille, le patriotisme, la science qui les ont illustrés dans les Cours de justice, et les Parlements qui sont aussi un des grands titres de gloire de la France, cette Noblesse, disons-nous, qui se montre justement fière de ses beaux souvenirs, les rappelle et les proclame sans vouloir en réclamer le prix à la société moderne et qui vient dire ainsi à l'ordre de choses nouveau dont elle reconnait les droits, dont elle accomplit les devoirs : *Noblesse oblige;* cette Noblesse est digne de respect, de considération et d'estime. C'est là sa grande raison d'être aujourd'hui. Ne reconnaissant que des devoirs, elle peut s'inspirer, pour les mieux accomplir, de l'exemple de ses ancêtres. Là est la cause réelle des travaux généalogiques et de la publication des œuvres héraldiques qui jamais n'ont été plus considérables et plus nombreux qu'aujourd'hui.

C'est pourquoi nous croyons produire une œuvre utile en donnant des indications sommaires sur toutes les familles nobles de la France dont nous avons pu recueillir les noms. Un supplément comblera les lacunes.

Dans ce travail nouveau nous n'avons rien avancé sans preuve ou sans fondements, nous étant toujours attaché à suivre les auteurs de bonne note, tels que d'Hozier, La Chesnaye-Desbois, Lainé, Courcelles, etc. Notre manuscrit et des épreuves ont été envoyés à tous les membres des familles dont nous avons entrepris l'histoire, afin d'arriver à une exactitude plus complète, surtout à l'égard des personnes vivantes. Nulle erreur volontaire ne nous sera donc reprochée. La matière que nous traitons aujourd'hui par rapport à la France a été l'occupation constante de notre vie, et nos publications précédentes disent assez que le livre actuel est de même une œuvre de conscience et de sincérité.

Des planches d'armoiries seront données à la fin de l'ouvrage, un travail spécial ayant plus de netteté que des gravures insérées dans le texte,

LA
FRANCE HÉRALDIQUE

A

ABADIE ou **D'ABBADIE**. *France, Languedoc, Béarn, Normandie.*

FRANCE. D'azur fretté d'argent à la fasce d'hermines brochant sur le tout.

LANGUEDOC. D'argent, au chevron de gueules accompagné en chef de deux tours de même, et en pointe d'un écusson d'azur brochant sur le chevron, chargé d'un lion d'or; au chef d'azur chargé d'une étoile à cinq rais du champ.

BÉARN. ABADIE D'ARBOCAVE. D'or à l'arbre de sinople, au lévrier de gueules colleté d'argent, attaché à l'arbre par une chaîne de même, au chef d'azur, chargé d'un croissant, entre deux étoiles à cinq rais d'or.

NORMANDIE. ABBADIE DE LATTES. D'argent au chef de gueules chargé d'une rose d'or.

Ces familles comptent en France de nombreux représentants.

L'Histoire du droit dans les Pyrénées, par Lagrèze, contient leur histoire. Au siècle dernier il y en avait quarante-trois en Bigorre seulement. Le Béarn est le berceau des d'Abadie de Bastanès et d'Arbocave. En Soule, on trouve les d'Abadie de Gotein et d'Arrart; en Navarre existent les d'Abbadie d'Ithorrotz, qui sont nombreux.

ABANCOURT. *Picardie.*

D'argent à l'aigle de gueules.

Le nom d'Abancourt est représenté par deux familles distinctes.

La première a pour chef le vicomte d'Abancourt à Paris, dont le fils Emile, baron d'Abancourt, est conseiller référendaire à la cour des comptes, à Paris.

Les autres représentants du nom d'Abancourt sont Charles d'Abancourt, vérificateur des domaines, à Paris. Georges d'Abancourt, substitut du procureur impérial, à Autun.

ABAQUESNÉ. *Normandie.*

D'azur à la fasce d'or, accompagnée de trois étoiles de même, posées deux en chef et une en pointe.

Cette famille est, croit-on, originaire de la ville de Valognes où elle est connue depuis le xiv° siècle.

En 1696, Jean Abaquesné fit enregistrer les armes de sa famille en vertu de l'édit de septembre de la même année (Voir d'Hozier, *Manuscrits de la généralité de Caen*, p. 693). Ces armes étaient d'argent à un sautoir d'azur, parti d'or à un chef pal de sable. En récompense des nombreux services rendus à l'État par lui et ses ancêtres, son fils René fut confirmé dans sa noblesse et ses privilèges par Louis XIV qui lui permit en outre de porter les armes décrites en tête de cette notice. Philippe, fils de René, maître à la Cour des comptes, aides et finances de Normandie, fut représenté en 1789, dans l'ordre de la noblesse du bailliage de Caen, par M. d'Aigneaux.

Cette famille possédait et possède encore aujourd'hui le fief de Parfouru-sur-Odon, qui relevait directement du roi. Elle porte pour armes un écu écartelé aux armes de la concession de Louis XIV ou simplement ces dernières.

Abaquesné compte aujourd'hui plusieurs représentants, savoir : Gabriel-Anatole Abaquesné, au château de Hautteville, par Saint-Sauveur-le-Vicomte, département de la Manche. Il a un fils : Gaston Abaquesné, au château de Servigny, par Valognes, et un petit-fils, Robert d'Abaquesné; Théodule Abaquesné, frère cadet de Gabriel-Anatole, au château de Parfouru-sur-Velon, par Villers-Bocage, département du Calvados.

ABBES. *Languedoc.*

D'azur à l'arbre déraciné d'or; au chef d'argent chargé d'un croissant de gueules, entre deux étoiles de même. Couronne : de comte. Supports : deux lions d'or adossés, celui à dextre couché, celui à senestre assis.

Cette famille est très-ancienne; elle peut en fournir les preuves par les documents déposés aux archives de Pézenas, de Montpellier et de Bédarieux. Ses titres ont été détruits ou égarés et ce n'est plus que dans des dépôts publics qu'on peut acquérir les preuves de son antiquité et de son illustration. Elle s'est distinguée dans les armes et dans la science. Sous Louis XIII, un d'Abbes était lieutenant-colonel du régiment Royal-Limousin; sous Louis XIV, la famille servait dans l'armée commandée par le Maréchal de Villars pendant la guerre contre les protestants et l'importance de ses services est consignée aux archives du château de Gignac, département de l'Hérault. Sous le même roi, un d'Abbes, littérateur, est cité par Voltaire dans son *Dictionnaire philosophique*, au mot *Esprit*.

En 1770, la famille entra en possession de la terre seigneuriale de Cabreyrolles dont une branche ajouta le nom au sien. Cette terre était située près de Bédarieux et son possesseur, d'Abbes de Cabreyrolles, entretenait des relations très-suivies avec l'aïeul du titulaire actuel dont il était le cousin.

L'aïeul du titulaire avait le titre d'écuyer et fut, de 1770 à 1775, conseiller du roi.

En 1798, son père épousa Claire d'Assignan de Mahieu, fille du baron de Villespassans, seigneur de Malviès, officier aux gardes françaises. Nous possédons un document concernant cette famille, aujourd'hui éteinte, qui débute en ces termes :

« L'an 1780, 4 septembre, dans Béziers, nous notaire du
« dit Béziers et témoins bas nommés, furent présents : M. Jean-
« Hyacinthe-Stanislas de Mahieu, seigneur et baron de Ville-
« passans, co-seigneur de Colombiers, demeurant à Toulouse,
« d'une part, et M. Jean-Joseph Didace d'Assignan de Mahieu,
« seigneur de Malviès, demeurant à Béziers, frères germains,
« enfants de feu messire Jean-Jacques de Mahieu, seigneur de
« Villepassans, ancien officier aux gardes françaises, d'autre
« part, les quelles parties ont dit que ledit feu seigneur de
« Mahieu, père, par son testament du 16 juillet 1764, reçu par
« maître Boucard, de Béziers, institua pour son héritier uni-
« versel et général le dit seigneur de Mahieu, son fils aîné,
« et légua la légitime telle que de droit, tant au dit Jean-
« Joseph Didace d'Assignan de Mahieu qu'à ses autres enfants;
« que d'autre côté, ce dernier ayant à répéter les droits le
« concernant du chef de feu dame Marie de Nattes, mère com-
« mune décédée intestat, de celle de feu dame Anne de Bermond
« de Mahieu, décédée aussi intestat, ensemble des chefs de
« Jacques-Gabriel-Illède de Mahieu, beau frère commun, décédé,
« et de dame Marguerite-Marie-Jeanne.... »

La parenté des trois familles depuis distinctes d'Abbes de Cayron, d'Abbes de Cabreyrolles et d'Abbes, proprement dit, dûment établie d'après des correspondances intimes, se prouve encore par la similitude des armoiries, du nom et la communauté d'origine.

La filiation du nom qui nous occupe s'établit encore par les archives que la famille de Graves de Pézenas a réunies au château d'Almes, par suite du mariage d'un de Grave de Pézenas avec l'unique héritière des biens et des titres de la branche d'Abbes de Cabreyrolles.

Alliée à la fin du siècle dernier aux d'Assignac, de Mahieu Villespassans, de Bermond-Puysséguer, de Rousset-Malviès, etc., la famille d'Abbes est uniquement représentée aujourd'hui, par d'Abbes, directeur des postes à Perpignan.

ABEILLE. *France.*

D'azur à la ruche d'or accostée de trois abeilles de même.

On compte en France deux familles distinctes de ce nom, portant cependant les mêmes armes. La première éteinte en 1755, par la mort de Jacques d'Abeille, officier dans les gardes de la marine, seigneur de Peyrolle-Roubion, co-seigneur de Pontevès, eut pour auteur Louis d'Abeille, juge à Tarascon, en 1427.

L'autre famille du nom d'Abeille a pour chef de nom et d'armes Auguste d'Abeille, comte romain, chevalier de la Légion d'honneur et de Saint-Sylvestre. Elle a pris ses alliances dans les maisons de Combaud, du Pithon, de Randou, etc.

ABEL. *Alsace, Provence.*

ALSACE. D'azur à une rose d'or, pointée de sinople, posée en chef, et en pointe trois pommes aussi d'or mal ordonnées; à quatre étoiles d'argent, deux en chef et deux en pointe et aux lettres H. A. d'or, posées à chaque flanc.

PROVENCE. D'or à un sanglier passant de sable et au chef d'azur chargé d'une quintefeuille d'or, accostée de deux croissants d'argent.

Cette famille compte cinq représentants : d'Abel, à Versailles; d'Abel de la Prades, à Mazerolles-Lussac-les-Chateaux, département de la Vienne; d'Abel de Libran, chevalier de la Légion d'honneur, sous-préfet, à Valognes, département de la Manche, qui a deux fils : Henri d'Abel de Libran, officier de marine; Louis d'Abel de Libran, officier de dragons.

ABOVILLE. *France.*

De sinople au château d'argent, flanqué de deux tours couvertes et girouettées, ouvert, ajouré et maçonné de sable.

Cette famille très-ancienne, est originaire de la sergenterie de Val de Serre en Normandie, d'où différentes branches se sont répandues en Bretagne, en Lorraine et dans l'Ile de France. Maintenue dans sa noblesse lors de la recherche de 1666, la maison d'Aboville s'honore de grandes illustrations : le chevalier d'Aboville, lieutenant-général, commandant en chef l'artillerie de Louis XV, sous le maréchal de Saxe; François-Marie d'Aboville qui se distingua dans les guerres de l'indépendance des États-Unis, commandait en chef l'artillerie, en qualité de lieutenant-général, à la journée de Valmy, dirigea les travaux d'attaque des villes de Valenciennes, Condé, Landrecies, le Quesnoy, devint sénateur, puis comte sous l'empire, et mourut doyen de la Chambre des pairs, le 1er novembre 1817.

Auguste-Gabriel, comte d'Aboville, son fils, directeur général des parcs d'artillerie de l'armée d'Italie en 1802, baron de l'empire en 1812, hérita de la pairie en 1817, et mourut le 15 août 1820.

Cette famille a plusieurs représentants: le comte d'Aboville ancien pair de France, au château de Brouay, département du Calvados; le vicomte d'Aboville, son frère, ancien officier d'artillerie, au château de Rouville, département du Loiret, et ses enfants; l'amiral comte d'Aboville, à Cherbourg, et ses enfants; le général de brigade en retraite, d'Aboville, a Passy.

ABRIAL. *France.*

D'argent à l'arbre de sinople terrassé de même, au chef d'azur, chargé d'un soleil d'or.

Cette famille originaire du Vivarais, a été illustrée par André-Joseph, comte d'Abrial, ministre de la justice sous le Consulat, membre du Sénat sous le premier Empire, né à Annonay, le 19 mars 1750, mort le 13 novembre 1828.

André-Pierre-Étienne, comte d'Abrial, son fils, né le 5 décembre 1783, mort le 26 décembre 1840, ministre de la justice en 1804, auditeur au conseil d'État, fut aussi commissaire général de police à Lyon, préfet du département du Finistère et ensuite du Gers, puis maître des requêtes en service extraordinaire en 1818.

Il laissa un fils, le comte d'Abrial, docteur en droit à Paris.

ABZAC. *France.*

D'argent, à la bande d'azur, chargé d'un besant d'or, à la bordure du second, chargé de dix besants du troisième; dont cinq en chef, deux en flancs, trois en pointe.

Cette famille est représentée par d'Abzac, contrôleur des contributions directes, à Bergerac, département de la Dordogne, et par d'Abzac, chef d'escadron d'état-major.

ACHARD. *Poitou, Angoumois, Alsace.*

D'argent à trois fasces abaissées de gueules, surmontées de trois triangles vidés de sable, entrelacés deux et deux et posés deux et un. L'écu accosté de quatre haches d'armes.

Cri : *Achard, hache!*

Devise : *Ex virtute nobilitas.*

Cette ancienne famille qui se divise en plusieurs branches, possédait en Picardie la baronnie de la Motte-Achard. La branche d'Achard proprement dite a pour chef de nom et d'armes le baron d'Achard, général de division, sénateur, grand'croix de la Légion d'honneur.

ACHARD DE BONVOULOIR. *Normandie, Guyenne.*

D'azur au lion d'argent, armé et lampassé de gueules, à deux fasces alésées de même brochant sur le lion. L'écu accosté de deux haches en pal. Cimier: Une hache d'armes en pal.

Cri : *Achard, hache !*

Cette branche a pour chef le comte d'Achard de Bonvouloir, au château du Pas-de-la-Vente, par Passais, département de l'Orne.

ACHARD DE LELUARDIÈRE. *Poitou, Normandie.*

D'azur au lion d'argent armé et lampassé de gueules à deux fasces alésées de même, brochant sur le lion. L'écu accosté de deux haches d'armes. Couronne : de marquis. Cimier : une hache d'armes en pal.

Cri : *Achard, hache !*

Devise : *Bon'renom et loyauté.*

Cette branche établie en Normandie au commencement du xie siècle, au fief Perthuis-Achard, terre qu'elle possède encore, est représentée par Pierre-André-Marie-Godefroy d'Achard de Leluardière, à Saint-Denis-le-Vêtu, département de la Manche.

ACHARD DE VACOGNES. *Normandie, Poitou.*

D'azur au lion d'argent, armé et lampassé de gueules, couronné d'or, à deux fasces alésées de même, brochant sur le lion. Cimier : une hache d'armes en pal. L'écu accosté de deux haches d'armes.

Cri: *Achard, hache !*

Cette branche a pour représentant d'Achard de Vacognes, à Bayeux.

On retrouve encore les noms d'Achard des Hautes-Noes, à Alençon, et d'Achard de la Vente, maire du Mage, par Longni, département de l'Orne.

ACHER. *Auvergne.*

De gueules à deux haches adossées d'or. — D'azur à la fasce d'argent, accompagnée de trois écussons d'or.

Cette famille est représentée par le baron d'Acher de Montgascon, à Paris, et par d'Acher, président de la société de Sainte-Colombe-sur-l'Hers, département de l'Aude.

ACQUET DE FÉROLLES. *Poitou, Picardie.*

De sable à trois paniers ou sceaux d'or.

Cette famille a trois représentants : Charles et Arthur d'Acquet de Férolles, au Mans; d'Acquet de Férolles, au château de Buleux-Cerisy, par Oisement, département de la Somme.

ACQUEVILLE. *Normandie.*

D'argent au gonfanon d'azur, frangé de gueules.

Cette famille est représentée par d'Acqueville, au château de Cottenchy, par Sains, département de la Somme.

ADAM. *France, Poitou, Normandie, Bretagne.*

FRANCE. D'or à l'aigle de sable, au chef d'azur chargé d'un soleil du champ.

POITOU. D'azur au lion d'argent.

NORMANDIE. ADAM DE BONNEMARE. D'azur à trois maillets d'argent, surmontés chacun d'une rose d'or. — ADAM DE MORCHE-BOSE-FONTAINE. D'argent au chevron de gueules accompagné de trois roses de même. — ADAM D'ORVILLE. De gueules au chevron d'or accompagné de trois roses d'argent.

BRETAGNE. ADAM DE TOUREAULT. D'or à la tour de sable donjonnée d'une tourelle de même.

Ce nom est aussi inscrit dans les catalogues de la noblesse d'Écosse et de Bavière.

Nous connaissons en France deux représentants du nom d'Adam : Adam de Saint-Rémi, chanoine à Paris; Adam de Verdonne, juge au tribunal de commerce, à Soissons.

ADHÉMAR. *Provence, Languedoc, Ile de France, Dauphiné.*

PROVENCE. D'or à trois bandes d'azur.

LANGUEDOC. Parti : au 1 d'azur semé de fleurs de lis d'or; au 2 de gueules à la demi-croix de Toulouse d'or, mouvante du parti. Sur le tout : d'or à trois bandes d'azur. Cimier : un lion issant au naturel tenant une banderole inscrite des mots : *Lancea Sacra.*

Devise : *Plus d'honneur que d'honneurs.*

FRANCE. ADHÉMAR DE GRIGNAN. De gueules à la tour d'or donjonnée de trois tourelles de même.

DAUPHINÉ. ADHÉMAR DE MONTEIL. Comme Adhémar de Provence. — ADHÉMAR DE PANAT et ADHÉMAR DE PIERRELATTE. Comme Adhémar en Languedoc.

On compte en France de nombreux représentants du nom d'Adhémar : Ferdinand-Jean-Auguste, comte d'Adhémar de Gransac, chevalier de la Légion d'honneur, ancien chef d'escadrons, à Toulouse; Emmanuel, comte d'Adhémar, chef de bataillon, à Fronton, département de la Haute-Garonne; Hippolyte, comte d'Adhémar, à Toulouse; Léon d'Adhémar, chanoine, à Toulouse; Gustave d'Adhémar, lieutenant au 45° de ligne; Henri d'Adhémar, lieutenant au 17° d'artillerie; Alfred d'Adhémar, jésuite, à Toulouse; d'Adhémar, lieutenant d'etat-major, au 8° de hussards; d'Adhémar, sous-lieutenant au 8° de cuirassiers; le vicomte d'Adhémar de Cazevielle, à Paris.

ADIGARD DES GANTERIES. *Normandie.*

D'argent à trois équerres de sable.

L'unique représentant du nom d'Adigard des Ganteries, réside à Argentan, département de l'Orne

ADONVILLE. *Beauce.*

D'azur à six annelets d'or.

Cette famille, originaire de la Beauce, est représentée par

d'Adonville, au château d'Argeville, par Milly, département de Seine-et-Oise.

ADORNO DE TSCHARNER. *France.*

Écartelé : aux 1 et 4 d'or à la bande échiquetée d'argent et de sable, de trois tires; aux 2 et 3 de gueules au griffon d'argent.

L'unique représentant du nom d'Adorno de Tscharner, chevalier de la Légion d'honneur, est officier à l'état-major général, à Paris.

ADVISART. *France.*

De gueules au chevron d'argent.

Cette maison est originaire de Normandie où elle est connue sous le nom d'Advisart de la Chapelle.

Nous connaissons en France deux représentants du nom d'Advisart : d'Advisart de Saubens, à Toulouse; le marquis d'Advisart Talairan, à Toulouse.

AFFRY DE LA MONNOYE. *Suisse, Bourbonnais.*

D'argent, à trois chevrons de sable, à la bordure engrêlée de gueules.

Cette maison, originaire de Suisse, puis longtemps fixée dans le Bourbonnais, est représentée par Léon d'Affry de la Monnoye, chevalier de la Légion d'honneur, greffier à la cour de cassation; Alfred d'Affry de la Monnoye, chevalier de la Légion d'honneur, régisseur de l'octroi de la ville de Paris, qui porte à la bordure engreslée de gueules; Oscar d'Affry de la Monnoye, qui porte à la bordure engreslée de gueules, à la moucheture d'hermines posée au franc quartier dextre.

AGARD. *Bretagne, Provence.*

De gueules à la molette d'or, au chef cousu d'azur chargé d'une croix pommetée d'or.

Cette famille a deux représentants : d'Agard, officier de la Légion d'honneur, à Dix, département des Bouches du Rhône ; d'Agard de Roumejoux, chevalier de la Légion d'honneur, colonel commandant le 27ᵉ de ligne.

AGAY. *Franche-Comté, Bretagne.*

D'or au lion de gueules au chef d'azur. Couronne : de marquis. Cimier : le lion issant de l'écu.

Cette maison, qui appartient à la Franche-Comté et à la Bretagne, est connue depuis le xvᵉ siècle. Hugues d'Agay vivait à Poligny en 1463. En 1766, François d'Agay reçut des lettres patentes de comte. Au siècle dernier également, Marie-François-Bruno, comte d'Agay, fut intendant de Bretagne et président au grand conseil.

Les deux derniers représentants de ce nom sont d'Agay, à Aix, département des Bouches-du-Rhône ; d'Agay, à son château, près Fréjus, département du Var.

AGES (Des). *France.*

De sable à la biche passante d'argent accolée d'or.

Cette famille est représentée par des Ages, chevalier de la Légion d'honneur, maire de Cosne, département de la Nièvre.

AGNEL DE BOURBON. *Bretagne, Provence.*

D'hermines à la fasce de gueules, chargée de trois fleurs de lis d'or. Couronne : de comte.

Devise : *Probitas virtus et fidelitas.*

Cette famille descend des rois de Bretagne ; Pierre d'Agnel de Bourbon d'Arigné vint établir sa branche en Provence, où Louis d'Anjou, son parent consanguin, le nomma grand sénéchal de Provence, à la fin du xivᵉ siècle. Il épousa Hélène, princesse d'Enghien, dont un fils : Antoine d'Agnel de Bourbon, qui épousa Marguerite de Vintimille.

Ainsi qu'il conste d'un certificat délivré par les syndics de la noblesse de Provence, en date du 5 mai 1789, le titre de comte appartient au chef de nom et d'armes de cette maison.

Représentée en 1815 par Auguste-Jean-Baptiste, comte d'Agnel de Bourbon, né le 31 janvier 1787, fils de Joseph et de Marie-Lucrèce Michel, elle compte plusieurs membres aujourd'hui.

AGON DE LACONTRIE. *Bavière, France.*

D'argent au chevron d'azur, accompagné en chef de deux fleurs de souci de gueules et en pointe d'un cep de vigne, fruité de trois grappes et pampré d'autant de pièces, le tout au naturel. Supports : deux lions d'argent.

Cette famille, originaire de la Bavière, compte deux représentants : d'Agon de Lacontrie, conducteur des ponts-et-chaussées à Bône, Algérie; d'Agon de Lacontrie, commis de navire, aux Indes.

AGOULT. *Provence, Dauphiné.*

Nous avons en France deux maisons de ce nom, les marquis et les comtes d'Agoult. Elles portent des armes différentes.

Pour les marquis d'Agoult : D'or au loup rampant d'azur, armé, lampassé et viléné de gueules. Couronne : de marquis; tenants : deux anges.

Devise : *Hospitalité d'Agoult.*

Légende : *Avidus committere pugnam.*

Cette maison remonte à une haute antiquité. Elle a pour auteur Humbert, seigneur d'Apt en 993, bienfaiteur de la cathédrale de cette ville. Son fils aîné, Guillaume qui vivait en 1008, prit le nom d'Agoult d'une terre considérable de l'ancien diocèse de Cavaillon, faisant partie de la viguerie d'Apt.

Le nom d'Agoult a été proclamé le plus fameux de la Provence, et c'est à juste titre aussi que lui a été appliqué le proverbe : « *Hospitalité et bonté d'Agoult.* »

L'illustration de cette maison est immense. Elle a donné des prélats, revêtus des plus grandes dignités de l'Église, des grands chambellans de Bourgogne, de Naples et de Sicile, des amiraux des mers du Levant, des gouverneurs de province, douze sénéchaux de Provence, des ambassadeurs, des lieutenants-généraux, des maréchaux de camp, des officiers supérieurs, des gardes du corps du Roi, des gentilshommes de la Chambre, des dignitaires des ordres de Malte, de Saint-Louis, de Saint-Lazare. Elle a été élevée à la pairie.

A la fin du xv° siècle, son nom et ses armes passèrent par substitution à une maison noble et ancienne, celle de Vincens, connue depuis cette époque sous les noms de Vincens d'Agoult, d'Agoult Vincens et Agoult seul.

Les différents représentants du nom d'Agoult sont : le marquis d'Agoult, au château de Mazoué, département de la Sarthe; le comte d'Agoult, qui habite Paris, et d'Agoult, chevalier de la Légion d'honneur, chef d'escadrons au 1ᵉʳ chasseurs.

AGRAIN. *Languedoc.*

D'azur au chef d'or.

Cette famille est représentée par le marquis d'Agrain, au château de Bressay, département de la Côte-d'Or.

AGUADO. *France. Espagne.*

Marquis de las Marismas del Guadalquivir. Écartelé : au I, parti au 1, de pourpre à la tour d'argent ouverte de sable, surmontée d'une molette d'or; au 2 de gueules à quatre bandes d'or, à la bordure d'azur, chargée de quatre besants d'or; au II, coupé au 1 d'argent à la chaudière de sable en chef, et au cormoran de gueules en pointe; au 2 d'azur à deux renards d'argent, l'un sur l'autre, passant devant un olivier de sinople, à la bordure de gueules chargé de huit flanchis d'or, posés 3, 2 et 3; au III de sable au lion léopardé d'argent; au IV d'argent à la fasce d'azur, accompagnée de deux renards passants au naturel, l'un en chef et l'autre en pointe.

Cette famille appartient encore à la France et à l'Espagne.

Il existe en France trois représentants de ce nom : la marquise douairière d'Aguado à Paris; le comte d'Aguado, au château de Grossouvre, par la Guerche, département du Cher; le vicomte d'Aguado, à Paris.

AGUERRE. *France, Lorraine.*

France. D'or à trois pins au naturel.

Lorraine. D'argent à l'arbre de sinople, accompagné de deux chaudières de sable; à la bordure d'azur chargée de six flanchis d'or.

Cette famille a deux représentants : d'Aguerre au Pays-Basque et d'Aguerre-Cambo.

AHOUS. *Landes.*

Écartelé : au 1 d'azur à deux lions passants d'or; au 2 d'or à deux levrettes de sable; au 3 d'or à trois fasces de gueules; au 4 d'azur à un agneau pascal d'argent.

Le baron d'Ahous de Houtaux, unique représentant du nom, réside dans les Landes.

AIGLE. *Normandie.*

D'or à l'aigle éployée de sable; au chef d'azur chargé de trois fleurs de lis d'or.

Cette maison est représentée par le marquis de l'Aigle; le comte de l'Aigle; le vicomte de l'Aigle; le comte de l'Aigle des Acres, chevalier de la Légion d'honneur; le vicomte de l'Aigle des Acres, auditeur au conseil d'État, tous habitants de Paris.

AIGNEAUX. *Normandie, Bretagne.*

D'azur à trois agneaux d'argent. Supports : deux lions.

Cette famille a pour unique représentant le marquis d'Aigneaux, conseiller général à Sainte-Mère-Église, département de la Manche.

AIGOIN DE FALGUEROLLES. *Picardie.*

De gueules à une fasce ondée d'or, accompagnée en pointe d'une tête de licorne coupée d'argent.

L'unique représentant du nom d'Aigoin de Falguerolles, réside au château de Dormans, département de l'Aisne.

AIGREMONT. *Franche-Comté.*

De gueules à trois croissants d'argent.

La maison d'Aigremont a fourni un chevalier croisé en 1191 et produit onze chambellans de l'archevêché de Besançon. Renaud d'Aigremont se joignit à Jean de la Rochelle pour faire la guerre à Jean de Vergy, au XVI° siècle. L'office héréditaire de chambellan passa à la mort de François d'Aigremont, en 1688, à la maison de Grammont.

Alliances : de Fussey, de Rougemont, de Saint-Mauris, etc.

Cette famille a deux représentants : le marquis de Jacops d'Aigremont, au château de Beaulieu, par Carpentras, département de Vaucluse; de Paturel d'Aigremont, aux îles de Saint-Pierre et Miquelon.

AIGUIRANDE. *Bourbonnais, Berry, Artois, Picardie.*

D'or au lion de sable, armé et lampassé de gueules.

Les représentants actuels de cette famille sont la marquise d'Aiguirande, au château de Romsac, par Levroun, département de l'Indre; d'Aiguirande, au château de Gualinghem, département du Pas-de-Calais.

AILHAUD DE CASENEUVE. *Provence.*

De gueules, à trois têtes de lion arrachées d'or; au chef cousu d'azur chargé d'un soleil d'or.

La filiation authentique de cette ancienne famille fut justifiée devant les commissaires du roi en 1710, époque à laquelle elle fut maintenue dans sa noblesse. Elle produisit depuis par-devant d'Hozier, juge d'armes de France, une suite de titres originaux dont les extraits vérifiés par lui existent au dépôt des manuscrits de la Bibliothèque impériale à Paris et sont relatés dans plusieurs nobiliaires. Il résulte de ces titres que la famille dont il s'agit est issue de celle des d'Ailly, de Picardie, l'une des plus illustres de France (1).

Un de ces actes établit que Guy d'Ailly, auteur de la famille d'Ailhaud de Provence, partagea avec Pierre, son frère, les biens de leur père, le 5 mars 1215, et que parmi ces biens était la terre seigneuriale de Cahon ou Cavillon qui appartenait à leurs ancêtres. Le même Guy d'Ailly épousa, par contrat du 10 mars 1216, Sibille Ailhaud, dame d'Arlan et de Mus, terres qu'elle légua à Fouquet, leur fils, à condition qu'il prît le nom d'Ailhaud, aux termes de son testament de l'année 1245 (*Giraud*, notaire). — Fouquet d'Ailhaud fut en grand crédit auprès de Charles d'Anjou, comte de Provence, frère de Saint-Louis, l'accompagna en Provence où il se fixa, et à la conquête du royaume de Naples. Il avait épousé, en 1248, par contrat passé devant Tornatori, notaire à Sisteron, Anne d'Agoult, des comtes souverains de Sault. On le voit qualifié de *magnifique seigneur* dans le contrat de mariage de Jean d'Ailhaud, son fils, lequel épousa, le 10 octobre 1278, Lucie de Lascaris, petite fille de Théodore Lascaris, dit le jeune, empereur de Constantinople, et nièce de Jean IV, qui fut détrôné par Michel Paléologue. Jacques, l'un des fils de Jean d'Ailhaud, fut évêque de Glandevès en Provence et assista au concile d'Avignon en 1337. — Les mêmes titres établissent qu'à cette époque et depuis, plusieurs membres de cette famille étaient chevaliers et seigneurs de diverses

---

(1) Les plus anciens titres de cette famille montrent qu'elle avait déjà une grande puissance féodale en Picardie avant la première croisade. Les d'Ailly ont été, pendant plusieurs siècles, vidames d'Amiens et ont eu l'honneur de contracter une alliance directe avec la maison royale de France. (Voir le *Nobiliaire de d'Hozier*, le Père Anselme, etc.)

terres dans la Haute-Provence. On trouve ensuite, parmi leurs descendants, un grand nombre d'officiers qui se distinguèrent dans les armées de la France, entre autres Pierre Ailhaud, seigneur de Cheiron, qui servit sous Louis XII et François Ier ; — Jean, capitaine d'une compagnie de 150 hommes d'armes, tué au siège de la Rochelle en 1573; — Pierre, qui reçut d'Henri IV, en récompense des notables services qu'il lui avait rendus et de ceux de ses pères, la cession des droits du roi sur une partie de la terre de Méouille, par lettres patentes données à Melun, le 17 février 1600; — Jean, neveu de celui-ci, capitaine d'infanterie, mort des suites de ses blessures; — Pierre Ailhaud, capitaine d'infanterie tué au siége d'Arras en 1640; — plusieurs frères et un neveu de ce dernier, mort également au service; — Paul Ailhaud, seigneur de Méouille et d'Angles, capitaine d'infanterie, qui fit plusieurs campagnes sous le règne de Louis XIV; — Antoine, son fils, capitaine de cavalerie au régiment de Luynes, nommé au commandement militaire de la viguerie de Castellane pendant la peste et la guerre de 1746, et chargé de diverses missions diplomatiques; — François d'Ailhaud de la Baume, capitaine au régiment de Richelieu, et Jacques d'Ailhaud, seigneur de Caseneuve, son frère, qui servirent avec distinction pendant la dernière campagne du Maréchal de Villars et la guerre de la succession d'Autriche. Celui-ci fut ensuite major d'infanterie et commandant des milices de Provence pendant la guerre de Sept ans. — Les descendants de cette ancienne famille chevaleresque et militaire continuent à habiter en Provence.

Une autre branche de cette famille, issue de Jean d'Ailhaud, seigneur de Vitrolle et de Monjustin, reçu dans la charge de secrétaire du roi en 1745, prouva devant les juges d'armes et l'intendant de Provence qu'elle descendait également de Pierre Ailhaud, seigneur de Cheiron, que nous avons nommé plus haut. Cette famille porte les mêmes armes. Elle avait pour chef, en 1789, Jean-Pierre-Gaspard d'Ailhaud, comte de la Roche-sur-le-Buis et de Condorcet, vicomte de Brisis, baron de Castelet et d'Entrechaux, seigneur de plusieurs autres terres en Provence et en Dauphiné, colonel de cavalerie et capitaine général des guides des camps et armées du roi. De son mariage avec Thérèse de Caritat de Condorcet, il a laissé des fils dont l'un, d'Ailhaud de Brisis, a été élu député de la Drôme en 1834.

AILLY. *Auvergne, Picardie.*

AUVERGNE. De gueules à la fasce ondée d'argent accompagnée de six merlettes au naturel.

PICARDIE. AILLY, MARQUIS D'ANNEBAUT, VIDAMES D'AMIENS.

De gueules au chef échiqueté d'azur et d'argent de trois tires. (Dans la suite cette maison a chargé le champ de gueules de deux branches d'alizier d'argent passées en double sautoir). Cimier : une tête et col de cheval au naturel.

Cette maison est encore représentée par deux branches : la première a pour chef le baron d'Ailly, au château d'Alosse, par la Ferté-Saint-Aubin, département du Loiret; la seconde a pour chef d'Ailly, à son château, par Roanne, département de la Loire.

AIMAR DE PALAMINY. *Provence, Languedoc.*

De gueules à la colombe essorante d'argent, tenant en son bec un rameau d'olivier de sinople; au chef cousu d'azur, chargé de trois étoiles d'or.

Cette famille a deux représentants : le marquis d'Aimar de Palaminy, à Toulouse; le comte d'Aimar de Palaminy, au château de Laloubère, par Tarbes.

ALAUZIER. *France.*

Écartelé : aux 1 et 4 d'argent à la fleur de lis d'or et une fasce de gueules brochant sur le tout, chargé à dextre d'un croissant contourné d'argent et à senestre d'un soleil d'or, qui est de Ripert; aux 2 et 3 d'azur à la bordure d'or et une croix de Lorraine de gueules brochant sur le tout, qui est d'Alauzier.

Cette famille, originaire de Savoie s'est éteinte dans la personne de Madeleine d'Alauzier qui épousa, par contrat du 25 avril 1597, passé devant maître Louis Alby, notaire à Bollène, Paul de Ripert, écuyer de Gaston d'Orléans, frère de Louis XIII, gouverneur du château Trompette, à Bordeaux.

La famille de Ripert a relevé le nom et les armes de la famille d'Alauzier, qui se divise en deux branches aujourd'hui.

Eugène-Louis-Prosper de Ripert, marquis d'Alauzier, chef de nom et d'armes, ancien magistrat, a épousé en 1834, Delphine de Giry, fille de Maurice et de Marthe Colonia, dont quatre enfants, savoir :

A. Gustave d'Alauzier, magistrat démissionnaire, religieux dominicain;

B. Louis d'Alauzier, garde général des forêts;

C. Jules d'Alauzier;

D. Marie d'Alauzier, épousa Gustave de Bernardi.

Ludovic Ripert, comte d'Alauzier, chef de nom et d'armes de la seconde branche, fils d'Amalric de Ripert, comte d'Alauzier, frère du marquis Eugène précité, et de Clotilde de Las Cases.

ALBANEL. *France.*

D'azur à un chevron d'or accompagné en chef de deux étoiles d'argent, et en pointe d'un croissant de même.

L'unique représentant du nom d'Albanel réside au château de Saint-Gust, à Bourg, département de l'Ain.

ALBAREL. *France.*

D'azur à trois roses d'or posées 2 et 1.

Cette famille est représentée par d'Albarel de Lamothe, à Orléans et par d'Albarel, commis principal des contributions à la Basse-Terre, Guadeloupe.

ALBENAS. *Languedoc, Suisse.*

De gueules au demi-vol d'argent, accompagné de trois étoiles à cinq rais d'or.

La souche de cette famille en France est implantée dans le département de l'Hérault, où elle est représentée à Aniane.

ALBERT. *France.*

Écartelé : aux 1 et 4 d'or au lion couronné de gueules, qui est d'Albert; aux 2 et 3 de gueules à neuf mâcles d'or, qui est de Rohan.

Cette famille est représentée par Honoré d'Albert, duc de Luynes, membre de l'institut, à Paris, et par ses petits-fils Charles et Paul d'Albert.

ALBERT. *France.*

De gueules à une toison d'or, soutenues d'une main d'argent passée d'une mouche d'azur chargée d'une fleur de lis d'or.

L'unique représentant de cette noble famille est un officier d'infanterie.

ALBERTAS. *Provence.*

De gueules au loup ravissant d'or.

Cette famille compte plusieurs représentants : Félix, marquis d'Albertas, à son château, par Aix, département des Bouches-du-Rhône; Théodore et Gaston d'Albertas, à Aix; Adalbert d'Albertas; Henri d'Albertas; Sophronie d'Albertas; Alfred, comte d'Albertas, marié à Laurence du Vergier de la Rochejacquelin dont deux filles mariées.

ALBESSARD. *France.*

De gueules à une croix ancrée d'or.

Cette famille est représentée par le comte d'Albessard, au château de Poyastruc, par Blanquefort, département de la Gironde.

ALBIGNAC. *Guyenne, Languedoc, Poitou.*

D'azur à trois pommes de pin d'or, au chef de même.

Cette famille est représentée par le comte d'Albignac, au château de Peyreleau, département de l'Aveyron.

ALBIS. *Provence, Rouergue.*

De gueules à la bande d'argent, accompagnée de deux cœurs d'or.

Cette famille appartient à la Provence. Le premier qui nous est connu de ce nom, Jean d'Albis, né à Hyères, secrétaire du roi à Aix, résigna sa charge en 1501 en faveur de son fils. Ses descendants, qui ont obtenu concession du titre de baron, se sont alliés aux maisons de Castellane, de Coriolis, de Puget, etc.

Ils sont représentés par le baron d'Albis, au château de Razengue, par Ile-en-Jourdain, département du Gers, et par Marie-Joseph d'Albis, maire de Creyssel, au château de Gissac, par Pamarès, département de l'Aveyron.

ALBON. *Bourgogne.*

De sable à la croix d'or. Supports : deux lions couronnés à l'antique.

Devise : *A Cruce victoria.*

Cette grande maison, d'une haute antiquité, qui s'illustra aux Croisades, tire son nom du château fort d'Albon, situé sur la rive gauche du Rhône, l'une des plus fortes places de Bourgogne au moyen âge. Les seigneurs d'Albon étaient princes indépendants et ils étendaient leur domination sur le Graisivaudan comme sur le Dauphiné.

La filiation des comtes d'Albon et de Graisivaudan est authentiquement établie depuis Guigues Ier, mort en 940. Leur race se divisa en trois branches : les seigneurs marquis de Saint-Forgueux, princes d'Yvetot; les comtes de Saint-Marcel, marquis d'Albon, princes d'Yvetot, seule existante aujourd'hui dans la personne de trois frères, dont l'aîné porte le titre de marquis et les deux cadets, le titre de comte; enfin la branche des comtes de Saint-André, éteinte en 1562. Le marquis d'Albon, chef de nom et d'armes réside à Paris.

ALBOUY. *Provence.*

D'azur à une croix d'argent cantonnée de quatre besants de même, le bas de la croix chargé d'un rocher de sable mouvant.

L'unique représentant du nom, René d'Albouy, réside à Marseille.

ALBRET. *Gascogne.*

Armes anciennes. De gueules plein.

Armes modernes. Écartelé : aux 1 et 4 de France, qui est d'azur à trois fleurs de lis d'or; aux 2 et 3 d'Albret, comme ci-dessus.

L'unique représentant du nom d'Albret, comte de Sout, réside au château de Montfort.

ALBUFÉRA, (Suchet d'). *France.*

Parti de trois traits, coupé d'un autre qui fait huit quartiers : au 1, d'or à quatre vergettes de gueules, à trois fers de pique d'argent brochant sur le tout; au 2, d'argent à la tour sommée de trois tourelles de sable; au 3, contre-écartelé de gueules à la tour de sable et d'or à l'arbre de sinople; au 4, d'argent à trois pals ondés d'azur; au 5, d'azur à la galère d'argent de six rames surmontée des lettres S A G, et accompagnée en pointe d'un dauphin et d'une coquille d'argent; au 6, d'or à quatre vergettes de gueules et un lis d'argent brochant sur le tout; au 7, d'azur à la tour sommée de trois tourelles de sable sur une terrasse de sinople; au 8, d'or à cinq étoiles d'azur; sur le tout de gueules au lion léopardé d'or passant sur un pont de bois de même, et tenant de la patte dextre un rameau d'olivier d'argent.

au chef de l'écu de gueules semé d'étoiles à cinq rais d'argent.

I. Louis Gabriel Suchet, duc d'Albuféra, le 24 janvier 1812, maréchal de France, pair de France, né à Lyon, mort le 3 janvier 1826, épousa Honorine d'Anthoine de Saint-Joseph dont deux enfants, savoir :

A. Napoléon, qui suit, II.

B. Louise, qui épousa le comte Mathieu de la Redorte, ancien pair de France.

II. Napoléon Suchet, duc d'Albuféra, commandeur de l'ordre de la Légion d'honneur, membre du Corps législatif, ancien pair de France, né le 23 mai 1813, épousa le 15 juin 1844, Malvina Schickler dont un fils et deux filles.

ALDEBERT. *Auvergne, Languedoc.*

AUVERGNE. D'argent au lion de gueules accompagné de sept étoiles de même.

LANGUEDOC. D'azur à l'aigle d'argent accompagnée en pointe d'un croissant de même.

Le seul représentant du nom d'Aldebert est percepteur à Uzès, département du Gard.

ALDÉGUIER. *Languedoc.*

D'or à l'aigle éployée de sable, au chef d'azur, chargé d'un croissant d'argent entre deux étoiles à cinq rais du champ.

Cette maison compte en France un représentant, conseiller honoraire à Toulouse.

ALDIN. *Languedoc, Hainaut.*

LANGUEDOC. De gueules au coq d'Inde rouant d'or; au chef cousu d'azur chargé de trois molettes du champ.

HAINAUT. De gueules au coq d'Inde rouant d'or, sur une terrasse isolée de sinople; au chef d'azur soutenue d'une devise voûtée d'or et chargée de trois étoiles mal ordonnées de même.

Cette famille a deux représentants : le comte d'Aldin, à Paris; d'Aldin, à Saigon, Cochinchine.

ALEFSEN DE BOISREDON. *France.*

D'azur à une bande d'or accompagnée de trois étoiles de même; au chef d'argent chargé de trois étoiles de gueules.

Cette famille est représentée par Charles d'Alefsen de Boisredon, aide-commissaire de la marine, à Rochefort.

ALEMAN. *France.*

D'azur au chevron d'or accompagné en chef de deux merlettes d'argent, et en pointe d'un arbre arraché d'or.

Cette famille a neuf représentants ; Jules-Jean-Joseph d'Aleman, chevalier de la Légion d'honneur, conseiller de la Cour impériale, à Pau; Alexis d'Aleman; Paul d'Aleman; Félix d'Aleman; Joachim d'Aleman; Michel d'Aleman; Félix d'Aleman, inspecteur des douanes, à Bordeaux; Georges d'Aleman; Henri d'Aleman.

ALENÇON. *Normandie, Lorraine.*

NORMANDIE. D'azur à l'aigle d'or.

LORRAINE. D'argent au chevron de gueules accompagné de trois aiglettes de sable. — D'azur à trois fleurs de lis d'or; à la bordure cousue de gueules, chargée de huit besants d'argent.

L'unique représentant du nom d'Alençon réside à Valmont, département de la Seine-Inférieure.

ALÈS. *Languedoc.*

D'or à deux demi-vols de gueules, au chef d'azur chargé d'un soleil du champ; à la bordure du second, chargée de huit besants du premier.

Le chef de nom et d'armes de cette maison, vicomte Raoul d'Alès, réside à Orléans.

La famille est encore représentée par Henri, baron d'Alès, chevalier de la Légion d'honneur, ancien officier d'artillerie, à Orléans.

ALESME. *France.*

De gueules au chevron d'or, accompagné en pointe d'un croissant d'argent; au chef cousu de sable, chargé de trois molettes du troisième.

Le baron d'Alesme, chef de nom et d'armes, réside à Château-de-Villecresnes, département de Seine-et-Oise; d'Alesme de Meycourbi, autre représentant du nom, est directeur des contributions indirectes, à Montauban; François-Fernand d'Alesme de Meycourbi est attaché à l'administration des lignes télégraphiques, à Bordeaux.

ALEXANDRE DE SAINT-BALMONT.

D'or au loup assis de sable, la tête contournée, lampassée de gueules; au chef du dernier chargé de trois quintefeuilles d'argent.

L'unique représentant du nom d'Alexandre de Saint-Balmont réside au château de Lacadou, par Montembœuf, département de la Charente.

ALEYRAC. *Languedoc.*

De gueules au demi-vol d'or.

Le chef de nom et d'armes de cette famille porte le titre de baron. Il réside au château de Cabrières par Saint-Jean-du-Gard, département du Gard.

ALFARO. *Espagne, France.*

Écartelé : Au 1 parti : A d'or à deux chicots de sinople posés en pal et accostés; B D'azur au croissant versé d'argent, qui est Alfaro; au 2 d'or, à deux ours passants de sable, l'un sur l'autre; à la bordure de gueules, crénelée de huit pièces.

qui est de Bielsa; au 3 d'azur à la croix de Calatrava de gueules bordée d'argent, au héron d'or brochant en cœur qui est de Garcia; au 4 de gueules à la croix fleuronnée d'or, cantonné de quatre fleurs de lis de même qui est de Perez.

Cette ancienne famille, originaire du royaume d'Aragon, remonte à don Pedro Garcès Alfaro, qui fut le compagnon du roi Jaime, le conquérant, à l'assaut de la forteresse de Ligana. Elle est aujourd'hui représentée par le comte Nicolas d'Alfaro, à Paris, connu par ses ouvrages historiques et littéraires. Il épousa Joséphine Salles dont un fils et une fille.

ALIGNY. *Bourgogne.*

Échiqueté d'argent et d'azur, au chef d'or chargé d'un lion léopardé de sable, armé, lampassé et couronné de gueules. Couronne : de Comte.

Devise : *Quadrati equales undique recti.*

Cette ancienne famille dont le nom patronomique est Quarré et dont l'illustration est grande, remonte par titres authentiques et irrécusables au xiiie siècle. Elle a pour auteur Huguenin Quarré, né vers 1290, franc d'armes du duc de Bourgogne.

Cette illustre maison compte aujourd'hui deux représentants. L'un porte le titre de vicomte et l'autre celui de baron.

ALIGRE. *Beauce.*

Burelé d'or et d'azur, au chef d'azur chargé de trois soleils d'or.

Devise : *Non uno gens splendida sola.*

La Chenaye-Desbois, le père Anselme, Féron et d'autres auteurs ont écrit la généalogie de cette famille, originaire du Perche, où elle possède depuis des siècles la terre de Rivière. Son chef de nom et d'armes, le marquis d'Aligre, est membre du conseil général de Maine-et-Loire.

ALLAIN D'AMOUVILLE. *Normandie.*

De gueules au chevron d'argent accompagné de trois coquilles de même. — D'argent à trois merlettes de gueules, au chef d'azur chargé de trois étoiles d'or.

L'unique représentant du nom d'Allain d'Amouville réside à Lyon.

ALLARD. *Theûs.*

De gueules au cœur d'or traversé par une flèche de même posée en bande, soutenu par un croissant de même; au chef cousu d'azur, chargé de trois étoiles d'argent.

Louis d'Allard, neveu d'Anthoine, baron de Saint-Joseph, maire de Marseille, capitaine retraité, le plus ancien des capitaines nommés par Napoléon Ier, le plus ancien des chevaliers de Saint-Louis, chevalier de la Légion d'honneur, chef de nom et d'armes de sa famille, timbre ses armes de la couronne du marquis de la Mazelière, son bisaïeul, et les décore de ses glorieuses insignes de chevalier de Saint-Louis et de la Légion d'honneur.

Originaire de Theûs, en ligne paternelle et d'Embrun, Dauphiné, en ligne maternelle, cette belle famille très-ancienne, s'honore d'une alliance avec la maison impériale de France et avec la maison royale de Suède.

L'aïeul du titulaire actuel, M. d'Allard, qui se distingua dans les fonctions administratives et surtout dans les armées royales où il exerçait un commandement supérieur, était châtelain et seigneur de Theûs, Dauphiné, seigneur également du Marquisat de Prieuré, où s'élevaient le château et la tour patrimoniale, possessions féodales qui, malgré leur état de vétusté, sont conservés dans leur état primitif par la famille.

Villa de Louis d'Allard, chef de nom et d'armes précité, né le 5 novembre 1788, réunit à tous les titres de respect et de considérations attachées attachés à son nom, à sa naissance, aux alliances illustres de ses proches, les titres personnels, dus à son grand âge, à ses services et aux distinctions dont il est honoré. Entré à l'école spéciale impériale militaire de Saint-Cyr en 1809, sans examen vu son instruction supérieure et son admission précédente à l'école polytechnique, il sortit de Saint-Cyr en 1810 avec un brevet de sous-lieutenant, fut promu au grade de lieutenant et proposé pour la croix sur le champ de bataille en 1812. Capitaine en 1813, nommé juge aux conseils de guerre permanents de Strasbourg et de Toulon, par les généraux de division Pamphile Lacroix et comte Parthounaux, il fut admis à la retraite à cause d'une blessure très-grave reçue dans un combat contre les anglais à Salmonios, en Espagne. Chevalier des ordres militaires de Saint-Louis et de la Légion d'honneur, neveu-germain et maternel de M. d'Anthoine, baron de Saint-Joseph, ancien maire de Marseille, cousin-germain du général de division baron de Saint-Joseph, ainsi que des duchesses Decrès et d'Albuféra, oncle à la mode de Bretagne de feue Moïna, marquise de Dalmatie, arrière-petit-fils du marquis de la Mazelière, petit-fils du capitaine de cavalerie d'Allard, châtelain de Theûs (Allobroges), commandant le fort Saint-Nicolas qu'il défendit contre les Autrichiens qui ne purent s'en emparer, il est chef d'une famille nombreuse, distinguée, et plusieurs de ses proches, mentionnés ci-dessus, sont proches parents eux-mêmes de membres de la maison impériale de France et de la famille royale de Suède.

On peut pour cette famille consulter la biographie extraite des *Annales de la Légion d'honneur*, les états des services donnés par le conseil d'administration du 3me régiment d'infanterie dans dans lequel le capitaine d'Allard se distingua lors de l'expédition d'Alger en 1830, et dont il sortit, suivant l'expression si juste et si élevée d'un de ses biographes « brisé par les fatigues de la « guerre et par le feu de l'ennemi, fier de ses campagnes, le

« cœur rempli de grands souvenirs et considérant comme la plus
« haute noblesse et le premier honneur les croix qu'il a si
« vaillament conquises sur les champs de bataille de la France ».

ALLARD DE BERTHOMIEU. *Dauphiné.*

D'or au chevron de sable, surmonté de trois étoiles à cinq rais d'azur, rangées en chef et accompagnées en pointe d'un croissant de gueules.

Balthazar Allard, de la ville de Brignoles, fut anobli en 1754. Ses descendants se sont alliés aux Gantés, aux Bausset, etc. Ils ont donné des conseillers au parlement d'Aix.

Cette famille est uniquement représentée par d'Allard de Berthomieu, au château de Haut-Soutard, par Saint-Emilion, département de la Gironde.

ALLEAUME. *Normandie, Bretagne.*

D'azur au chevron brisé, accompagné en chef de deux roses, et en pointe d'une colombe d'or, la tête contournée et surmontée d'une étoile à cinq rais de même.

Cette famille est représentée en Normandie par d'Alleaume de Trefforest, au château de Forges-les-Eaux, département de la Seine-Inférieure.

ALLEMAGNE. *Auvergne.*

De gueules au chevron d'or, accompagné en chef de deux mouchetures d'hermines d'argent, et en pointe d'une palme de même.

Cette famille est représentée par le baron d'Allemagne, et par d'Allemagne, avocat, tous deux à Paris.

ALLONVILLE. *Chartres.*

D'argent à deux fasces de sable.

Cette famille, originaire du pays chartrain, tire son nom de la terre d'Alonville ou Dalonville. Elle est issue de Charles dit

Charlot d'Alonville, conseiller et chambellan du roi Louis XI, gouverneur de Monthléry.

Armand-Octave-Marie, vicomte d'Allonville, né à Hanovre, le 21 juin 1809, chef d'escadrons aux spahis et nommé chevalier de la Légion d'honneur au combat de la Smala, cité à l'ordre du jour de l'armée pour sa brillante conduite à la bataille d'Isly, général de brigade après la révolution de février, commandant de la première division d'Orient pendant l'expédition de Crimée, est aujourd'hui sénateur, général de division de cavalerie et grand-officier de la Légion d'honneur.

Le comte d'Allonville est inspecteur des postes à Paris; d'Allonville, sans titre, réside au château d'Hauteville, par Houdan, département de Seine-et-Oise.

ALMERAS. *Provence.*

D'azur au lion d'or, armé et lampassé de gueules; au chef d'or chargé de trois palmes de sinople posées chacune en bande.

A cette famille appartient le baron d'Almeras-Latour, chevalier de la Légion d'honneur, conseiller de cour impériale à Metz.

ALMONT (Chevalier d').

Nous consacrons une notice spéciale à cette famille distinguée qui doit être classée à son véritable nom, Chevalier d'Almont.

ALOIGNY. *Poitou.*

De gueules à cinq fleurs de lis d'argent.

Le marquis d'Aloigny, officier de la Légion d'honneur, ancien officier supérieur de cavalerie, réside à Abbeville.

ALON. *Gascogne.*

D'or à deux cœurs vidés et entrelacés de gueules; au chef d'azur chargé de trois étoiles d'or.

Le marquis d'Alon, unique représentant du nom, réside à Bordeaux.

ALQUIER. *France.*

Taillé, emmanché d'or et d'azur.

Cette famille à deux représentants, le baron d'Alquier, maire de la Flocellière, par Pouzanges, département de la Vendée, d'Alquies de Montalivet, receveur de l'enregistrement, à Saint-Palais, département des Basses-Pyrénées.

ALSACE D'HENIN-LIÉTARD.

De gueules à la bande d'or.

Cette grande maison princière dont le berceau est en Artois, qui descend des anciens comtes d'Artois et dont la filiation authentique est établie depuis Simon, fils puîné de Thierry d'Alsace, est aujourd'hui représentée par Charles-Louis-Albert d'Alsace, prince d'Henin-Liétard, né le 21 mai 1805. Il épousa, le 12 novembre 1827, Laure-Françoise-Pauline, comtesse de Pisieux, dont trois enfants, savoir : A. Simon-Gérard, né le 17 avril 1832; B. Baudouin-Gérard, né le 18 janvier 1839; C. Gérardine-Pauline, née le 4 mars 1834.

ALVERNY. *France.*

De gueules à un chevron d'or au chef de même, chargé de trois tourteaux de gueules.

D'Alverny, seul représentant du nom, est substitut du procureur impérial à Saint-Etienne, département de la Loire.

ALZIARY. *Italie.*

De gueules, à la tour ouverte d'or, sommée d'une aigle de sable au vol éployé. — D'azur à un lézard de sinople mis en pal; au chef d'azur chargé de trois étoiles d'or.

Cette belle famille, originaire d'Italie, s'est alliée aux grandes maisons de Beaumont, de Flotte, de Lascaris de Grimaldi, de Serrat, etc. Elle s'est divisée en deux branches encore existantes : Malaussena et Roquefort. La première porte le titre de comte. Son chef habite Nice; la seconde est représentée à Nice, également, par d'Alziari de Roquefort.

ALZON. *Auvergne.*

De gueules fretté d'or, aux clairevoies semées de fleurs de lis de même.

Cette famille, originaire d'Auvergne, est représentée par d'Alzon, vicaire-général à Nîmes.

AMADE. *Normandie.*

D'argent au lion de sable, armé et lampassé de gueules; au chef cousu d'azur, chargé de trois besants d'argent.

Cette famille normande, noblement alliée, anoblie depuis le xve siècle, a pour chef de nom et d'armes, Adolphe, chevalier d'Amade, intendant militaire, qui a épousé : 1° Marie-Thérèse-Amélie de Rigaumont, et 2° Charlotte-Eulalie de Gelléry d'Allens. Il a du premier lit un fils : A. Gérard-Léopold-Albert, chevalier d'Amade; il a du second lit deux enfants : B. Bernard. Gérard, chevalier d'Amade, C. Jeanne.

AMAZY (de Bouez d'). *Nivernais.*

Écartelé : aux 1 et 4 d'argent à trois hures de sanglier de sable, ensanglantées de gueules, défendues d'argent, posées 2 et 1 contournées, et une cigogne d'azur en abîme, tenant dans son bec une couleuvre de sinople, qui est de Bouez d'Amazy; au 2 et 3 d'azur à un lion passant d'or, surmonté de trois trèfles d'argent, qui est de Chargères. Couronne : de comte. Supports : deux lions au naturel.

Cette famille nivernaise, est inscrite dans le *Nobiliaire universel* de Magny. Son chef de nom et d'armes est Ludovic, comte de Bouez d'Amazy.

AMBERT. *France.*

D'azur à deux tours rondes d'argent jointes par un entremur crénelé de cinq pièces de même, le tout maçonné de sable.

Cette famille est représentée par le baron d'Ambert, commandeur de la Légion d'honneur, général de brigade à Paris, et par d'Ambert, au château de la Garde, près Tulle, département de la Corrèze.

AMBLY. *Champagne, Lorraine, Franche-Comté, Silésie.*

D'argent à trois lions de sable lampassés de gueules posés 2 et 1. Couronne : un épervier au naturel grilleté et colleté d'or.

Devises : *Pour la gloire; Vig. vir. cus. hon. Dam.*

Ces armes sont celles du marquisat de Franchimont, évêché de Liège.

De cette ancienne famille, appartenant à la Champagne, à la Lorraine, à la Franche-Comté et à la Silésie, il y a peu de représentants : le marquis d'Ambly, fixé à Gray, en Franche-Comté qui n'a que quatre filles, mesdames d'Argy et de Rothatier et deux non mariées; un ecclésiastique, vicaire de la paroisse de Notre-Dame des Champs, à Paris; et en outre, plusieurs membres en Allemagne, entre autres deux jeunes officiers au service d'Autriche, seuls appelés à pouvoir perpétuer un grand nom qui ne compte pas d'autres héritiers.

La généalogie de la maison d'Ambly et les preuves de son ancienneté sont très-répandues. On les trouve dans Caumartin, *Noblesse de Champagne;* d'Hozier, *Armorial général;* Haudiquier de Blacourt; Chevillard; La Chesnaye-Desbois, ancienne édition, au mot *Maire,* qui est le nom d'une terre et au mot *Ambly,* dans la réimpression; Borel d'Hautrive, *Armorial de la noblesse de France,* 1861; *Historia ecclesiæ Leodensis;* Fiscen, *Histoire de l'église de Liège;* Bibliothèque royale de Bruxelles, section des manuscrits, sous la rubrique de l'an 1012, où Reginard d'Ambly, marquis de Franchimont, donne à l'église de Saint-Lambert, à Liége, tout son marquisat dont la province de Liége porte encore les armoiries. Voir aussi la nouvelle impression de Jean de Stavelot et d'Outremeuse, ainsi que l'ouvrage de Fiscen, *Histoire de Liége, épiscopat de Baldéric II*, rubrique 1012, etc.

AMBRUGEAC. *Quercy.*

Écartelé d'or et de gueules.

Cette illustre famille est originaire du Quercy, où elle était établie depuis le XII° siècle. Gérard de Valon et Géraud, son fils (dont les descendants joignirent au leur le nom du château fort d'Ambrugeac en Limosin) assistèrent comme témoins en 1119 à un acte de donation en faveur de l'abbaye *du Quo* de Cluny.

La famille se divise en deux branches distinctes, depuis le commencement du dernier siècle : Ambrugeac, l'aînée, et Valon, la cadette.

Louis-Alexandre-Marie de Valon, comte d'Ambrugeac, lieutenant-général, pair de France, né le 30 octobre 1771, épousa Alexandrine, fille du comte de Marbœuf, dont deux enfants : A. Charles, d'Ambrugeac, filleul du dauphin et de la dauphine; B. Laurence, épousa le comte de Montjoie.

AMBRY. *France.*

D'or à une bande de gueules.

L'unique représentant de la famille d'Ambry, chevalier de la Légion d'honneur, est maire à Crépy, département de l'Oise.

AMÉ DE SAINT-DIDIER. *Paris.*

Coupé : au 1 parti, A, d'azur à deux colombes d'argent; B, de gueules au portique ouvert à deux colonnes surmontées d'un fronton d'argent, accosté des initiales D A, de même; au 2 d'or à trois œillets de pourpre, tigés et feuillés de sinople.

Amé de Saint-Didier, seul représentant du nom, sans fonctions et sans titre, réside à Paris.

AMEIL. *Bresse.*

Écartelé : au 1 d'azur à une harpe d'or ; au 2 de gueules à l'épée d'argent ; au 3 de gueules au centaure sagittaire d'argent, yant la tête contournée, décochant une flèche vers senestre ; au 4 de sinople à un sauvage d'or, armé d'une massue de même.

Cette famille est représentée à Bourges, par le baron d'Ameil, commandeur de la Légion d'honneur.

AMELOT. *Tourraine. Bretagne.*

D'azur à trois cœurs d'or, accompagnés en chef d'un soleil de même.

Cette famille, connue en Touraine et en Bretagne, est représentée par le marquis d'Amelot de Chailliou, au château de la Mivoie, par Nogent-sur-Vernisson, département du Loiret et à Paris ; par la comtesse d'Amelot de Chailliou, à Paris, et par le vicomte d'Amelot de Chailliou, secrétaire d'ambassade.

AMFREVILLE. *Normandie.*

D'azur au chevron d'or, accompagné en chef de deux étoiles à cinq rais de même et en pointe d'un croissant d'argent.

Amfreville ou mieux Guyot d'Amfreville, originaire de la haute Normandie, a fait ses preuves en 1788. Cette famille remonte à Nicolas Guyot, écuyer, représenté par son fils Claude dans un contrat de vente du 20 juillet 1494.

Frédéric Guyot d'Amfreville, né en 1798, eut de son mariage avec Justine Dubois des Orailles, deux fils, officiers dans l'armée qui se distinguèrent pendant la campagne de Crimée et don l'un, Ferdinand, fut tué à la prise de Malakoff.

AMILLY. *Picardie.*

D'argent à l'aigle de sable.

Le chef de nom et d'armes de cette famille, vicomte d'Amilly, réside à Paris.

AMIOT. *Paris.*

D'azur au chevron d'or, chargé d'un croissant de gueules accompagné en chef de deux trèfles du second, et en pointe d'une étoile à cinq rais de même.

Gustave, baron d'Amiot, chef de nom et d'armes, est inspecteur des lignes télégraphiques à Paris.

AMIRAULT (DE L'). *France.*

D'azur à un chevron d'argent accompagné en chef de deux coquilles d'or, et en pointe d'un lion de même.

L'unique représentant du nom, le général de division de l'Amirault, grand-officier de la Légion d'honneur, est chef d'état-major général, à Alger.

AMONVILLE. *Normandie.*

D'azur au chevron d'argent, accompagné de trois tours de même, maçonnées de sable.

A cette famille normande appartient d'Amonville, sans fonctions et sans titre, à Versailles.

AMORY. *France.*

D'azur au chevron abaissé d'argent, surmonté de trois étoiles à cinq rais d'or, rangées en chef et accompagnées de trois roses mal ordonnées de même en pointe.

Le chef de cette famille, baron d'Amory Gussin, chef d'escadrons, est aide-de-camp de Son Altesse le prince Napoléon, à Paris.

AMOURS (DES). *France.*

D'argent à trois clous de passion de sable rangés en fasce

au-dessus d'un porc de même, surmonté d'un lambel de gueules, — D'argent à trois étoiles de sable. — D'argent à lacs d'amour de sable.

Cette famille n'a qu'un représentant: des Amours, sans fonctions et sans titre, à Paris.

AMPEIRON. *France.*

De sable à l'aigle éployée d'argent, becquée et membrée d'or.

L'unique représentant du nom d'Ampeiron, réside à Chemérac, département de l'Ardèche.

AMPHERNET. *Normandie. Bretagne.*

De sable à l'aigle éployée d'argent becquée et membrée d'or.

L'illustration de cette famille qui appartient à la Normandie et à la Bretagne est grande. Elle était connue au temps de la conquête de l'Angleterre; Jordain, chevalier croisé, en 1191, est inscrit au Musée de Versailles. Ses descendants ont brillé dans les armes et dans la magistrature, et leur généalogie a été rapportée par les auteurs les plus célèbres.

Cette grande maison est représentée par Athenase-Marie, vicomte d'Amphernet, à Versailles.

AMYOT DE MOYENCOURT. *Normandie.*

D'azur à la bande d'argent chargée de cinq mouchetures d'hermine de sable posées dans le sens de la bande.

L'unique représentant du nom, de Moyencourt, réside au château de Nesle, département de la Somme.

ANCEAU DE CHAUMIGNY. *Normandie.*

D'or au lion naissant d'argent couronné d'or, tenant une épée du second et mouvant d'une tour du troisième.

D'Anceau de Chaumigny, unique représentant du nom, est conseiller d'arrondissement à Tours, département de la Nièvre.

ANCELOT. *France.*

D'azur à la lyre d'or, aux clefs de même, chargée de deux palmes de sinople passées en sautoir.

Le comte d'Ancelot, seul représentant connu de cette famille, vit dans la retraite, à la campagne, dans les Ardennes.

ANDELARRE. *Franche-Comté.*

D'argent à trois violettes au naturel.

Cette famille, anciennement Jacquot, anoblie en 1588, est originaire de la Franche-Comté et tire son nom de la terre d'Andelarre, dans les environs de Vesoul. Elle a reçu le titre de marquis en 1776, et a donné plusieurs conseillers au département de Dôle.

Représentée à Vesoul, son chef de nom et d'armes, Jacquot, marquis d'Andelarre, est conseiller général de la Haute-Saône.

ANDIGNÉ. *Anjou.*

D'argent à trois aigles au vol abaissé de gueules, becquées et membrées d'azur. Supports : deux aigles au naturel.

Devise : *Aquila non capit muscas.*

Originaire d'Anjou, cette ancienne maison, qui a donné plusieurs chevaliers croisés, compte en France de nombreux représentants. Deux de ces branches portent le titre de marquis et d'autres celui de comte.

ANDLAU. *Allemagne, France. Suisse.*

D'or à la croix de gueules. — D'or à l'aigle éployée de sable, becquée et membrée du champ, languée de gueules, ayant sur la poitrine un écusson d'or à la croix de gueules. Heaume couronné : Cimier : un buste de vieillard au naturel couronné d'or, vêtu d'un habit de gueules et d'un surtout d'or brodé d'hermines au rabat d'argent.

Cette ancienne maison, dont le nom s'écrit aussi d'Andlaw, appartient au duché de Bade, au Wurtemberg, à l'Autriche, à la France et à la Suisse. Elle obtint le diplôme de chevalier. en 1550, de baron, le 16 mars 1676, de comte en France, en 1750 et en Autriche, en 1814.

Cette famille a trois représentants; le comte d'Andlau, conseiller général, maire de Remarlard, département de l'Orne; le comte Richard d'Andlau, à Paris; le comte d'Andlaw, officier de la Légion d'honneur, lieutenant-colonel d'État-major, à Liancourt, département de l'Oise.

ANDOQUE DE SERIÈGE. *Rouergue.*

D'or à une bande de gueules chargée de trois têtes de levriers d'argent, accolés de sable et bouclés d'or. Couronne de comte. Supports : deux levriers au naturel.

Cette maison remonte à Didon, seigneur d'Andoque qui vivait au xie siècle et dont le fils, Pierre d'Andoque, fut évêque de Pampelune en 1082.

Nous connaissons trois représentants de cette famille : Henri-Barthélemy d'Andoque de Seriège, à Cuxac-sur-Aude; Alexandre d'Andoque de Seriège, à sa terre de Seriège, département de l'Hérault; d'Andoque de Seriège, à Fontcouverte, près Carpestang, même département.

ANDRÉ. *Provence.*

D'or au sautoir de gueules.

La famille d'André d'Andréa est originaire de Marseille où, en 1100, elle était déjà considérable. En 1250, Anselme et Gérard d'Andréa accompagnèrent Charles d'Anjou à la conquête de Naples. Le comte Peretto d'Andréa, grand-maréchal du royaume de Naples, fut envoyé comme vice-roi en Hongrie par le roi Ladislas en 1501. Après la défaite de la maison d'Anjou, cette famille se divisa en deux branches : l'une rentra en Provence, c'est celle qui avait pour représentant le marquis d'André, mort en 1860. Elle est représentée par son fils Maurice, marquis d'André, capitaine de cavalerie.

La branche restée à Naples est représentée par le marquis d'Andréa, frère du cardinal mort récemment.

La branche de la famille d'André rentrée en Provence eut comme toutes familles nobles de Provence des représentants au Parlement. Elle est alliée aux Pontevès, Castelanne, Sertès, etc.

Ses représentants sont nombreux : le baron d'André, grand officier de la Légion d'honneur, ministre plénipotentiaire, réside à Paris; d'André à Versailles; autre d'André, à Versailles; d'André, sous inspecteur des forêts, à Nice; d'André, au château de Mappe, par Lorgues, département du Var; d'André, à Paris; d'André, substitut du procureur-impérial, à Montbrison ; d'André de la Lozère, au château d'Artey, par Aillaut-sur-Thalon, département de l'Yonne; d'André de la Roche, au château de la Forêt, par la Motte-Achard, département de la Vendée; d'André de Servolles, membre résident de la société archéologique à Toulouse; d'André de Scoraille, au château de Manan, à Coursac, département de la Dordogne.

ANDREZEL. *Flandre.*

De sable à trois chevrons d'or.

Cette famille qui appartient à la Flandre est représentée à Paris.

ANDRIA. *Italie.*

De gueules au chevron d'or.

Un document sur parchemin arrêté en 1789 et dont la copie authentique a été déposée à la grande chancellerie de la Légion d'honneur constate que la famille d'Andria, alors André, de noblesse génoise, est issue de noble Pantaléon de Andria.

François-Jean-Auguste-Michel d'Andria, né à la Valette, île de Malte, vice-consul de France à Gallipoli, se mit à la disposition des chefs de l'armée, lors de son débarquement à Gallipoli, le 23 mars 1854. Malgré l'exiguité des ressources qu'offrait le pays il put pourvoir aux premiers besoins et à l'installation des troupes, ce qui lui valut sa nomination d'agent vice-consul. Il continua à rendre à l'armée de grands services, justement appréciés par le maréchal de Saint-Arnaud qui, par sa lettre en date du 20 juillet, qualifie ses services « d'éminemment utiles et appréciables ». Cette distinction flatteuse lui valut sa nomination de vice-consul et par décret impérial du 16 juin 1856, il reçut la décoration de chevalier de l'ordre de la Légion d'honneur.

François-Jean-Auguste-Michel d'Andria a été décoré, le 25 novembre 1859, de la croix d'officier de l'ordre du Medjidié et le 8 juillet 1861, le gouvernement hellénique lui décerna la décoration de son ordre du Sauveur.

ANGE DU KERNISAN. *Bretagne.*

D'azur au croissant d'argent surmonté d'une étoile de même.

L'unique représentant du nom d'Ange du Kernisan, est procureur impérial, à Redon, département d'Ille-et-Vilaine.

ANGELIER. *Touraine.*

D'azur à une tête d'ange d'argent.

Le baron d'Angelier, unique représentant du nom, réside au château de Bourdassière, par Tours.

ANGELIS. *Corse.*

D'azur à un chevron d'or accompagné en chef de deux chérubins de même, et en pointe d'un lion au naturel.

Cette famille compte treize représentants :

D'Angelis, ancien maire de Bastia, chevalier de la Légion d'honneur, qui a cinq enfants : Henri d'Angelis, chevalier de la Légion d'honneur, amputé à Sébastopol; Julien d'Angelis, vice-consul de France, à Charleroi; Edouard, Robert et Gaston d'Angelis.

Silvestre d'Angelis, vice-consul de France à Savone, a six enfants : Joseph d'Angelis, officier au 36e de ligne, Paul d'Angelis, officier au 47e de ligne; Maxime, Léon, Vincent et Félix d'Angelis.

ANGELY. *Limousin.*

D'argent à quatre croisettes de gueules.

Cette famille compte quatre représentants : Charles d'Angely, au château de la Bassonnière, par Beaumont, département de la Sarthe; Numa d'Angely, avocat à Fontenay-le-Comte, département de la Vendée; Adolphe d'Angely, à la Chapelle, lez-Torsac, près d'Angoulême; Hercule d'Angely, chevalier de la Légion d'honneur, chef de bataillon en retraite, à Angoulême.

ANGELY. *Poitou.*

D'argent, parti et coupé cantonné de quatre croix alésées de sinople.

Cette famille, originaire du Poitou, est représentée par Adrien d'Angely, au château de Scrillac, par Beaumont-sur-Sarthe, département de la Sarthe, qui a deux fils.

ANGER. *Saxe.*

D'azur au lion d'or armé et lampassé de gueules. Couronne : à l'antique de quatre rayons.

Originaire de Saxe, Anger qui obtint concession d'armes en 1829, est représenté par le baron d'Anger, au château d'Erquay, par Ryès, département du Calvados.

ANGERVILLE. *Picardie.*

D'or à trois annelets de sable.

Le comte d'Angerville, chef de nom et d'armes de sa famille, est conseiller général du département de l'Aisne. Un second représentant de cette maison, officier de la Légion d'honneur, est maire de Guines, dans le département du Pas-de-Calais.

ANGEVILLE. *France.*

De sinople à deux fasces ondées et entées d'argent.

Le comte d'Angeville, unique représentant du nom, est conseiller-général à Hauteville, département de l'Ain.

ANGIER DE THEZEAU. *France.*

De vair au baton de gueules. — De sable à trois fleurs de lis d'or.

Cette famille est représentée par d'Angier de Thezeau, au château de Monterol, par Evaux, département de la Creuze.

ANGLADE. *Guyenne.*

D'azur à l'aigle éperonnée, au vol abaissé d'or, becquée et membrée de sable. Supports : deux griffons.

Devise, *Faisons bien et laissons dire.*

Anglade appartient à la Guyenne, mais les représentants de cette famille sont fixés dans l'Yonne et à Paris.

ANGLARS. *France.*

De sable au lion d'argent armé, lampassé et couronné de gueules, accompagné de trois étoiles à cinq rais d'argent.

A cette maison appartiennent le comte d'Anglars, deux officiers supérieurs d'infanterie et de cavalerie et l'abbé d'Anglars de Rassignac, attaché à l'une des paroisses de Paris.

ANGLAS. *Champagne.*

D'or au levrier de sable colleté d'argent.

Le marquis d'Anglas, unique représentant du nom, réside à Paris.

ANGLE (de l'). *France.*

D'azur au sautoir d'or cantonné de quatre billettes de même.

Cette famille bretonne compte différentes branches encore existantes : celle de l'Angle, proprement dite; des marquis et des comtes de l'Angle-Beaumanoir et, enfin, de l'Angle de l'Ecary.

ANGLOS. *France.*

D'azur à un écusson d'argent posé en cœur, accompagné de trois molettes d'or, deux en chef et une en pointe.

Le baron d'Anglos, unique représentant du nom, réside au au château de Maclamos, par Annecy.

ANGLURE. *Champagne.*

D'or semé de grelots d'argent, soutenus chacun d'un croissant de gueules.

Cette famille n'est plus représentée que par madame la douairière d'Anglure, à Paris.

ANGOSSE. *Béarn.*

D'azur à trois épées d'argent posées en pal, rangées en fasce; au chef d'or, chargé d'un cœur de gueules entre deux merlettes affrontées de sable, couronnées d'argent.

Devise : *Deo duce, comite gladio.*

Cette maison se divise en deux branches : Angosse de Com bères et Angosse d'Estornez. Elle est originaire de Béarn.

Nous ne connaissons en France qu'un seul représentant de ce nom, le marquis d'Angosse, à Pau.

ANGOT DES ROTOURS. *Normandie.*

D'azur à la bande d'or chargée de trois angles de gueules et accompagnée de deux étoiles à cinq rais d'argent.

Cette famille normande est représentée par un magistrat du parquet de Paris.

ANJORRANT. *Berry.*

D'azur à trois lis de jardin d'argent fleuris d'or, tigés et feuillés de sinople.

La marquise d'Anjorrant, unique représentant du nom, réside à Flogny, département de l'Yonne.

ANSELME. *Comtat.*

Parti : au 1 d'azur au drapeau d'or, chargé d'un N de sable et accosté de deux étoiles à cinq rais du second; au 2 d'or au griffon de sable, armé, lampassé et allumé de gueules.

Cette famille appartient au comtat venaissin. Elle est représentée par le baron d'Anselme, commandeur de la Légion d'honneur, général de brigade, à Rheims; Victor-François-Henri, ancien conseiller à la cour d'Aix; d'Anselme, juge de paix, à Burzet, département de l'Ardèche.

ANSELME DE PUISAYE. *France.*

D'azur fretté d'argent de huit pièces.

Cette famille est représentée par Hubert d'Anselme de Puisaye, ancien officier de la maison militaire du roi et par son fils Jules d'Anselme de Puisaye, ancien officier aux zouaves pontificaux, au château de Tartas, près Tarbes.

ANSTRUDE. *Bourgogne.*

De gueules à une émanche de quatre pièces d'argent, mouvante de la pointe.

Cette maison est représentée par le baron d'Anstrude, maire d'Annouf, département de l'Yonne.

ANTEROCHE. *Auvergne.*

D'azur à la bande d'or chargée de trois mouchetures d'hermines de sable et accompagnée de deux croisettes du second; à trois trangles ondées d'argent, brochant en chef.

Cette famille, originaire d'Auvergne, est encore représentée dans le département du Cantal.

ANTHEAUME DE SURVAL. *France.*

D'argent à un heaume d'azur. — D'argent à un pigeon d'azur.

Cette famille a deux représentants : le baron d'Antheaume de Surval, chevalier de la Légion d'honneur, au château de Quesnay, par Bretteville sur-Laize, département du Calvados; d'Antheaume de Honville, secrétaire de la chambre consultative d'agriculture, à Fontainebleau.

ANTHENAISE. *Bretagne, Normandie.*

D'argent à trois jumelles de gueules en bande.

Appartenant à la Bretagne et à la Normandie, cette maison est encore représentée par le comte d'Anthenaise, qui habite la campagne dans le département de la Loire-Inférieure.

ANTHÈS. *Alsace.*

De gueules à trois épées d'argent garnies d'or, liées de sinople, posées deux en sautoir les pointes en bas et la troisième brochant en pal, la pointe en haut.

Cette maison alsacienne, qui obtint le diplôme de baron en décembre 1731, est encore représentée par deux branches dans le département du Haut-Rhin.

ANTIN. *France.*

Écartelé : aux 1 et 4 de gueules à trois lions naissants d'argent; aux 2 et 3 d'argent à trois tourteaux de gueules; sur le tout d'or à la clef de sable attachée à une serrure de même.

Le chef de la branche aînée porte le titre de duc. A d'autres branches appartient le baron d'Antin, dans le département des Hautes-Pyrénées.

ANTIOCHE. *Savoie.*

D'argent à la branche de fougère variée d'or, périe en pal, la branche versée en contrebas.

La comte d'Antioche, unique représentant du nom, réside au château de Savigny, par Saint-Julien, département de la Haute-Savoie.

ANTOINE. *Florence. Provence.*

D'azur au chevron d'or surmonté d'une étoile à cinq rais de même et accompagné de trois flammes aussi d'or. — D'argent à la bande de gueules chargée de trois étoiles à cinq rais d'or.

Antoine, originaire de Florence, passa vers l'an 1600, de Marseille à Aix, où cette famille occupa diverses charges du parlement.

Elle est représentée par d'Antoine, à Marseille; d'Antoine de Taillas, maire de Tallard, par Gap; d'Antoine, juge de paix, à Alais; d'Antoine, au château de Taillas, tous les quatre dans le département des Basses-Alpes.

ANTONY. *Allemagne.*

D'azur à la cloche d'argent, accompagnée en chef de deux étoiles de même. Cimier : un vol à l'antique aux armes de l'écu.

Cette famille, originaire d'Autriche, est représentée à Nice

ANTRAS. *Gascogne, Guyenne.*

De gueules au chevron d'or accompagné de trois roses d'argent.

Le représentant de cette famille qui appartient à la Gascogne et à la Guyenne et qui remonte à l'an 1272, le comte d'Antras, réside au château de Bourdette près Mirande, département du Gers.

ANTRECHAUX. *Provence.*

D'or à une aigle de sable; parti de sinople à un lévrier rampant d'argent et un chef d'azur chargé de trois étoiles d'or brochant sur le parti.

Cette famille est représentée par le baron d'Antrechaux, à Aix, département des Bouches-du-Rhône.

AOUST. *Ponthieu.*

De sable à trois gerbes d'or liées de gueules.

Devise : *Fructus laborum.*

Anciennement fixée dans le comté de Ponthieu, de 1250 à 1300, cette maison a été successivement revêtue des titres de marquis de Jumelles, marquis d'Aoust, barons de Cuincy. Nous connaissons trois représentants du nom : le marquis Jules d'Aoust, à Paris; Alphonse d'Aoust, à Paris; Aoust de Virlet, chevalier de la Légion d'honneur, ingénieur à Paris.

APCHIER. *Languedoc, Auvergne.*

D'or au château donjonné de trois pièces de gueules, maçonné, ajouré et coulissé de sable, les deux tourelles à dextre et à senestre sommées chacune d'une hache d'armes d'azur, le tranchant faisant face au flanc de l'écu.

Cette famille n'est plus représentée que par la comtesse d'Apchier, au château de Vaux-Renard, par Villefranche, département du Rhône.

APLAINCOURT. *Ile-de-France.*

D'azur à la croix d'argent, chargée de cinq écussons de gueules.

Devise : *Alors comme alors.*

Cette famille est originaire de l'Ile-de-France et son chef habite la campagne dans le département de la Somme.

APREMONT. *Bretagne.*

D'argent à trois croissants de gueules.

Originaire de la Bretagne, cette famille est aujourd'hui représentée par d'Apremont, inspecteur des douanes à Bouzonville, département de la Moselle.

AQUILA. *Italie, Espagne.*

D'azur à l'aigle d'argent, languée de gueules, becquée, membrée et couronnée à l'antique d'or.

Cette très-ancienne famille, établie à Naples et dans l'Espagne, est représentée en France par le comte d'Aquila, à Paris.

ARAGON. *Rouergue.*

Écartelé : aux 1 et 4 d'azur à l'aigle éployée d'or, qui est de Bancalis; aux 2 et 3 d'azur au chevron d'or, accompagné de trois étoiles d'argent, qui est d'Aragon. Couronne : de marquis. Supports : deux griffons. L'écu entouré du manteau de pair de France.

L'unique représentant du nom est Alexandre-Louis-Albert de Bancalis, marquis d'Aragon, au château de Saliès, par Alby, département du Tarn.

ARAMON. *Provence*

D'azur à une montagne d'argent sommée d'une autre d'or enflammée de gueules.

Le marquis d'Aramon, unique représentant du nom, réside à son château d'Aramon, département du Gard.

ARBALESTRIER DE MONTCLAR. *Dauphiné.*

De gueules au chevron d'argent, accompagné de trois étoiles à cinq rais d'or et chargée de cinq pommes de pin de sinople, les tiges en bas.

Devise : *Le coup m'en faut.*

Cette famille du Dauphiné est encore représentée dans le département de la Drôme. Son chef de nom et d'armes porte le titre de baron.

ARBAUD. *Provence.*

D'azur au chevron d'argent, au chef d'or, chargé d'une étoile de gueules.

Cette famille a pour auteur Barthélemy d'Arbaud, chancelier du roi Robert, comte de Provence. Elle s'est divisée en deux branches, celle de Gardonne et celle de Châteauvieux. La première, qui a donné des officiers des vaisseaux du roi, est représentée au Sénégal par un colonel des tirailleurs sénégalais; la seconde est éteinte.

ARBAUMONT (MAULBON D'). *Bassigny.*

D'azur au chevron d'or accompagné de trois croissants d'argent, dont l'un en pointe surmonté d'un hêtre de sinople.

Cette famille, originaire du Bassigny et connue depuis le XVe siècle, a été anoblie par des charges de trésoriers de France, au bureau des finances de Dijon. Son chef de nom et d'armes est aujourd'hui Denis-Pierre Maulbon d'Arbaumont, ingénieur en chef des ponts et chaussées en retraite, qui habite Dijon; un second représentant, conseiller honoraire à la Cour de Colmar est fixé aux Argentières, dans le département de la Côte-D'or, et deux autres encore occupent des positions honorables dans l'administration et dans l'armée.

ARBEL. *Auvergne.*

D'azur à un chevron d'argent accompagné de trois croissants de même.

D'Arbel, unique représentant du nom, réside à son château de Chazieu, par Veyre, département du Puy-de-Dôme.

ARBERATZ. *Béarn.*

De gueules à dix orlettes d'argent placées sur trois rangs en pal.

Le baron d'Arberatz, unique réprésentant du nom, réside à Pau.

ARBOIS. *Lorraine.*

D'azur à trois barbeaux d'argent. Cimier : un barbeau de même.

Deux familles de ce nom sont éteintes. Celle qui existe aujourd'hui, d'Arbois de Jubainville, a été anoblie par l'évêque de Metz, en 1584. Deux fils du premier noble de ce nom, Jean et Dominique, ont été tués en Lorraine, pendant la guerre de Trente Ans. L'un était colonel, l'autre lieutenant-colonel. François, son petit-fils, alla défendre Candie assiégé par les Turcs.

Un autre descendant est mort général de brigade à la Jamaïque en 1803. D'autres ont occupé des grades militaires inférieurs.

Un d'Arbois de Jubainville a siégé à la Cour de Nancy.

Le chef de nom et d'armes de la famille est Charles-Joseph d'Arbois de Jubainville, ancien magistrat à la Cour de Nancy, chevalier de l'ordre de François-Joseph d'Autriche. Il a trois fils, savoir :

A. Marie-Henri d'Arbois de Jubainville, chevalier de la Légion d'honneur, officier de l'Université, membre de l'Académie des inscriptions et des belles-lettres. Il a postérité.

B. Marie-Alexandre d'Arbois de Jubainville, sous-inspecteur des forêts à Valenciennes. Il a postérité.

C. Jean-Marie-Léon d'Arbois de Jubainville, prêtre directeur de la maison de patronage des ouvriers, dite de Notre-Dame des Champs, à Angers.

ARBON. *Franche-Comté.*

De sable à la croix ancrée d'or, chargée d'un écusson d'azur, surchargé d'un lion d'argent.

Monseigneur d'Arbon, chevalier de la Légion d'honneur, ancien évêque de Verdun et unique représentant de sa famille, réside à Toulouse.

ARBOUSSIER. *Languedoc.*

D'argent à l'arbre de sinople terrassé de même, accosté de deux lièvres affrontés de gueules.

Cette famille appartient au Languedoc; elle est représentée à Paris.

ARBOUVILLE. D'azur à trois maillets d'argent posés 2 et 1, accompagnés de trois roses d'or, deux en chef et une en pointe, accolées de gueules à une fleur de lis d'or.

L'unique représentant du nom, d'Arbouville, réside à Paris.

ARCANGUES. *Guyenne.*

Écartelé: au 1 d'argent à un arbre arraché de sinople et un lion de gueules passant au pied de l'arbre; aux 2 et 3 d'azur à une croix d'or; au 4 de gueules à trois pigeons d'argent rangés sur une terrasse de sable; sur le tout d'azur à trois chevrons d'or.

Cette famille est représentée par le marquis d'Arcangues, conseiller d'arrondissement au château de Lissaye, par Bayonne; d'Arcangues, au château de Larrudia, par Ustaritz; d'Arcangues, maire d'Arcangues, par Bayonne.

ARCELOT. *Bourgogne.*

D'azur à une aigle d'or sur une motte d'argent; au chef cousu de gueules chargé de trois étoiles d'argent.

Cette famille est représentée par le marquis d'Arcelot, au château de Montaigu, par Bourneuf, département de Saône-et-Loire; elle est également représentée par d'Arcelot, au château d'Arcelot, par Mirabeau, département de la Côte-d'Or.

ARCES. *Dauphiné.*

D'azur au canton d'or.

Cette famille est représentée par le marquis d'Arces, à la Guillonnière, près Moirans, Isère. Il a épousé Christine de Revol, dont plusieurs filles et un fils, le comte d'Arces, au château de Blanchelaine, près Tain, Drôme, marié en 1866 à Marie de Montegnard.

ARCHAMBAUD. *Orléans.*

D'azur à trois lions d'or; sur le tout d'argent au pal de gueules chargé de trois flanchis d'or.

Devise : *Inarmes leones.*

Le marquis d'Archambaud, dernier représentant de cette belle famille orléanaise, vit éloigné de toute participation aux affaires publiques, à la campagne. dans le département de la Drôme.

ARCHIAC. *Saintonge.*

De gueules à deux pals de vair au chef d'or.

Cette famille n'a plus d'autre représentant que le vicomte Adolphe d'Archias, membre de l'Institut qui vit sans alliance, à Paris; le vicomte Roger d'Archiac qui habite Dijon; le vicomte Étienne d'Archiac, sous-lieutenant au 5ᵉ régiment de dragons, son neveu. tous sans alliance.

ARCISAZ. Il existe deux familles de ce nom, l'une en Dauphiné, l'autre en Bigorre La première, connue sous le nom d'Arcisaz de la Broquerre, porte d'azur au corbeau passant d'argent; l'autre, d'Arcisaz d'Estançan, porte : parti au 1 d'argent au cœur de gueules, traversé par une clef de sable; au 2 de gueules au lion d'or; au chef d'azur brochant sur le parti et chargé de trois étoiles à cinq rais d'or.

Le seul représentant que nous connaissions du nom d'Arcisaz habite dans le département de la Haute-Garonne.

ARCY. *Normandie.*

D'azur à neuf croisettes recroisettées d'argent posées 3, 3 et 3, et accompagnées de trois quintefeuilles d'argent.

D'ancienne chevalerie, cette maison d'origine normande, remonte à la conquête de l'Angleterre. Elle a formé deux branches dont l'une restée dans la Grande-Bretagne a été appelée à la pairie; l'autre passée en France avec les Stuart a été maintenue par arrêt du 10 mai 1720.

Son chef de nom et d'armes, Pierre Alfred, comte d'Arcy, eut de Napoléone-Joséphine Fontaine de Cramayeul un fils, Auguste-René-Wilfred, né le 8 novembre 1833.

ARDENNES. Écartelé en sautoir d'argent à une merlette de gueules et de gueules à une molette à huit rais d'argent.

Cette famille est représentée par d'Ardennes de Tizac, magistrat dans le département de l'Aveyron.

ARENBERG. *Allemagne, Belgique, France.*

De gueules à trois fleurs de néflier de cinq feuilles d'or. Heaume : couronné. Cimier : une queue de paon au naturel. Supports : un griffon et un lévrier tous deux d'or. L'écu entouré d'un manteau de pourpre, doublé d'hermines, frangé d'or, sommé de la couronne princière.

Devise : *Christus protector meus.*

Cette famille illustre, représentée en Belgique et en France, est une branche de la maison de Ligne, élevée à la dignité princière en 1578, ducale, le 9 juin 1744, de ducs et pairs de France, le 5 novembre 1827. Nous avons donné sa généalogie dans la *Belgique héraldique*, tome 1er. Elle est représentée en France par Pierre d'Alcantara-Charles, prince d'Arenberg, né le 3 octobre 1790, ancien pair de France, qui épousa : 1° le 27 janvier 1829, Alix-Marie-Charlotte de Talleyrand-Périgord, morte le 21 septembre 1842; 2° le 19 juin 1860, Caroline-Léopoldine-Jeanne, princesse de Kaunitz, veuve du comte de Stahrenberg.

Il eut du premier lit trois enfants, savoir :

A. Louis-Charles-Marie, prince d'Arenberg, né le 15 décembre 1837, entré au service d'Autriche, lors de la guerre avec la France en avril 1859.

B. Auguste-Louis-Albéric, prince d'Arenberg, jumeau de Louis-Charles-Marie.

C. Marie-Nicolette-Augustine, née le 15 novembre 1830, épousa le 8 octobre 1849, Charles, comte de Merode, prince de Westerloo, sénateur de Belgique.

ARFEUILLE (Morin ou Mourins d'). D'azur à trois étoiles d'or, deux en chef et une en pointe et à la fleur de lis de même au centre. Couronne : de marquis. Supports : deux lions d'or, armés et lampassés de gueules.

Cette famille, originaire de la Haute-Marche, département de la Creuze et qui tire son nom de la terre d'Arfeuille qu'elle possède depuis un temps immémorial, à des titres qui remontent au xiie siècle. Elle a fourni trois cardinaux à l'Église et elle est représentée aujourd'hui dans la Marche, le Bourbonnais et la Bretagne.

ARFEUILLE. *Auvergne.*

D'azur à la fleur de lis d'or accompagnée de trois étoiles de même.

L'unique représentant du nom d'Arfeuille réside au château de Previande, par Melun.

ARGENCES DE SAINT-GERMAIN. *Normandie.*

De gueules à la fleur de lis d'argent.

L'unique représentant de cette famille normande est madame la marquise d'Argence, au château de Lucé. Sarthe.

ARGENS. *Provence.*

D'azur à l'étoile à cinq rais d'or; au chef d'argent; l'étoile chargée d'un écusson d'azur à la fleur de lis d'or.

A cette famille provençale appartenait le marquis **d'Argens**, chambellan du roi de Prusse, connu par l'originalité de ses écrits. Elle est encore représentée aujourd'hui par le marquis d'Argens dans le département d'Eure-et-Loire.

ARGENSON. *Touraine*.

Écartelé : aux 1 et 4 d'azur, à deux lions léopardés d'or, couronnés de même, armés et lampassés de gueules, qui est de Voyer; aux 2 et 3 d'argent à une fasce de sable, qui est d'Argenson. Supports : deux anges aux armes de la maison. Cimier : le lion de Saint-Marc, ailé, assis, d'or, tenant un livre ouvert d'argent (concession de la république de Venise, en faveur de l'ambassadeur et de sa postérité).

Devise : deux palmes avec les mots : *Vis et prudentia vincunt*.

Cette belle maison, originaire de Touraine, est d'ancienne chevalerie. Elle est illustrée par un grand nombre de personnages historiques qui se sont fait connaître dans les armes, la magistrature, les lettres et dont plusieurs se sont élevés aux plus hautes fonctions de l'État. Étienne Voyer, plus tard Voyer d'Argenson, est connu par un titre de l'an 1244.

Marc-René-Marie de Voyer d'Argenson, né le 19 septembre 1771, mort à Paris, le 1er août 1842, préfet, baron de l'empire, député pendant les Cent-Jours, et depuis lors député aux Chambres législatives de plusieurs départements jusqu'en 1834, d'abord aide de camp et ami politique de Lafayette, administrateur, manufacturier, agronome et orateur de l'Opposition, épousa en 1795, Sophie de Rosen Kleinroop, veuve du prince Victor de Broglie, et mère du duc de Broglie, dont un fils et trois filles, savoir :

A. Charles-Marie-René, qui suit.

B. Sophie, épousa Fortuné Reynaud, baron de Lascours, lieutenant-général, pair de France.

C. Victorine, épousa Raoul, comte de Croy-Chanel.

D. Élisabeth, épousa Gustave Fournier de Bois-Ayrault marquis d'Oyron.

Charles-René Voyer, marquis d'Argenson, né le 20 avril 1796, épousa, en 1821, Anne-Marie Faure, fille de Mathieu Faure, député de la Charente-Inférieure, dont deux filles, savoir :

A. Laure, épousa Enguerrand, vicomte de Pully.

B. Élisabeth-Aline, épousa Rodolphe, comte d'Ornaro.

ARGENTEAU. *Pays de Liége.*

D'azur à la croix d'or chargée de cinq coquilles de gueules et cantonnée de cinq croix recroisettées au pied fiché du second, sur chaque quartier. Cimier : un buste d'homme habillé de la moitié senestre de l'écu, coiffé d'un chapeau d'abbé de gueules.

Cette grande famille, de la principauté de Liége, est représentée par le comte d'Argenteau, à Paris.

ARGENTON. *Berry.*

D'or à l'écusson d'azur en abîme chargé de trois fleurs de lis du champ et accompagné de huit tourteaux de gueules rangés en orle.

Cette famille qui appartient au Berry, est représentée par un officier supérieur d'infanterie.

ARGIER. *Berry.*

D'argent à trois tourteaux de gueules.

Cette famille, qui appartient également au Berry, est représentée dans le département de l'Indre.

ARGIL. *Lyonnais.*

D'argent à la bande d'azur, semée d'étoiles d'or. Supports : deux lévriers.

Devise : *Plausir et loi.*

Cette belle famille dont le nom original est Troeu de la

Croze d'Argil, est originaire d'Eure-et-Loire. Le nom s'écrivait jadis d'Argil ou d'Argis indifféremment, dénomination du village d'Argis, siége de sa résidence.

Pierre Trocu de la Croze d'Argil, marquis de Saint-Bambert d'Argil, etc., aïeul du chef de nom et d'armes actuel de la famille, signait d'Argis, tandis que son fils Antoine-François Trocu de la Croze d'Argil reprit le nom patronymique de sa race, provenant de la maison forte d'Argil, des évêques de Belley.

On trouve dans les auteurs les plus estimés, dans les archives publiques les plus précieuses, des preuves irrécusables de l'ancienneté et de l'importance du nom d'Argil. Stencer, *Armorial du Lyonnais*; Valoux, *Nobiliaire;* Morel de Velaine, *Chapitres de Lyon;* les titres et les archives du département de l'Ain; la Batie, *Armorial du Dauphiné* et d'autres encore, en font un éloge aussi éclatant que mérité.

Les documents publics expriment ce qui suit :

12 mai 1634. Lettre du roi qui nomme Antoine Trocu de la Croze, receveur triennal des tailles en l'élection de Belley, Valromay et Gex, au lieu et place de M. Antoine de Migier.

Dernier décembre 1649. Lettre de provision de receveur des tailles à Pierre Trocu de la Croze, par la résignation de son frère.

Septembre 1664. Commission par les trésoriers généraux de France à Pierre Trocu de la Croze, de receveur des tailles de l'élection de Belley.

La généalogie qui nous occupe pourait remonter plus haut dans le passé, mais les degrés antérieurs ne pourraient s'établir sur des actes authentiques. La filiation appuyée sur preuves irrécusables, déposées dans les archives publiques, commence à Antoine, qui suit, I :

I. Antoine Trocu de la Croze, receveur triennal des tailles

en l'élection de Belley, Valromay et Gex, par lettres du roi du 12 mai 1634, acquit en 1640, des évêques de Belley, la maison forte d'Argil dont il retint le nom. Le fief de la Croze en Evoges était depuis longtemps dans la famille qui, quoique bourgeoise, avait reçu du comte de Lonvoie, le droit de franc fief. Il épousa Marie Clément, dont deux fils, savoir :

A. Jean-Louis Trocu de la Croze, écuyer.

Voici deux pièces qui le concernent :

1° 23 avril 1665. Lettres patentes qui le nomment conseiller maître en la Chambre des comptes de Dijon ;

2° 12 août 1676. Dénombrement de la seigneurie de Corcelles en Bugey par Jean-Louis Trocu de la Croze, conseiller maître de la Chambre des comptes de Dijon.

B. Étienne, qui suit, II.

II. Étienne Trocu de la Croze, écuyer, conseiller, secrétaire du roi, maison et couronne de France, en la grande chancellerie de Dijon, par lettres patentes du 6 novembre 1684.

Il épousa Claudine des Brosses, dont cinq enfants, savoir :

A. Albert, qui suit, III.

B. Guillaume Trocu de la Croze, chevalier, acquit, en 1716, le marquisat de Saint-Bambert de la princesse de Nemours, de la maison de Savoie, dont acte à Chambéry, et testa, en 1733, en faveur de son neveu Antoine, fils de Philibert.

C. Philibert Trocu de la Croze, syndic de la noblesse de Bugey, en 1719, épousa Barbe de Mermety, dont un fils :

Antoine Trocu de la Croze, seigneur de Bessay, de la Thibaudière, de la Durandière, marquis de Saint-Bambert après son oncle Guillaume, mort sans enfants, après avoir légué tous ses biens à Pierre Trocu de la Croze, son cousin qui suit, IV, épousa Marie-Françoise de Saint-Léger.

D. Françoise, religieuse.

E. Claudine, épousa Joseph Lomperis de Lieutaing.

III. **Albert Trocu de la Croze**, seigneur d'Argil, Arandus, Bernay, mort en 1738, capitaine au régiment de Navarre, acquit, le 17 décembre 1702, de Joseph de Digoirie, la baronnie de Bourg-Saint-Christophe et Garonne, en Bresse. Le 19 septembre 1699, il fit maintenue de noblesse.

Il épousa Claudine Espiard de Vernay, dont plusieurs enfants, entre autres deux, qui suivent, savoir :

A. Pierre, qui suit, IV.

B. N... Trocu de la Croze, chanoine de Saint-Martin d'Aunay, sous le nom d'abbé de Taraman, mort à Paris, paroisse de Saint-Sulpice ou celle de Notre-Dame-des-Vertus.

IV. **Pierre Trocu de la Croze** d'Argil, vint recueillir la succession de son père comme sixième fils, le cinquième étant mort à l'armée.

Seigneur et marquis de Saint-Bambert d'Argil, Arandus, Ternay et Bugety, baron de Bourg-Saint-Christophe et Taraman en Bresse, commandant au régiment de Royal-Navarre, il épousa Gabrielle Girou de Montblet, dont quatre enfants, savoir :

A. Louis Trocu de la Croze d'Argil, seigneur et marquis de Saint-Bambert d'Argil, Arandus, Ternay, Evoges, etc., baron de Bourg-Saint-Christophe et Taraman, mort à Lyon en 1830, chevalier de Saint-Louis, capitaine au corps des grenadiers royaux, émigra, fut dépossédé et fit partie de l'armée de Condé.

Il testa en faveur de son neveu Melchior, ci-dessous.

B. Antoine-François, qui suit, V.

C. Pierrette, épousa Jean-Baptiste N... de Piquier, gentilhomme savoyard.

D. Françoise, morte sans alliance en 1834.

V. **Antoine-François Trocu de la Croze**, chevalier d'Argil, sous-lieutenant au régiment de cavalerie de Royal-Navarre, du 19 mai 1774 jusqu'en janvier 1792, émigra à cette époque avec les officiers de son corps et se distingua au premier escadron de la cavalerie noble de l'armée de Condé pendant les campagnes de 1792, 1793 et 1794. Chef d'escadrons aux chasseurs de Bussy, chevalier de l'ordre royal et militaire de Saint-Louis en septembre 1797, nommé le 13 septembre 1815 colonel de gendarmerie, il prit le commandement de la 16e légion.

Il fut aussi à la tête d'un œuvre protectrice des enfants pauvres des chevaliers de Saint-Louis.

Antoine-François Trocu de la Croze, chevalier d'Argil, épousa en 1825, Hélène de Bectoz, maison chevaleresque du Dauphiné, héritière de la terre de Petit-Cour, près Vienne, par testament du chevalier de Larnage.

Charles de Brunier, marquis de Larnage, bisaïeul d'Hélène de Bectoz, lieutenant-général des armées du roi, gouverneur de Saint-Domingue et des Iles sous le Vent, épousa Marguerite Tascher de la Pagerie, dont plusieurs enfants, entre autres Louise-Thérèse de Larnage, qui épousa, le 10 février 1759, Jean-Baptiste de Bectoz de Vaubarmais, dont il eut quatre enfants :

A. Louis-Camille, qui suit :

B. Jean-Baptiste de Bectoz, mort en Espagne.

C. Élisabeth, épousa N... Descrivieux.

D. Pétronille, épousa N.... comte de Murat de Murinais du Puy de Lestangt, dont les descendants habitent Valence.

Louis Camille, comte de Bectoz, épousa Blanche de Revol, et laissa trois enfants, savoir :

Hélène, Louis-Camille et Marguerite-Hélène.

Louis-Camille, deuxième fils de Louis-Camille et de Blanche de Revol, épousa, en 1823, Sabine de Montchenu et en eut une fille Francisca, actuellement religieuse au Sacré-Cœur.

Hélène, épousa le chevalier d'Argil, ci-dessus.

Marguerite, épousa le comte Henry d'Angerville, capitaine aux gardes royaux, dont les descendants habitent le Bugey.

La terre de Petit-Cour est le dernier fief que l'illustre famille de Brunier ait possédé en Dauphiné. Cette branche de Brunier est éteinte.

Antoine-François Trocu de la Croze, chevalier d'Argil, eut d'Hélène de Bectoz, un fils unique, Melchior, qui suit, VI.

VI. Melchior de Trocu de la Croze Bectoz d'Argil, chef de nom et d'armes de sa famille, ne retint plus que le nom d'Argil. Né à Lyon, le 3 mars 1828, il épousa à Saint-Georges de Reniens, Rhône, le 23 février 1865, Livie de Monspey, d'une ancienne famille du Lyonnais, née à Saint-Georges de Reniens, le 31 mai 1841, fille du comte Ferdinand de Monspey et de Louise de Busseul, dont un fils, savoir :

Albert d'Argil, né le 7 décembre 1865.

Les assemblées de la noblesse où les Trocu de la Croze d'Argil ou de Bessey ont pris part en Bugey sont : le 21 novembre 1695, le 21 novembre 1698, le 25 avril 1702, le 8 mars 1708, le 20 août 1714, le 15 août 1717, le 21 août 1721, le 1er août 1724, le 28 août 1745, le 15 novembre 1754, le 13 septembre 1764, le 24 janvier 1789 et le 25 mars 1789.

ARGOUGES. *Vendée.*

Écartelé : d'or et d'azur à trois quintefeuilles de gueules, posées 2 et 1 brochant sur le tout.

Le chef de nom et d'armes de cette famille, le comte d'Argouges, réside à la Motte-Henry, par Meslay, département de la Mayenne.

ARGOUT. *Dauphiné.*

D'azur à trois fasces d'or.

Cette famille noble du Dauphiné fut appelée à la pairie avec le titre de comte, le 5 août 1819, dans la personne du sénateur comte d'Argout. Elle compte en ce moment quatre représentants, enfants et petite-fille du comte d'Argout, sénateur, décédé le 15 janvier 1858, savoir : le comte d'Argout.

maître des requêtes, conseiller d'État en service extraordinaire ; Charlotte d'Argout, sa fille ; le vicomte d'Argout, ancien régent de la Banque de France, ancien représentant de la Côte-d'Or ; Marguerite d'Argout, qui épousa M. Mazuyer, propriétaire dans le département du Cher, ancien consul de France à Ancône. Ils résident tous à Paris.

ARGY. *Orléanais.*

D'or à cinq triangles ou burelles d'azur. Couronne : de comte. Supports : deux lions. Cimier : un lion issant.

Cette famille tire son nom de la châtellenie d'Argy, située dans le diocèse et la généralité de Bourges, sur les confins de la Touraine. Elle est connue depuis François d'Argy qui vivait au xv° siècle et dont les trois enfants ont formé trois branches distinctes. Elle a pour chef de nom et d'armes, Charles-Henri-Louis, comte d'Argy, colonel des troupes pontificales.

ARJUZON. *France.*

D'azur à un chevron d'argent, accompagné de trois fers de flèche de même, les pointes en haut.

Gabriel-Thomas-Marie, comte d'Arjuzon, né en 1762, mort à Paris, le 19 décembre 1851, chambellan de Louis-Napoléon, roi de Hollande, a laissé trois fils, l'un héritier du titre de comte, membre de la Chambre des députés, et deux autres qui portent le titre de vicomte.

ARLANGES. *Normandie.*

D'argent à trois merlettes de sable accompagnées de six annelets de même rangés en orle ; le tout surmonté d'une fasce ondée du second.

Cette famille est représentée au château de Plessis-Arlanges, par la Motte-Achard, département de la Vendée.

ARLAUT DE LA MOTTE. *Gascogne.*

D'or à trois têtes de loup de sable arrachées de gueules, posées 2 et 1.

D'Arlaut de la Motte, unique représentant du nom, est directeur de l'enregistrement et des domaines, à Auch.

ARLINCOURT (Prévost d'). *France.*

D'azur au lion d'or posé sur un mont d'argent et accompagné en chef de deux étoiles à cinq rais de même.

Cette famille est aujourd'hui représentée par la vicomtesse d'Arlincourt, dans le département de Seine-et-Marne.

ARLON. *Paris.*

D'azur à sept besants d'argent posés en chevron accolé d'écartelé : aux 1 et 4 d'azur à une licorne saillante d'argent, armée, jubée et onglée d'or, et une bordure de même, chargée de huit chardons de gueules huilés et tigés de sinople; aux 2 et 3 d'argent à trois écussons de gueules posés 2 et 1.

L'unique représentant du nom, d'Arlon, réside à Orléans.

ARLOS. *Bugey.*

D'azur au lion d'or, armé et lampassé de gueules. Couronne : de comte. Cimier : un taureau. Supports : deux taureaux.

Devise : *Nobilis miles et potens.*

Cette famille, dont tous les membres portent le titre de comte, appartient au Bugey.

ARLOT. *France.*

D'azur à trois étoiles à cinq rais d'argent en fasce, accompagnées en chef d'un croissant de même et en pointe d'une grappe de raisins aussi d'argent, tigée et pamprée de sinople.

Deux branches de cette famille habitent la Dordogne et Paris, la première porte le titre de marquis d'Arlot de Cumont, la seconde ceux de vicomte et de baron d'Arlot de Saint-Saud.

ARMAGNAC. *Gascogne, Rouergue.*

Gascogne, D'argent au lion de gueules.

Rouergue. Armagnac de Gastanet. Écartelé : aux 1 et 4 d'argent au lion de gueules; aux 2 et 3 de gueules au léopard-lionné d'or.

Ces deux branches d'un nom célèbre portent le titre de comte.

ARMAILLÉ (la Forest d'). *Bretagne.*

D'argent au chef de sable. Couronne : de marquis.

Le chef de nom et d'armes, marquis d'Armaillé, habite l'Anjou; il n'a que des filles.

Les autres représentants, dans l'ordre de primogéniture, sont : Henri, comte d'Armaillé, au château de la Douve, par Segré, Maine-et-Loire; Paul, vicomte d'Armaillé ; Joseph, vicomte d'Armaillé.

Une autre branche de la maison de la Forest d'Armaillé habite Paris. Elle comprend deux représentants : Louis, comte d'Armaillé; Paul, comte d'Armaillé.

La généalogie complète de la maison d'Armaillé est insérée dans le second volume du *Nobiliaire universel*, de Magny.

ARMAND DE FLERS. *France, Auvergne, Dauphiné, Provence.*

France. D'azur au dextrochère d'or, mouvant de sénestre, tenant une bannière éployée du second et accompagné de deux palmes d'argent.

Auvergne. D'azur à un arc d'or armé d'une flèche de même.

Dauphiné. Provence. Fascé d'argent et de gueules.

Cette famille a quatre représentants : le marquis d'Armand de Flers, au château de la Tour, par Paullic, département de la Gironde; le vicomte d'Armand de Melun, à Paris; d'Armand de Bazeville, au château de Nizerolles, à Menetou-Salon, département du Gers ; d'Armand de Mostuejouls, au château de Peyreleau, département de l'Aveyron.

ARMANDIE. *France.*

D'azur à un homme armé d'argent, la visière levée, le visage de carnation, tenant une épée d'argent garnie d'or.

Cette famille appartient à l'Ile de France; elle est représentée dans le département de Vaucluse.

ARMAUD. *Guyenne, Gascogne.*

Écartelé : aux 1 et 4 d'or au lion de gueules; aux 2 et 3 d'azur à trois fasces engrêlées d'argent.

Deux représentants de ce nom nous sont connus : le baron d'Armaud de Puydragin, à Barcelone, département du Gers, et M. Armaud de Puydragin, officier d'infanterie.

ARMET DE LISLE. *France.*

D'argent à trois casques de sable, deux en chef et un en pointe. — D'azur à un chevron d'or.

Cette famille est représentée par d'Armet de Lisle, conseiller de cour impériale à Paris et par d'Armet de Lisle, chevalier de la Légion d'honneur, fabricant des produits chimiques les plus renommés, à Nogent-sur-Marne.

ARMOLIS. *Artois, Languedoc.*

De gueules à un lion et un taureau d'or rampants, affrontés, et combattant; au soleil du second mouvant du milieu du chef.

Cette famille appartient à l'Artois et au Languedoc. Elle est représentée dans le Pas-de-Calais par madame la marquise d'Armolis.

ARMYNOT DU CHATELET. *Bourgogne.*

D'argent à trois mouchetures d'hermines de sable, surmontées d'un lambel de gueules.

D'Armynot du Chatelet, seul représentant du nom, réside au château de la Motte-des-Prés, par Charny, département de l'Yonne.

ARNAL (Arnail). *Languedoc.*

D'or au noyer arraché de sinople; au chef d'azur, chargé de trois étoiles à cinq rais du champ.

Cette famille du Languedoc, de noblesse d'épée, est encore représentée dans la marine; son chef de nom et d'armes, Louis d'Arnal de Serres, est capitaine de frégate.

ARNAUD. *Provence.*

D'azur au chevron d'or, accosté en chef de deux palmes et accompagné en pointe d'un mont isolé de six coupeaux, aussi d'or.

Cette famille dont était le célèbre abbé d'Arnauld, les d'Arnauld d'Andilly, le marquis de Pompenne, est représentée par d'Arnauld de Praneuf, juge au tribunal civil, à Lunéville. Il a postérité.

ARNAUD (ou Arnauld) **DE VITROLLES.** *Provence.*

Tranché d'azur et de gueules à la bande d'or bordée de sable brochant sur le tranché; accompagné en chef d'une fleur de lis d'or et en pointe d'une marguerite d'argent; sur le tout d'azur au lion d'or armé et lampassé de gueules, qui est d'Arnaud.

Cette famille a quatre représentants : le comte Oswald d'Arnauld de Vitrolles, au château de Vitrolles, département des Hautes-Alpes; le baron Guillaume d'Arnauld de Vitrolles, au château de Chirol, par Saint-Félicien, département de l'Ardèche; les comtes Théodore d'Arnaud de Vitrolles, au château de Vitrolles; Eugène d'Arnaud de Vitrolles, au château de Vitrolles.

ARNAULD. *Alsace, Versailles.*

ALSACE. De sable au lion d'or.

VERSAILLES. D'or à là guivre d'azur, accolée d'azur à un chevron d'or accompagné en chef de deux palmes de même, et en pointe d'un rocher d'argent. — D'azur à un chevron d'or accompagné en chef de deux palmes de même et en pointe d'une montagne d'or. — De gueules à la moitié d'un chevron d'or accosté de deux lis d'argent tigés et feuillés de sinople posés en barre; parti d'argent à un lion lampassé et armé de gueules, accolé d'azur à une aigle s'essorant d'or regardant un soleil de même.

Cette famille a trois représentants : le vicomte d'Arnauld, officier de la Légion d'honneur, à Bourges; d'Arnauld de Laval, au château de Chavanon, par Combronde, département du Puy-de-Dôme; d'Arnauld de Nanclas, au château de Malberchie, près Villebois-la-Vallette, département de la Charente.

ARNAULT DE LA MÉNARDIÈRE. *Poitou.*

Losangé d'argent et d'azur à un faisceau de verges consulaires de sable lié d'or. — De gueules à un pin d'argent.

Voici le commencement de cette généalogie.

Vincent Arnault, seigneur de Château-Gaillard, juge consul, à Niort, en 1633, eut trois enfants, savoir :

A. Philippe Arnault de Château-Gaillard.

B. Philippe Arnault de la Michellière.

C. Louis-Marie-André Arnault, qui suit.

Louis-Marie-André Arnault de la Ménardière eut neuf enfants, entre autres quatre qui suivent, savoir :

A. Pierre-Jacques, qui suit.

B. Toussaint-Thérèse Arnault de la Ménardière, avocat à la cour royale de Poitiers.

C. Louis-Joseph Arnault de la Ménardière, conseiller à la cour de Poitiers en 1830.

D. Fréderic Arnault de la Ménardière, président du tribunal de Loudun.

Pierre-Jacques Arnault de la Ménardière, né à Poitiers, le 19 février 1777, membre du barreau de Poitou, eut trois enfants, savoir :

A. Louis-Florian, qui suit.

B. Henri Arnault de la Ménardière, ancien avoué, à Ruffec.

C. Zoé-Mélanie Arnault de la Ménardière, supérieure du couvent des Carmélites, à Orléans.

Louis-Florian Arnault de la Ménardière, docteur en droit, ancien juge de paix à Poitiers, eut deux enfants savoir :

A. Henri-Eugène Arnault de la Ménardière, avoué à Parthenay, département des Deux-Seines, épousa Virginie-Marie-Blanche-Gabrielle Desmé, dont un fils, Henri-Louis-Eugène.

B. Eugénie Arnault de la Ménardière, épousa Alfred Rondier, juge de paix à la Rochelle.

ARNOIS DE CAPTOT.

De gueules au chevron d'argent accompagné en pointe d'une étoile de même.

L'unique représentant du nom d'Arnois de Captot, réside au château de Freneuse, par Montfort, département de l'Eure.

ARNOUVILLE. *Alsace.*

D'argent à une fasce d'azur chargée de deux merles courant de même.

Cette famille est représentée par le comte d'Arnouville, à Versailles et par d'Arnouville, au château de Saint-Céols, par Aix-d'Angillon, département du Cher.

ARNOUX. *Auvergne, Bourgogne.*

Auvergne. Arnoux de Maison-Rouge porte d'or à la fasce de sable, chargée de trois mouchetures d'hermines d'argent et accompagnée de trois roses de gueules.

Bourgogne, Arnoux de Promby. De gueules à l'arc d'or en fasce, accompagné de trois étoiles à cinq rais d'argent.

Nous connaissons en Auvergne un représentant du nom, le baron d'Arnoux de Maison-Rouge, maire d'Entraigues, dans le Puy-de-Dôme, membre du conseil général du département, dont le frère puîné est préfet du Doubs.

ARONIO DE ROMBLAI. *Flandre.*

De sinople au lion rampant d'argent, couronné et armé d'or, lampassé de gueules, et à la bande partie d'azur et de gueules brochant sur le tout.

Cette famille est représentée par Jérôme d'Aronio de Romblai, qui, de son mariage avec Mathilde de Lafontaine de Villers, a sept enfants.

ARQUIER. *Provence.*

D'azur à un pont d'une seule arche maçonné de sable et surmonté d'un lion d'or. — D'or au lion de sable couronné de même, à trois fasces ondées, alésées d'argent brochant sur le tout.

L'unique représentant du nom d'Arquier réside dans le département des Basses-Pyrénées.

ARRAC. *Pays-Basque.*

D'or à un écusson losangé d'argent et d'azur.

L'unique représentant du nom d'Arrac réside à Gand, département des Basses-Pyrénées.

ARRIGHI. *Paris, Corse.*

Écartelé : aux 1 et 4 d'argent à une croix trélissée d'azur; aux 2 et 3 d'or à un sphinx de sable, couché sur une base de gueules, tenant un étendard turc à trois queues de cheval, posé en barre de sable; au chef de gueules, brochant sur le tout, semé d'étoiles à cinq rais d'argent.

Arrighi de Casanova, duc de Padoue en 1807, chef de nom et d'armes; un second représentant du nom habite Lyon et un troisième est directeur des postes à Corte, département de la Corse.

ARROS. *Béarn, Guyenne, Gascogne.*

Béarn. De sable à la bande d'argent, chargée de trois molettes de gueules.

Guyenne, Gascogne. D'argent au chevron d'or accompagné de trois coquilles de même.

Un représentant du nom, d'Arros de Pé, est colonel au 8ᵉ régiment d'artillerie. Un autre porte le titre de baron.

ARSON. *Bretagne, Provence.*

Bretagne. D'or à une hure de sable.

Provence. De gueules à trois tours d'or maçonnées de sable.

Le nom d'Arson de Rosières est représenté dans le département de l'Aube.

ARSY, ou **ARSIS.** *Languedoc.*

Parti : au 1 d'or à trois pals de gueules; au 2 d'argent au pin de sinople, au chef de gueules, brochant sur le parti et chargé de trois étoiles à cinq rais d'or.

Originaire du Languedoc, cette maison a pour chef de nom et d'armes le comte Gouy d'Arsy, à Marines, Seine-et-Oise.

ARRIPE DE LANNECAUBE.

D'azur au chevron d'or, accompagné en chef de deux tulipes d'argent, et en pointe d'un rocher de même.

D'Arripe de Lannecaube, unique représentant du nom, est maire d'Osserain, par Sauveterre, département des Basses-Pyrénées.

ARTAUD. *Provence.*

Écartelé : aux 1 et 4 d'azur au château à trois tours d'argent ; aux 2 et 3 de sable à la croix ancrée d'argent chargée en cœur d'un carreau du champ,

Cette maison est originaire de Provence ; elle est la souche de l'illustre maison d'Artaud de Montauban.

Elle est encore représentée à Lyon.

ARTAULT DE TAURIAC. *Ile-de-France, Orléanais, Auvergne, Bretagne.*

Ile de France. D'azur au chevron d'or, accompagné en chef de trois croissants mal ordonnés d'argent, et en pointe d'un lion d'or.

Orléanais, Auvergne. De gueules au lion d'argent armé et lampassé de sable ; à la fasce de même brochante sur le tout.

Bretagne. De sable à la croix ancrée d'argent, chargée en cœur d'une losange du champ.

D'Artault de Tauriac, unique représentant du nom, est directeur de l'enregistrement et des domaines, à Melun.

ARTES. *France.*

Losangé d'or et de sable à un pal de gueules.

On compte en France deux représentants du nom : d'Artes, conseiller général et conseiller de cour impériale, à Pau ; d'Artes de Lasalle, substitut du procureur-général et conseiller d'arrondissement, à Saint-Palais, département des Basses-Pyrénées.

ARTHUR. *France.*

De gueules à un chevron d'argent accompagné de trois suffleurs d'or, accolés de gueules, semé de croix pattées au pied fiché d'or, à trois levrettes d'argent courant l'une sur l'autre, accolées d'azur.

Le nom d'Arthur a deux représentants : d'Arthur de Villardière, au château de Fures, département de l'Isère; d'Arthur de la Borderie, conservateur de la bibliothèque, à Vitré, département d'Ille-et-Vilaine.

ARTIGUE ou **ARTIGUES**. *Ile de France.*

D'argent au chevron d'azur, accompagné en chef de deux étoiles à cinq rais de même et en pointe d'un lion de gueules.

Cette famille appartient à l'Ile de France. L'un des représentants du nom d'Artigue habite la campagne dans le département des Landes; les autres du nom d'Artigues résident, l'un, au château de Montluches, dans le département de Seine-et-Oise; le second, à Marseille et le troisième à Paris.

ARTIS. *France.*

D'azur au chevron d'or, accompagné de trois éperons de même.

Artis de Béquignolle est représenté en France et en Prusse. Un d'Artis réside à Lamargelle dans le département de la Côte-d'Or.

ARTOIS. *Artois.*

D'azur semé de fleurs de lis d'or, à l'écusson de gueules chargé d'une branche d'or.

Cette famille a pour chef de nom et d'armes Alfred d'Artois, à Nortquerque, par Audruicq, département du Pas-de-Calais, qui a deux frères : Gustave d'Artois, au château de Cocove, près de la Rescousse, même département, et Edmond d'Artois, à Paris. Une autre branche est représentée par Edmond d'Artois de Bournonville, à Avon, près de Fontainebleau et par Achille d'Artois, à Versailles.

ARTON. *Angleterre, Orléanais.*

D or au chevron de sable chargé de cinq fleurs de lis du champ. Cimier : un chandelier d'or.

Originaire d'Angleterre et de là transportée dans l'Orléanais, cette famille a son unique représentant à Lyon.

ARTURIÈRE. *Orléanais.*

D'or au chevron de sable chargé de cinq fleurs de lis du champ.

De l'Arturière, unique représentant du nom, réside au château de Doitie, par Brucy, département de la Manche.

ARUNDEL DE COLDÉ. *Normandie.*

D'argent au chevron de gueules, accompagné de trois hirondelles de sable, posées 2 et 1.

Cette famille qui s'est alliée aux comtes souverains de l'Anjou a pour chef de nom et d'armes Louis-Stanislas-Victor, comte d'Arundel de Condé, au chateau de Lesoneval, par Rugles, département de l'Eure.

ASNIÈRES. *Saintonge.*

D'argent à trois croissants de gueules.

Cette maison originaire de la Saintonge, dont la filiation authentique remonte à Seguin d'Asnières, vivant en 1437, et dont une branche obtint le titre de marquis d'Asnières-la-Chateigneraye en 1796, se divise en deux branches aujourd'hui; l'aînée est représentée par Eugène-Robert d'Asnières, chevalier, né en 1799, et par son frère Adolphe-Henri d'Asnières, chevalier, ancien officier d'infanterie, élève de Saint-Cyr, né en 1800.

La branche des marquis d'Asnières-la Chateigneraye compte deux représentants :

François-Jean-Baptiste-Auguste, marquis d'Asnières-la-Chateigneraye, né en 1785, épousa le 17 juillet 1827, Hermesinde-Octavie-Hélène de Narbonne-Lura, dont deux fils : Joseph-Renaud, né le 30 avril 1828, Hélène-Gombaud, née le 14 janvier 1835.

Henri-Victorin, comte d'Asnières-la-Chateigneraye, frère du marquis ci-dessus, né en 1786, épousa N... Marin de Banneville, dont il n'a pas d'enfants.

ASPREMONT. *Champagne.*

Armes anciennes : Parti d'azur et de gueules, à l'aigle d'argent becquée et membrée d'or, brochant sur le tout.

Armes modernes : De gueules à la croix d'argent. Cimier : un écran hexagone aux armes de l'écu, frangé et houppé d'or.

Cette famille originaire de Champagne, est représentée à Nice par le comte d'Aspremont Caravadossi, et en Belgique, par le comte d'Aspremont de Lynden, conseiller provincial de la province de Namur.

ASSAILLY. *Auvergne, Languedoc. Poitou.*

D'azur à trois lis au naturel, posés 2 et 1 (1). Couronne : de comte. Supports : deux lions.

Devise : *Vise plus haut que terre.*

La maison d'Assailly, dont le nom se trouve écrit dans les anciens titres : Assalit, d'Assallit, de l'Assaily, Assaillit, est originaire des confins de l'Auvergne et du Languedoc.

Seigneurs de la Salmondière, du Peux, de Loragray, de Géranson, de Laubonnerie, de la Rivière d'Arthenay, etc., les d'Assailly se fixèrent aussi en Guyenne et en Poitou, où ils existent encore de notre temps.

Les preuves de cette maison sont nombreuses. En voici les principales :

Baluze, rôles gascons, conservés à la tour de Londres; Inventaire du Trésor des Chartres, Biblioth. impér., Registres des hommages, aux Arch. impér., maintenues de noblesse; Armor. général manuscrit; Bauchet-Filleau; Saint-Allais.

Le premier des membres dont l'histoire nous ait conservé

(1) Saint-Allais, tome XX.

le souvenir est Guillaume Assaillit, qui signa comme témoin le testament de Roger, vicomte de Bézier, mari d'Adelarie de Toulouse, en 1113. (Voir Baluze, *Preuves de l'histoire d'Auvergne*, tome II, pages 500 et 501.)

Guillaume Assaillit ou d'Assaillit, assista, en 1119, comme témoin, à un plaid tenu en Bas-Languedoc, rapporté dans le cartulaire de l'abbaye de Saint-Guillaume.

Un des rejetons de cette maison prit part aux premières croisades et s'établit en Palestine. On voit en effet Gilbert ou Gerbert d'Assalit, né à Tyr, succéder en 1167 à Arnaud de Comps, comme grand-maître de l'ordre de Saint-Jean-de-Jérusalem, et accompagner, en 1168, Amaury, roi de Jérusalem, au siège de Belbéis, en Égypte.

Guillaume Assailly ou Assalit est nommé viguier ou vicomte de Razez, dans le testament de Roger II, vicomte de Béziers et de Carcassonne, fait en 1194. En la même année, il intervint comme témoin à la donation faite par Raynaud Roger, vicomte de Béziers, et Raynaud Roger, vicomte de Foix.

Bertrand-Robert d'Assailly est cité, comme témoin, avec Raymond-Étienne de Clermont et Guiraud Engilbert, viguier de Touloin, lors d'une donation faite par Alphonse, comte de Toulouse, à l'abbaye de Lezat, en 1227.

Guillaume d'Assailly prête serment de fidélité au roi, en 1243.

Le seigneur d'Assaillit de Tynerie, et son fils, Étienne Assaillit, sont nommés dans un dénombrement de tenants fief et devant hommage à Robert V, comte d'Auvergne et de Boulogne, en 1249. (Baluze, *Preuves de l'histoire d'Auvergne*, tome II, liv. Ier, page 108.)

Audebert d'Assalit laissa une fille, mariée à Constantin de Châteauneuf, et vivant en 1270. (Cartulaire de l'abbaye de Charroux.)

Bertrand d'Assalhit, damoiseau, coseigneur de Pelleporc, signa, en cette qualité, la charte de 1275, accordant des coutumes et franchises aux habitants de la dite commune. (Généalogie de La Fite-Pelleporc.)

Bertrand Assalit et son père sont cités dans une ordonnance du roi d'Angleterre. (*Teste rege apud Eborum, 10 julii 1319.* — Rôles gascons conservés à la Tour de Londres.)

Bertrand Assalit, probablement le même que Bertrand ci-dessus, obtint en 1329 la garde du château de Penné. (*Teste rege apud Dunstaple*, 20 octobre 1329. — Rôles gascons de la Tour de Londres.)

Marguerite Assaillide, veuve de Guillaume de Montviannays, rend hommage, en 1338, de la maison de Montviannays, et d'une autre maison appelée du Four, ensemble une rente de cent sols. (Thers. — Registre des hommages, aux Archives impériales.)

Gilbert Dassalit, écuyer, est cité dans une ordonnance du roi d'Angleterre. (*Teste rege apud Westminster*, 10 mars 1340. — Rôles gascons.)

Bernard Assaillit vivait en 1355. (Inv. de Trésor des Chartes, Bibliothèque impériale.)

Étienne Assaillit, dit Tredat, archer de la retenue du roi, vivait en 1470. (*Loc. cit.*)

Jean Assailly, dit Angelin, et Jean Angelin, son fils, sont cités dans des chartes de 1478 à 1480. (*Loc. cit.*)

Pierre Assailly, commissaire extraordinaire au Châtelet de Paris, obtient des lettres de confirmation dans les dites fonctions en 1484. (*Loc. cit.*)

Une branche de cette famille paraît s'être perpétuée en Languedoc jusque vers le commencement du xviie siècle, puisqu'on voit à cette époque Marie d'Assalhit de la Tour épouser Bertrand de Clarac, baron de Roqueservière, seigneur de Mirepoix, dont elle eut une fille, Anne de Clarac, mariée en 1641 à Pierre de Gout.

La branche établie en Poitou, et dont la postérité s'est continuée jusqu'à nos jours, commence sa filiation suivie par Sébastien, qui suit, I.

I. Sébastien Assailly ou d'Assailly, vivant en 1570, eut un fils, François, qui suit, II.

II. François d'Assailly, seigneur du Peux, cité avec ses fils dans le Catalogue original des nobles de la généralité de Poitiers, en 1594 et 1597, eut deux enfants, savoir :

A. François, qui suit, III.

B. Sébastien d'Assailly.

III. François d'Assailly épousa noble demoiselle Chargé, dont il eut quatre enfants, savoir :

A. François d'Assailly, seigneur de Peux, qui servit à l'arrière-ban de Poitou, en 1689, fit enregistrer ses armes dans l'*Armorial général*, en 1697, et fut maintenu dans sa noblesse avec ses frères par M. de Maupeou, en 1699. Il épousa Gabrielle de Barazan, dont il n'eut pas d'enfants.

B. Pierre d'Assailly, seigneur de Lorageay, qui servit au ban de 1691, dans les gentilhommes de l'escadron de Grandchamps, était, en 1706, officier dans les troupes du roi, au service d'Espagne; mort sans alliance.

C. Alexis, qui suit, IV.

D. Madelaine.

IV. Alexis d'Assailly, seigneur de Laubonnerie, servit au ban de 1690, et commanda, en 1703, le 3ᵉ escadron des nobles du haut Poitou. Il fit enregistrer ses armes en 1697, et fut maintenu dans sa noblesse avec ses frères et sœurs par arrêt de M. de Maupeou, du 10 janvier 1699. Il avait épousé, le 7 juin 1673, noble demoiselle Marguerite Thibaut, fille de Thibaut, seigneur de Colombier, dont un fils, Sébastien-Guillaume-Alexandre, qui suit, V.

V. Sébastien-Guillaume-Alexandre d'Assailly, chevalier, seigneur de la Salmondière et de la Rivière-d'Artenay, fonda à Vouillé, près Niort, avec le duc de Béthune-Charost, une communauté de sœurs de la Providence. Il épousa, vers 1740, Charlotte-Rose-Cécile Grellier de Concize, d'une des familles les plus distinguées du bas Poitou, élevée dans la maison noble de Saint-Cyr, dont deux fils émigrés avec elle pendant la Révolution, savoir :

A. Alexandre-Charles d'Assailly, qui servit dans l'armée des princes et entra, en 1814, dans la maison militaire du roi Louis XVIII.

B. Philippe-Antoine, qui suit, VI.

VI. Philippe-Antoine d'Assailly épousa, le 13 juin 1803, Élisabeth-Louise d'Amarzit d'Espagnac, fille du comte d'Espagnac, officier aux gardes françaises, petite-fille du lieutenant-général d'Espagnac, frère d'armes et historien du maréchal de Saxe, mort gouverneur des Invalides. Il eut de ce mariage deux enfants, savoir :

A. Charles-Philippe-Alfred, qui suit, VII.

B. Ursule.

VII. Charles-Philippe-Alfred d'Assailly, ministre plénipotentiaire, a épousé, le 30 janvier 1837, Adrienne-Octavie de Lasteyrie du Saillant, fille du marquis de Lasteyrie, et, par sa mère, Virginie du Motier de Lafayette, petite-fille du maréchal Louis de Noailles, dont cinq enfants, savoir :

A. Octave-Charles-Ursule d'Assailly.

B. Valentine-Adrienne a épousé, le 14 mai 1860, le marquis Marc de Pindray d'Ambelle.

C. Marie-Charlotte-Camille a épousé, le 26 juillet 1864, le baron Maurice Pérignon.

D. Fréderic-Arthur d'Assailly.

E. Oscar-Alexandre d'Assailly.

ASSAS. *Languedoc.*

Écartelé : aux 1 et 4 d'azur à trois fleurs de lis fleuronnées d'or; aux 2 et 3 d'or au chevron d'azur accompagné en flanc de deux pins de sinople et en pointe d'un chevron d'azur; au chef d'azur chargé de trois étoiles d'or. Sur le tout d'azur à une fleur de lis d'or, accostée de deux étoiles à six rais de même; au roc d'échiquier d'argent en pointe.

Le marquis d'Assas, seul représentant du nom, réside au château de Castelnau, département de l'Aveyron. Il a sa résidence d'hiver à Paris.

ASSELIN. *France.*

D'azur à cinq croix pattées d'or.

Originaire de l'Ile-de-France, le chef de nom et d'armes de cette famille, le baron d'Asselin, est conseiller de préfecture à Blois. D'autres branches sont également représentées, celle de Beauville, dans l'Indre, et celle de Villequier, qui donne le titre de comte, à Paris.

ASSENOY. *Lorraine.*

De gueules à la fasce d'argent chargée de trois merlettes d'azur et accompagnées en pointe d'une autre merlette d'or.

Cette famille originaire de Lorraine, est représentée dans le Pas-de-Calais, par d'Assenoy, avocat, à Aire-sur-la-Lys.

ASSEZAT DE BOUTEYRE. *France.*

De gueules à un cygne nageant d'argent; au chef d'azur chargé d'un croissant d'argent accosté de deux étoiles d'or.

Cette famille est représentée par d'Assezat de Bouteyre, procureur-général, à Clermont-Ferrand.

ASSIER. *France.*

D'argent à trois bandes de gueules. Couronne de comte. Supports · deux lions.

Devise : *Suis de bonne trempe*, ou *sans rouille*.

Cette ancienne famille prouve son antiquité par la possession non interrompue, depuis cinq siècles, de la terre de Valenches, sur les confins du Forez et de l'Auvergne, où elle vint s'établir avec Odon de Seneuil en 1299. Elle est mentionnée en Forez par titres publics et authentiques depuis l'an 1330.

Fort connue pendant les guerres de la Religion, notamment à la défense de Montbrison, assiégé par le baron des Adrets en 1562, elle a donné un conseiller au parlement de Dombes en 1713, plusieurs officiers généraux et supérieurs, un chevalier de Saint-Michel, trois chevaliers de Saint-Louis, des dignitaires dans l'ordre de la Légion d'honneur

Parmi ses représentants actuels la maison d'Assier compte un membre du conseil général du département de la Loire, maire de Feurs.

Voir Borel d'Hauterive, *Annuaire de la noblesse;* Laroque, *Catalogue des gentilshommes aux assemblées de la noblesse en 1793, province du Forez;* Lonyer du Lac, *Fiefs du Forez;* d'Assier de Valenches, *Mémorial de Dombes*, etc.

ASSIGNIES. *Artois.*

Fascé de gueules et de vair de six pièces.

Originaire de l'Artois, la maison d'Assignies, connue depuis le xiii° siècle dans cette province, emprunte son nom à une terre et à un château fort, situés près de la ville d'Aire. Antoine d'Assignies, voué héréditaire de Thérouenne et mestre de camp de cavalerie, reçut des lettres de chevalerie de l'empereur Charles-Quint.

Assignies a donné des chevaliers de Malte, un commandeur de Saint-Lazare, des chanoinesses aux chapitres de Denain et de Bourbourg.

ASSONVILLE. *Flandre, Cambrésis, Artois, Ile de France.*

Nous trouvons les armes de cinq familles distinctes de ce nom.

Flandre : De gueules au lion d'or.

Cambrésis : D'or à une coquille de gueules.

Artois : D'argent à deux chevrons d'azur, accompagnés en chef de deux étoiles à cinq rais de même.

Ile de France : D'or au lion d'azur, armé et lampassé de gueules. — D'azur au chevron d'or, accompagné de trois étoiles à cinq rais de même.

Nous ne connaissons qu'un seul représentant de ce nom. On le trouve dans le département de Seine-et-Marne.

ASSONVILLEZ. *France.*

D'azur à la bande dentelée d'argent, accompagnée en chef, à dextre, d'une étoile à cinq rais de même.

Cette famille prétend être la même que celle d'Assonville, dont parle dom Gaffiaux dans son *Trésor généalogique*. Léon-Clément d'Assonvillez, chef de nom et d'armes, est maire de la commune de Bosquirard-de-Marcouville, dans le département de l'Eure.

ASSY. *Berry.*

D'argent au lion de sable, armé et lampassé de gueules; au chef de même chargé de deux croissants adossés du champ.

Cette famille, originaire du Berry, est représentée par Alfred d'Assy, dans le département de Seine-et-Oise et par Greffroy d'Assy, au château de Ravinière, par Bracieux, département de Maine-et-Loire.

ASTANIÈRES. *Languedoc.*

Fascé de gueules et d'argent au chef d'argent chargé d'un croissant de sable entre deux étoiles à cinq rais de même.

Cette famille, originaire dit-on de Normandie, est connue depuis 1585 en Languedoc. Elle est représentée par d'Astanières, à Paris.

ASTARAC. *Champagne, Guyenne.*
Écartelé d'or et de gueules.
Cette maison appartient à la Champagne et à la Guyenne. Elle a porté le titre de marquis de Fontrailles. Suivant quelques auteurs, elle serait éteinte; cependant nous avons lieu de supposer qu'elle est encore représentée dans le département du Gers.

ASTIER. *Provence.*
D'argent à l'arbre de sinople terrassé de même, au chef d'azur chargé d'un soleil d'or entre deux étoiles à cinq rais de même.
Cette famille provençale fut anoblie vers 1740. Elle compte encore de nombreux représentants.

ASTIS. *France.*
De gueules, au lion rampant d'argent; au chef cousu du champ, chargé de trois étoiles d'argent.
D'Astis, unique représentant du nom, est président du tribunal civil, à Pau.

ASTORG. *Languedoc, Quercy, Paris.*
De sable au dextrochère mouvant du flanc senestre et sommé d'un faucon d'argent, accompagné en chef de deux fleurs de lis d'argent et en pointe d'une demi-fleur de lis de même mouvante du flanc dextre.
La maison d'Astorg ou d'Astorgue, originaire d'Auvergne où elle tenait un rang distingué et possédait de nombreuses seigneuries, remonte à Pierre d'Astorg, d'Aurillac, seigneur de Laval, coseigneur du Chalier, en Auvergne, cité dans la

nomenclature de dom Coll. Elle a fait ses preuves de cour en 1678 et a été admise à monter dans les carrosses du roi avec le titre de comte le 27 janvier 1789.

Alliée avec les maisons d'Anglard, d'Aubigné, d'Aubusson de la Feuillade, de Beaufort, de Choiseul, de Guérin, de Monteil, de Montmorin, de Rochefort d'Ailly, de Saint-Quentin, de Salvert de Montrognosi, de Sarrazin, de Servière, etc., elle eut pour dernier représentant mâle Jacques-Pierre-Prothade-Hippolyte, comte d'Astorg, officier de marine avant l'émigration, puis membre de la Chambre des députés et contre-amiral, mort en 1828, qui épousa Élisabeth-Marie de Grassin, dont une fille. Celle-ci épousa le comte de Choiseul d'Aillecourt, préfet du Loiret.

Aux branches cadettes appartiennent le comte d'Astorg, ministre plénipotentiaire à Darmstadt, et un officier de cavalerie.

AUBARÈDE. *Lyonnais.*

D'or à une aigle éployée à deux têtes de sable.

Paul d'Aubarède, unique représentant du nom, réside à Lyon.

AUBÉ DE BRACQUEMONT. *Picardie.*

De gueules à huit losanges d'argent appointées en croix.

Cette famille est représentée par d'Aubé de Bracquemont, directeur des Mines de Viroigne, à Nœux, par Béthune, département du Pas-de-Calais; elle est encore représentée par d'Aubé de Bracquemont, juge à Vervins, département de l'Aisne.

AUBEL. *France.*

D'azur à deux cœurs posés en fasce d'or, pendus à une chaine de gueules passée en sautoir, accompagnés en chef de deux étoiles d'argent et en pointe d'une tour de même.

D'aubel, unique représentant du nom, réside à Paris.

AUBELIN. *Beauce.*

D'azur au chevron d'argent accompagné en chef de deux étoiles d'or et en pointe d'une tête de cerf de même.

Le comte d'Aubelin de Villers, unique représentant du nom, réside à Brécy.

AUBERJON. *Dauphiné, Languedoc.*

DAUPHINÉ. D'or à une bande d'azur, chargée de trois hauberts ou cottes de mailles d'argent.

Devise : *Maille à maille se fait l'Aberjon.*

LANGUEDOC. D'azur à six besants d'or.

Nous connaissons trois représentants du nom : le comte d'Auberjon, au château de Saint-Félix, département de la Haute-Garonne; d'Auberjon, au château de Cavalinier, département de l'Aude; Auberjon de Murinais, à Saint-Marcellin, département de l'Isère.

AUBERMESNIL. *France.*

De gueules à un lion léopardé d'or en chef et à trois rais d'argent en pointe.

Cette famille est représentée en Normandie par un ancien député. Elle est représentée également à Paris.

AUBERT. *Bretagne.*

BRETAGNE, MAINE. De gueules à trois maillets d'or. — De gueules à la fasce d'argent, chargée de deux cerfs passants de sable.

D'autres familles distinctes portent le nom d'Aubert, mais nous ne connaissons qu'un représentant du nom. Il réside dans le département des Côtes-du-Nord.

AUBERVILLE DE CANTELOU. *France.*

D'azur à deux léopards d'or, l'un sur l'autre.

Cette famille, originaire de l'Ile de France, n'est plus représentée que par madame la comtesse d'Auberville, à Paris.

AUBERY. *Paris.*

D'or à cinq trangles de gueules.

Maintenue dans sa noblesse, le 20 juin 1705, cette famille est originaire de Paris et son nom est représenté dans les départements des Deux-Sèvres, de la Vienne et de l'Eure.

AUBESPIN (DE L'). *Lyonnais.*

De sinople à un sautoir d'or. — De sable à un chevron d'argent chargé d'un croissant du champ.

De l'Aubespin, unique représentant du nom, réside à son château, à Tracy, département de la Nièvre.

AUBESPINE (DE L') *Chartres.*

D'azur au sautoir d'or alesé et accompagné de quatre billettes de même. Couronne : de marquis. Supports : deux autruches colletées d'une couronne de marquis. Cimier : une autruche de même.

Cette famille, originaire du pays chartrain et qui a obtenu les honneurs de la cour en 1768, a donné plusieurs personnages illustres, entre autres un garde des sceaux, des ministres secrétaires d'État, des ambassadeurs, des lieutenants généraux, des commandeurs et chevaliers des ordres du roi, un évêque d'Orléans, connu par ses nombreux écrits. Elle s'est alliée aux maisons d'Aligre, de Beauvilliers-Saint-Aignan, de Béthune-Sully, de la Châtre, de Choiseul, de Durfort, de Miolans, de Rouvroy-Saint-Simon, de Volvire, etc.

Marie-Joseph-Alphonse, comte puis marquis de l'Aubespine, mort le 1ᵉʳ juin 1836, épousa Marie-Angélique Gomez, dont trois enfants, savoir :

A. Jean-Baptiste-Louis, marquis de l'Aubespine, né à Sauveterre, département de Gironde, le 25 décembre 1828, sous-préfet à Bernay, département de l'Eure.

B. Maximilienne-Angélique-Jeanne-Philippine, religieuse.

C. Marie-Joséphine-Pauline.

AUBIER. *Bretagne, Auvergne, Prusse.*

BRETAGNE. D'argent aux trois grils de sable aux manches bouclés de même.

AUVERGNE, PRUSSE. D'or au chevron de gueules, accompagné en chef de deux molettes d'azur et en pointe d'un croissant de même.

Devise : *Ungibus et rostro fidelis.*

Nous ne connaissons en France qu'un représentant du nom Aubier de Rioux, chef de bataillon au 1er de ligne.

AUBIGNY. *Artois, Poitou, Bourgogne, Cambrésis.*

ARTOIS. D'azur à trois chevrons alesés d'or.

POITOU. De gueules à trois châteaux d'or.

BERRY. D'or à la bande de gueules chargée de trois lionceaux d'argent.

CAMBRÉSIS, BRETAGNE. AUBIGNY DU HAVET. D'argent à la fasce de gueules chargée de trois besants d'or.

Cette maison nous est connue par le marquis d'Aubigny et le comte d'Aubigny, dans le département de Saône-et-Loire; par le comte d'Aubigny, à Paris et dans le département de la Loire; le baron d'Aubigny, dans l'Eure-et-Loir; MM. d'Aubigny, dans l'Indre-et-Loire, le Calvados, et à Paris.

AUBIGNY. *Berri.*

Nous possédons d'une autre famille d'Aubigny l'inventaire des titres de noblesse fait le 13 août, par Foullé Demartangers, maître des requêtes et intendant de Berri à Bourges, collationé le 6 janvier 1728 sur l'original qui a été représenté par madame de Bord, veuve de Jean-Louis d'Aubigny et MM. d'Aubigny.

« Ont servi l'état sous plusieurs rois comme on l'eut fait voir si Sa Majesté n'eut pas borné la recherche et les preuves à cent ans — Ce faisant que les comparants sur l'assignation qui leur a été donnée par-devant vous, Monseigneur, en exécution de la déclaration du roi du 16 janvier 1714. A la requête de Monsieur François Ferrand, chargé par sa Majesté de la continuation de la recherche des usurpateurs de noblesse, seront à tout jamais maintenus et gardés dans la qualité d'écuyer et comme tels employés au catalogue nobiliaire général qui sera dréssé sur la vérification des titres de noblesse. »

Voici la filiation de cette famille :

D'Ittrier d'Aubigny, seigneur de Néreux, Genzat, Vaulume et Lavarenne, épousa Marguerite de Fraigne; — Jasques d'Aubigny, seigneur de Genzat, de la Lande, Salvert et Néreux, épousa le 15 octobre 1538, Anne de la Souche; — Hieronne d'Aubigny, seigneur de Genzat, en partie de la Lande, Salvert et Néreux, épousa le 22 mai 1573, Charlotte de Gouzolle; — Gabriel d'Aubigny, seigneur de la Lande, Salvert, Néreux, Genzat, épousa Edmée de Brechard; — Gilbert d'Aubigny, seigneur de la Lande, Salvert, Néreux, Genzat, épousa le 29 mars 1632, Geoffroye Gaulmin; — Jean d'Aubigny, seigneur d'Aubigny et de Baunay, épousa le 8 février 1655, Anne de la Motte, fille de Charles de la Motte, chevalier, seigneur du dit lieu, baron de Seguemont; — Louis d'Aubigny, seigneur de Baunaie, d'Alligny, épousa Claude de Bord, fille de Gilbert de Bord, seigneur de Grandfond, avocat à la cour, et de Marie-Claude de Roussenu, dont huit enfants : Jean, 1690; Marie-Anne, 1696; Marie-Bonne, 1698; Anne, 1700; Gabriel, 1701; Gilbert I, 1703; Gilbert II, 1705; Jean-Louis, 1707.

Dix-huit pièces justifient que le dit Jean d'Aubigny est qualifié d'Écuyer dans les provisions que Sa Majesté lui fait expédier le 1ʳ mars 1674, pour commander en qualité de capitaine de chevaux-légers au régiment de Saldaigne, que jusqu'en 1674 il a possédé par brevet du 3 mars 1655 l'état et la charge de gentilhomme ordinaire de la chambre avec la charge de cornette de la compagnie et mestre de camp du régiment de cavalerie de Montgurgis, qu'il a reçu et dignement exécuté plusieurs ordres directs de Sa Majesté, occupé plusieurs emplois, qu'enfin il a commandé le ban de la province du Bourbonnais, pendant les années 1690, 1693, 1695, 1697. Ces dites pièces prouvent encore que le dit Jean d'Aubigny a eu l'honneur de mériter plusieurs éloges de la bouche du roi.

Contrat reçu par Baures et Vossé, notaires au Chatelet de Paris, 8 février 1655.

Louis d'Aubigny, seigneur d'Alligny et de Baunais, épousa Claude de Bord; il eut huit enfants, dont le huitième, Jean-Louis d'Aubigny, né en 1707, épousa Claudine-Françoise du Villars, dont deux fils : François-Nicolas d'Aubigny, né en 1757, mort en 1822; Philippe-Étienne d'Aubigny, qui épousa Jeanne Rorcet, morte le 7 septembre 1792.

Henri d'Aubigny eut trois enfants : Baptistine d'Aubigny, Arsène d'Aubigny, George d'Aubigny.

Le chef de cette famille est chef de bataillon au 29° de de ligne.

AUBIGNY (L'ORILLARD D'). *Picardie.*

D'argent à la fasce de gueules, chargée de trois billettes d'or, posées 2 et 1. Couronne : de comte. Supports : un lion et une licorne.

Devise : *Deus Rex Galliæ.*

Cette famille qui s'est alliée à la maison des Stuart, en Angleterre, est représentée à Poitiers et à Paris.

AUBILLY. *France.*

D'azur à un bouc d'or naissant d'une fasce de gueules et d'or. — D'argent au chevron d'azur coupé de sable.

Cette famille est représentée par d'Aubilly, au château de son nom, par Bougy, département du Cher, et au château de Castella, par Cadalen, département du Tarn.

AUBIN DE JORIAS. *Bretagne, Maine, Champagne.*

BRETAGNE. D'azur à la fasce d'or accompagnée de trois croix posées de même. — D'azur à la salamandre d'or vomissant des flammes de même; au chef d'argent chargé de trois trèfles de sinople. — D'azur au chevron d'or accompagné de trois gerbes de même. — D'argent à quatre fasces d'azur mises en pal, accostées de six tourteaux de même.

MAINE. De sable à trois poissons nageant d'argent l'un sur l'autre.

CHAMPAGNE. D'argent à la bande de gueules chargée de trois besants d'or.

L'unique représentant du nom d'Aubin de Jorias réside au château de Marafly, par Mareuil, département de la Dordogne.

AUBONNE. *Ile de France.*

D'azur au chevron, accompagné en chef de deux étoiles à cinq rais et en pointe d'un croissant, le tout d'argent.

Le représentant de cette famille habite le château de Thurey par Marchamp, département du Doubs.

AUBOURG DE LA CONTRYE. *Berry.*

D'azur au lion d'or adextré d'une étoile de même et senestré d'une lame d'argent. — D'azur à trois fasces d'argent

Cette famille n'est plus représentée que par d'Aubourg de la Contrye, directeur d'assurances, à Paris.

AUBRY. *Artois, Flandre française, Bretagne, Ile de France.*

Chacune de ces provinces a donné une famille distincte de ce nom. On en compte deux dans l'Ile de France.

ARTOIS. De gueules au croissant d'argent.

FLANDRE FRANÇAISE. D'azur à trois roses d'argent au chef de même.

BRETAGNE. D'argent à trois fleurs de lis d'azur.

France. Coupé : au 1 d'azur à trois têtes de Mameluck d'or; au 2 d'argent flanqué de deux tours de sable.

France. Coupé : au 1 d'argent à l'épée de sable en bande, accompagnée de deux têtes de More; au 2 de sable au pont de trois arches d'or, s'élevant d'une rivière d'argent et sommé d'un lion naissant d'or.

C'est à l'une de ces familles qu'appartiennent d'Aubry de la Noé, officier de la Légion d'honneur, conservateur de la bibliothèque de la marine, à Cherbourg, et Charles d'Aubry de la Noé, enseigne de vaisseau.

AUBUGENS DE LAVILLEDUBOST.

D'azur à trois étoiles d'argent en chef, et un chevron de même en pointe.

D'Aubugens de Lavilledubost, unique représentant de cette famille, est conseiller de cour impériale, à Poitiers.

AUBUSSON ou AUBUISSON. *Languedoc.*

Écartelé : aux 1 et 4 d'or à l'aigle de sable fondant sur un buisson de sinople et accompagnée en chef de deux croix ancrées de gueules; aux 2 et 3 huit points d'or équipollés à sept de huit pièces; à la bordure componée de Castille et de Léon de huit pièces. Supports : deux lions.

Devise : *L'honneur est mon guide.*

Cette famille, qu'il ne faut point confondre avec la maison des ducs de la Feuillade éteinte en 1849, est représentée par d'Aubusson de Soubrebost, chevalier de la Légion d'honneur, conseiller de cour, à Limoges.

AUDIBERT. *Provence.*

D'argent au chêne de sinople entrelacé et glandé; à la bordure dentelée de gueules; au chef de même, chargé d'un cœur accosté de deux étoiles d'or.

Maintenue en 1705 et faisant remonter ses preuves à Raimond d'Audibert, écuyer, qui testa en 1529 et fut le quadrisaïeul de Henri d'Audibert acquéreur de la terre de Ramatuelle, dont il prit le surnom, en 1689, cette famille provençale est représentée dans le département de Vaucluse.

AUDIFFRET. *Provence, Italie.*

D'or au chevron d'azur chargé de cinq étoiles à cinq rais du champ et accompagné en pointe d'un mont de trois coupeaux de sable, soutenant un faucon de même, la tête contournée et la patte dextre levée ; à la bordure crénelée de sable et d'or de 24 pièces. Couronne : de duc. Cimier : un fer de lance d'or. Supports : deux faucons au naturel.

I. Charles-Louis-Gaston, marquis d'Audiffret, sénateur, grand-officier de la Légion d'honneur, membre de l'Institut, ancien président de la Cour des comptes et ancien pair de France, né le 10 octobre 1787, épousa le 14 janvier 1823, Marie-Pauline-Lucile, fille du baron Portal, pair de France, ancien ministre de la marine, dont trois enfants, savoir :

A. Pierre-Marie Gustave, qui suit, II.

B. Amélie-Marguerite, épousa le 27 décembre 1841, Gustave, comte de Maisniel.

C. Pauline-Claire, épousa le 7 octobre 1851, Hugues, comte de Coral.

II. Pierre-Marie-Gustave, comte d'Audiffret, né le 21 mai 1827, officier de l'ordre de la Légion d'honneur, épousa le 7 janvier 1856, Isabelle Montané, dont cinq enfants, savoir :

A. Marie-Gaston d'Audiffret, né le 3 août 1858.

B. Marie-Jean d'Audiffret, né le 25 avril 1864.

C. Marie-Pierre d'Audiffret, né le 25 novembre 1866.

D. Rose-Marie-Micheline-Isidore, née le 29 novembre 1856.

E. Marie-Magdeleine, née le 5 mai 1868.

AUDIFFRET PASQUIER. *Provence, Italie.*

Écartelé : aux 1 et 4, comme ci-dessus, qui est d'Audiffret; aux 2 et et 3 de gueules au chevron d'or accompagné en chef de deux croissants d'argent et en pointe d'une tête de licorne de même qui est de Pasquier.

I. Florimont-Louis, comte d'Audiffret, directeur au ministère des finances, conseiller d'État, puis receveur général, officier de l'ordre de la Légion d'honneur, mort le 4 décembre 1858, épousa, le 27 décembre 1820, Gabriel-Zoë Pasquier, fille d'Étienne-Augustin, directeur général de l'administration des tabacs, dont deux enfants, savoir :

A. Edme-Armand-Gaston, qui suit, II.

B. Louis-Henri-Prosper, comte d'Audiffret, chevalier de la Légion d'honneur, officier supérieur de cavalerie, né le 1ᵉʳ juin 1826.

II. Edme-Armand-Gaston, duc d'Audiffret-Pasquier, le premier du nom d'Audiffret-Pasquier, par suite de l'adoption de son grand-oncle le duc Pasquier, grand chancelier de France. Né le 20 octobre 1823, il épousa le 5 juillet 1845, Marie-Jenny Fontenilliat, fille d'un ancien receveur général, dont trois enfants, savoir :

A. Marie-Denis-Étienne-Hippolyte d'Audiffret-Pasquier, né le 20 juillet 1856.

B. Marie-Henriette, née le 15 septembre 1854.

C. Nicole-Marie-Henriette-Camille, née le 26 février 1858.

AUDRAS DE BÉOST. *France.*

D'azur à la croix ancrée d'or cantonnée de quatre grenades de gueules.

Cette famille est représentée par Ferdinand, baron d'Audras de Béost, conseiller général du département de l'Ain.

Une autre branche, celle de Marcy, est représentée par le baron Charles de Béost de Marcy, au château de la Belouze, par Guérigny, département de la Nièvre.

AUDREN DE KERDREL. *Bretagne.*

D'azur à trois têtes de lévrier d'argent.

Cette famille n'est représentée que par d'Audren de Kerdrel, ancien député, à Rennes.

AUFFAY. *Bretagne.*

Fascé d'argent et de sable au lion d'or brochant sur le tout.

Cette famille n'est plus représentée que par la comtesse d'Auffay, à Paris.

AUGA. *France.*

Écartelé : aux 1 et 4 de gueules à trois fasces d'argent; aux 2 et 3 d'azur au lévrier courant et contourné d'argent, la queue retroussée.

Cette famille n'a plus qu'un seul représentant.

AUGER. *Champagne, Berry, France.*

CHAMPAGNE. D'azur à la fasce d'or. — D'or à trois écrevisses de gueules.

BERRY. D'argent à la croix de sinople cantonnée aux 1 et 4 d'une tête de léopard de gueules; aux 2 et 3 d'une corneille de sable, remplacée par la branche d'Auvergne d'une fleur de lis de gueules.

FRANCE. D'azur au phénix sur son immortalité d'or, fixant un soleil de même, posé au canton dextre du chef.

Nous connaissons trois représentants du nom : le comte d'Auger, à Paris, le vicomte d'Auger, maire de Chapelle, près Sées département de l'Orne; le baron d'Auger, au château d'Erquay, par Ryes, département du Calvados.

AUGEROT. *Béarn.*

Écartelé : aux 1 et 4 d'azur à trois croix de Saint-André d'or; aux 2 et 3 d'argent à deux lions de gueules, lampassés de même, affrontés et soutenant un arbre arraché de sinople au feuillage de même, rehaussé d'or.

D'Augerot, unique représentant de cette famille, réside à Oleron-Sainte-Marie, département des Basses-Pyrénées.

AUGIER DU CHÉZOUD. *France.*

D'argent à deux couronnes d'épines de sable, accompagnées de trois croissants de gueules, deux en chef, un en pointe. Couronne : de comte.

Devise : *Augere et vivere.*

Cette famille qui a donné Jacques Augier, conseiller du roi, à Evaux, sous Louis XIV et de nos jours Claude Augier de Chézoud, député du département de la Creuze, officier de la Légion d'honneur qui se retira du service, en 1830, à l'avénement de la Branche Cadette, est représentée par d'Augier de Chézoud, au château de la Montrolle, par Evaux, département de la Creuse.

Augier de Montgrénier, représentant d'une autre branche réside à Châteauroux.

AUGIER. *Poitou.*

D'argent au chevron d'azur accompagné en chef de deux croissants de gueules et en pointe d'un arbre de sinople, posé sur un rocher du troisième; au chef du second chargé de deux étoiles à cinq rais d'or.

Nous trouvons en France trois représentants de ce nom : le baron d'Augier, dans le département du Cher; d'Augier de la Chaume, dans le département de la Vienne; d'Augier de Crémières, dans le département du Puy-de-Dôme.

AUGUSTIN. *Touraine.*

De sable à la fasce d'or accompagnée de trois hérissons de même.

Nous trouvons ce nom dans le service télégraphique de l'Algérie

AUGUSTINE. *Corse, Provence.*

D'or à l'arbre arraché de sinople, surmonté d'une aigle de sable.

Cette famille marseillaise, d'origine corse, donna un officier au service de Gênes en 1538 et un consul de Marseille, petit-fils de cet officier, en 1617.

AULAN. *Flandre.*

D'or au sautoir de sable cantonné en chef de deux quintefeuilles de gueules et en pointe d'un écusson d'azur. Cimier : l'écusson d'azur entre un vol d'or.

Le chef de nom et d'armes de cette famille, le marquis d'Aulan, habite Paris.

AULIAC. *Auvergne*

D'azur au chef d'or, au lion de gueules brochant sur le tout.

Cette famille originaire d'Auvergne est encore représentée dans le département du Cantal.

AUMALE. *Picardie, Flandre, Ile de France.*

D'argent à la bande de gueules chargée de trois besants d'or. Heaume : couronné d'une couronne comtale. Cimier : une aigle issante essorant de profil d'argent, couronnée d'une couronne impériale d'or. Supports : une licorne d'argent et un lion d'or.

Devise : *Trinati.*

FLANDRE FRANÇAISE, D'argent à trois bandes d'or.

ILE DE FRANCE : De gueules à deux fasces d'or.

D'Amale n'a plus qu'un représentant, capitaine dans l'arme de l'artillerie.

AUMONT. *Picardie.*

Écartelé : aux 1 et 4 de Villequier; aux 2 et 3 de Mazarin; sur le tout d'argent au chevron de gueules, accompagné de sept merlettes de même, quatre en chef et trois en pointe, mal ordonnées, qui est d'Aumont.

Cette grande famille, originaire de Picardie, descend de Jean Ier, chevalier croisé en 1248. Elle reçut le duché-pairie d'Aumont en 1665; le fils aîné porte le titre de duc héréditaire de Villequier.

Louis-Marie-Joseph-d'Aumont, duc d'Aumont et de Villequier, né à Paris le 19 octobre 1809, habite le Caire; sa sœur cadette, Ambroisine-Mélanie-Marie épousa, le 13 novembre 1835, Edmond-Charles-Andronice Poullain, comte de la Vincendière.

AUMONT. *Normandie, Picardie, Ile de France.*

NORMANDIE, PICARDIE, ILE DE FRANCE. D'argent au chevron de gueules accompagné de sept merlettes de même, 2 et 2 en chef, 1 et 2 en pointe.

PICARDIE. D'or au croissant de gueules accompagné d'une orle de sept merlettes de même.

Cette famille a quatre représentants : d'Aumont, au château de Bussy, par Corbie; Danzel d'Aumont, au château d'Hornoy; Etienne d'Aumont, à Paris; d'Aumont du Montiers, receveur principal de la poste, à Evreux.

AUNAY. *Picardie, Champagne.*

PICARDIE. D'or à trois tourteaux de gueules.

CHAMPAGNE. D'azur au coq d'or, crêté, becqué et barbé de sable.

Cette maison est actuellement représentée par le comte d'Aunay, maire de Cervin, dans le département de la Nièvre, et par un autre membre de la famille qui habite le château de l'Abbaye, dans le Calvados.

AURAY. *Bretagne.*

Losangé ou échiqueté d'or et d'azur.

Le chef de nom et d'armes de la famille, marquis d'Auray, est conseiller général du département de la Manche ; le comte d'Auray, autre représentant du nom, est sous-préfet, à Senlis.

AURE. *Guyenne, Gascogne, Languedoc.*

D'or au lévrier rampant de gueules, colleté d'azur, à la bordure de sable chargée de huit besants d'or.

Cette famille est représentée par le comte d'Aure, qui habite le département de Seine-et-Oise.

AURELLE. *Auvergne, Rouergue.*

Parti : au 1 d'azur à trois chevrons d'or, au chef d'argent chargé de cinq mouchetures d'hermine de sable; au 2 d'azur à deux étoiles à cinq rais d'argent en chef, surmontées chacune d'un besant d'or et une coquille d'argent en pointe.

Dans la même contrée on trouve encore d'Aurelle de la Fridière qui porte d'or au chevron d'azur accompagné en chef d'un lambel renversé de gueules.

Les représentants du nom sont le général de division d'Aurelle de Paladine, grand-croix de la Légion d'honneur, et l'abbé d'Aurelle de Paladine, aumônier du couvent de la Compassion, à Montauban.

AUREVILLE. *Normandie.*

De sable au lion d'argent armé et lampassé de gueules.

Le seul représentant de cette famille est fixé à Paris.

AURIÈRES. *Auvergne.*

D'azur à la tour d'argent, ajourée de sable, sommée d'une aigle du second.

Le baron d'Aurières, unique représentant, est directeur de la ferme-école, à Rambouillet.

AURIOL. *Languedoc, Belgique, Angleterre.*

D'argent au figuier de sinople posé sur un monticule de même et supportant deux nids d'oiseaux au naturel suspendus aux branches par des rubans de gueules Cimier : une aigle de profil essorant au naturel, l'aile droite levée, la senestre pliée.

Nous connaissons trois représentants du nom : Auriol, à Orléans; Paul Auriol, chirurgien de la marine, à Toulon; Auriol d'Azas, à son château d'Azas, dans le département de la Haute-Garonne.

AUSSY. *Gâtinais.*

D'argent au chevron de gueules accompagné de trois coquilles de sable.

L'unique représentant du nom d'Aussy, est secrétaire de la Société centrale d'Agriculture, à Saint-Jean-d'Angely, département de la Seine-Inférieure.

AUTEROCHE. *Auvergne. Bourges.*

AUVERGNE. D'or à trois rochers d'azur posés 2 et 1. — De sable à un crocodile d'or posé en fasce. — D'or à une montagne de gueules. — De sable à une roche d'argent.

BOURGES. De gueules à une bande d'argent accompagnée de deux lions d'or.

Cette famille est représentée par d'Auteroche, ecclésiastique, à Paris; et par d'Auteroche, avoué à Béziers.

AUTET. *Franche-Comté*

D'argent à la bande d'azur accompagnée de six tourteaux de sable, trois en chef posés 2 et 1, les trois autres côtoyant la bande.

Cette famille est représentée à Soing, département de la Haute-Saône.

AUTEVILLE. *Genève, Languedoc.*

GENÈVE. Palé d'argent et de gueules de huit pièces.

LANGUEDOC. Parti : au 1 d'azur à une ville bastillée, les tours couvertes et girouettées d'argent; au 2 d'or au lion de gueules.

Marchand d'Auteville, seul représentant connu du nom, est inspecteur des contributions directes à Bourges.

AUTHIER. *Limousin.*

De gueules à la bande d'argent accompagnée en chef d'un lion d'or et en pointe de trois vannets de même.

Cette famille du Limousin, est représentée par Amédée d'Authier, garde du corps démissionnaire en 1830, à Poitiers.

AUTICHAMP. *Dauphiné.*

De gueules à la fasce d'argent chargée de trois fleurs de lis d'azur. Supports : deux sauvages de carnation armés de massues. Cimier : une tête de licorne d'argent. Couronne : de marquis.

Devises : *Impavidum ferient ruinæ.* — *Amitié de Beaumont.*

Cri : *Beaumont! Beaumont!*

Cette maison de race chevaleresque, branche de celle de Beaumont, une des plus illustres du Dauphiné, connue dans les anciens titres par une charte du prieuré de Domène de l'an 1080 et dont la filiation remonte à Artaud Ier, chevalier, seigneur de Beaumont et de la Freyte, vivant en 1250, est aujourd'hui représentée par Marie-Charles-Adhémar, comte d'Autichamp de Beaumont, fils de Marie-Antoine-Paul-César-Achille, comte d'Autichamp, officier aux lanciers de la garde royale, en 1830, mort en 1848, et de Marie-Félicie-Gabrielle de Suzannet.

AUTIER. *Auvergne, Bourbonnais.*

D'azur au chef denché d'or, chargé d'un léopard de sable armé et lampassé de gueules.

Devise : *Nec dura nec aspira terrent.*

Cette famille, qui appartient à l'Auvergne et au Bourbonnais, a pour chef de nom et d'armes le comte d'Authier de Rochebriant, au château de Barmontel, département du Puy-de-Dôme. Elle est encore représentée par Amable, vicomte d'Authie.

AUVARE. *Nice.*

De gueules aux deux cors ou huchets entrelacés; au chef d'azur à trois étoiles d'argent.

La maison de Corporandy d'Auvare, établie dans la ville de Nice, où elle est propriétaire à Cimiez, est originaire de La-Croix (Alpes maritimes). Cette commune limitrophe a appartenu, à différentes époques, tantôt à la France, tantôt au Piémont, et c'est ainsi que les membres de la maison des barons d'Auvare ont été alternativement au service de la France et au service des royaumes de Sardaigne et d'Italie.

La-Croix, située sur une éminence, fut d'abord un château fort appartenant aux Templiers et autour duquel s'établirent différentes familles, entre autres celles de Corporandy. Après la suppression de l'ordre, La-Croix fut divisé entre une commanderie de Malte et une co-seigneurie des Beauregard, puis des barons d'Auvare dont il est ici question, et qui ont conservé, dans cet ancien fief, leur château et des propriétés.

Cette maison s'est illustrée par des magistrats des officiers supérieurs, des généraux des armées de terre et de mer, des hommes de mérite occupant des charges distinguées, ainsi que par d'honorables alliances. Ses preuves existent à l'ordre de Saint-Maurice à Turin. Analogues à celles exigées pour l'ordre de Malte, elles étaient d'autant plus sévères et plus flatteuses qu'elles établissaient les conditions requises pour l'ordre de l'Annonciade, qui rendait cousin du roi. On trouve les biographies du lieutenant-général Gaspard d'Auvare, et celle du général baron Félix d'Auvare, dans la *Biographie niçoise* de Toselli, p. 249; celle du vice-amiral Auguste d'Auvare dans l'*Histoire des hommes de guerre du XIX° siècle*, imprimée à Genève, p. 491.

Nous ne donnons de cette généalogie que huit degrés établis sur chartes, contrats, dénombrements, actes publics et autres preuves irrécusables.

I. Nicolas de Corporandy, lieutenant de juge, eut un fils, Jean, qui suit, II.

II. Jean de Corporandy, lieutenant de juge, eut un fils, Louis, qui suit, III.

III. Louis de Corporandy, seigneur d'Auvare, nom retenu par ses descendants, eut un fils, André, qui suit, IV.

IV. André, seigneur d'Auvare, licencié en droit à l'Université d'Aix, préfet de la vallée de Barcelonnette, eut de son mariage avec la noble demoiselle d'Hermione de Amicis, deux fils, savoir :

A. Claude, qui suit, V.

B. Joseph-Gaspard d'Auvare, seigneur de Verraïon, lieutenant-général au service de France, chevalier de Saint-Louis.

V. Claude, baron d'Auvare, co-seigneur de La-Croix, licencié en droit de la faculté d'Aix, jurisconsulte, subdélégué de l'intendance de Provence. De son union avec la demoiselle Marie de Chabaud, d'antique et noble origine, il eut trois fils, savoir :

A. Joseph-Félix, qui suit, VI.

B. Auguste d'Auvare, capitaine du génie au service de France.

C. Paul d'Auvare, lieutenant-colonel commandant la province de Biela, chevalier de l'ordre des Saints Maurice et Lazare.

VI Joseph-Félix, baron d'Auvare, major général, décoré des ordres des Saint-Maurice et Lazare et de Savoie, décoré de la médaille Mauricienne, eut de son alliance avec la noble demoiselle Antoinette d'Estiene du Bourguet, trois fils, savoir :

A. Charles-Marcelin, qui suit, VII.

B. Auguste d'Auvare, vice-amiral, au service du Piémont comme ses frères, commandant général de la marine royale à Gênes durant la guerre de 1859, chevalier grand'croix et grand cordon de l'ordre des Saints-Maurice et Lazare, grand-officier de l'ordre du Nicham, commandeur de l'ordre de la Couronne d'Italie.

C. Alexandre d'Auvare, lieutenant-général, grand-officier de l'ordre des Saints-Maurice et Lazare, commandeur de l'ordre de la Couronne d'Italie, décoré de la médaille de la Valeur militaire, épousa la comtesse Morelli, de l'illustre maison de Visconti, autrefois dominante à Milan.

VII. Charles-Marcellin, baron d'Auvare, chef de nom et d'armes de sa famille, major-général, commandant de l'ordre des Saints-Maurice et Lazare, membre de différentes sociétés de bienfaisance et de belles-lettres, a, de son mariage avec la noble demoiselle Angélique Vitale de Pallières, descendant de l'illustre maison Vitale de Saint-Vital, autrefois puissante dans le gouvernement de Parme, trois fils, savoir :

A. Louis, qui suit, VIII.

B. Alexandre d'Auvare, lieutenant d'artillerie au service du royaume d'Italie, décoré de la médaille d'Italie.

C. Casimir d'Auvare, étudiant.

Il a eu aussi deux filles, l'une, Marie-Euphrasie, mariée au baron Héraud de Châteauneuf, docteur en droit, et l'autre, Antoinette, qui a épousé le chevalier Galleani de Saint-Ambroise, lieutenant de vaisseau dans la marine royale d'Italie, décoré de plusieurs ordres ainsi que de la médaille de la Valeur militaire.

VIII. Louis, baron présomptif d'Auvare, bachelier ès lettres de l'Académie de Grenoble, officier au régiment des lanciers de Novare, au service du royaume d'Italie, décoré de la médaille d'Italie.

Différents auteurs, outre ceux précités, ont fait mention de cette maison, entre autres: Roux, *Statistique des Alpes maritimes;*

Durante, *Histoire de Nice*, tome III, et *Chorographie du comté de Nice;* Tisserand, *Géographie départementale*; Casalis, *Dizionario dei regi stati*, aux mots ; *La-Croix* et *Auvare.*

AUVÉ D'AUBIGNY. *Beauce.*

D'argent à la croix de gueules, cantonnée de douze merlettes de même.

D'Auvé d'Aubigny, unique représentant du nom, est inspecteur de l'enregistrement et des domaines, à Foix.

AUVERGNE. *Bretagne, Orléanais, Normandie.*

BRETAGNE. De sable à la croix d'argent cantonnée de quatre têtes de loup de même lampassées de gueules.

ORLÉANAIS. Fascé de quatre pièces d'argent et de sable, l'argent chargé de trois merlettes du second, le sable chargé de trois coquilles d'or, le tout posé 2 et 1.

NORMANDIE, AUVERGNE. D'argent à la fasce de gueules chargée de trois coquilles du champ et accompagnée de six merlettes de sable.

La maison d'Auvergne est représentée à Monosque, département des Basses-Alpes.

AUVERS (MORIN D'). *Normandie.*

Écartelé : aux 1 et 4 d'or à la croix engrelée de sable, qui est de Morin; aux 2 et 3 d'argent à la fasce d'azur, accompagnée de six merlettes de gueules posées 3 2 et 1, qui est de Sainte-Marie d'Equilly. Supports : deux griffons au naturel.

Devise : *Fortis fidelisque simul.*

Le seul représentant connu de cette famille réside au château d'Auvers, par Carentan, département de la Manche.

AUVILLIERS. *Ile de France. France.*

ILE DE FRANCE. D'argent à deux chevrons de gueules, accompagnés de trois têtes de loup de sable.

France. D'azur au navire d'argent, équipé de gueules, soutenu d'une mer du second; au chef d'or chargé d'une aiglette du champ.

Les deux représentants de cette famille résident dans les départements de l'Indre-et-Loire et de la Seine-Inférieure.

AUX. *Provence. Poitou, Gascogne, Guyenne.*

Provence. D'or à trois aigles de sable.

Poitou. D'or à la bande bretessée d'or.

Gascogne. Coupé : au 1 d'or à trois rocs d'échiquier de gueules; au 2 d'argent au lion de gueules.

Guyenne. Aux de Lescourt. D'argent à trois chevrons brisés de gueules, accompagnés de trois marteaux de même.

Aux est représenté par le marquis du nom, dans le département de la Sarthe.

AUXAIS. *Normandie.*

De sable à trois besants d'argent.

Le comte d'Auxais, chef de nom et d'armes habite le château de Champeaux, par Marsieux, département de la Manche; d'Auxais, autre représentant réside au château de Litteau, près Ballerole, département de Calvados.

AUXERRE. *France.*

De gueules à la bande d'or. — D'azur semé de billettes d'or, au lion de même brochant sur le tout.

L'unique représentant du nom réside à Hamed, Algérie.

AUXION. *Guyenne, Gascogne.*

Écartelé : aux 1 et 4 d'azur au lion d'or armé et lampassé de gueules; aux 2 et 3 d'or à trois fasces d'azur.

Cette famille n'a également qu'un représentant vivant dans la retraite à la campagne, dans le département du Gers.

AUZON. *Auvergne.*

Écartelé d'or et d'azur.

Le chef de nom et d'armes de cette famille, d'Auzon, est conseiller général, maire, à Saint-Léger, département de l'Aube.

AVAILLE. *Poitou.*

D'or à trois pals d'hermine.

L'unique représentant du nom, d'Availle, est vice-président de la chambre consultative d'agriculture, à Niort.

AVARAY (Beziade duc d'). *Béarn.*

D'azur à la fasce d'or chargée de deux étoiles à cinq rais de gueules· et accompagnée en pointe d'une coquille du second. Sur le tout d'azur à trois fleurs de lis d'or.

Devise : *Vicit iter durum pietas.*

Cette belle famille qui obtint concession du titre ducal en 1799 a pour chef de nom et d'armes le duc d'Avaray, à Paris. Elle est encore représentée par le marquis d'Avaray, dans le département de Loir-et-Cher.

AVEJAN (Bannes d'). *Languedoc.*

D'azur à la demi-ramure de cerf d'or posée en bande.

Le comte de Bannes d'Avejan, seul représentant de cette famille, réside dans le département du Gard.

AVÈNE. *Dauphiné.*

D'azur à trois gerbes d'or, chargées d'un chevron brisé aussi d'or, la dernière gerbe soutenue d'un croissant de même.

Gustave, baron d'Avène, a fixé sa résidence à Paris.

AVENEL. *Beauvaisis, Normandie.*

Avenel de Buyars. De gueules à trois aigles d'argent.

Avenel de Cordauzières. De gueules à l'aigle d'or.

C'est à la seconde famille qu'appartient d'Auvenel de Nantray dont la résidence est le château de Nantray, dans le département de la Manche.

Le nom est aussi représenté par d'Avenel de Lavigne, à Versailles.

AVENNES. *Champagne.*

De sable à trois fasces d'or chargées de six tourteaux de gueules. — D'or à trois fasces de sable chargées de six besants du champ.

Cette famille est représentée par le vicomte et par le baron d'Avennes.

AVERHOULT. *Cambrésis.*

D'or à trois fasces de sable, au canton d'hermine.

Cette maison, que des généalogistes disent éteinte, a donné un chevalier, Alain d'Averhoult, seigneur d'Helfaut, vicomte de Saint-Donat, gouverneur du Quesnoy, mort en 1682. Elle s'est alliée avec les du Biez, la Cornhuse, Lens, Renty, etc.

AVERTON. *Bretagne.*

Burelé d'argent et de gueules.

Nous connaissons plusieurs représentants du nom : le comte d'Averton, à Avignon; d'Averton, conseiller de cour à Lyon, chevalier de la Légion d'honneur; d'Averton, fonctionnaire public à Rodez.

AVESGO DE COULONGES. *Normandie.*

D'azur à la fasce écotée d'or, accompagnée de trois gerbes de même, à la bordure de gueules chargée de huit besants d'argent.

Le représentant de cette famille est maire à Coulonges, département de l'Orne.

AVESNE. *Hainaut.*

Bandé d'or et de gueules.

Devises : *Tenui Modulatur.* — *Meditatur avena.*

Cette maison a produit la seconde dynastie des anciens comtes de Hollande. Elle est encore représentée dans les départements de Seine-et-Marne et de la Somme.

AVIAU DE PIOLANT. *Touraine, Poitou.*

De gueules au lion d'argent, couronné de même, la queue fourchée, nouée et passée en sautoir. Couronne : de comte. Supports : deux lions au naturel.

Le seul représentant de cette famille est docteur en droit à Poitiers.

AVISARD. *Normandie.*

De gueules au chevron d'argent.

C'est à cette famille qu'appartient le baron d'Avisart, au château de Nogarède, par le Fossat, département de l'Arriège.

AVON DE SAINTE-COLOMBE. *Comtat-Venaissin.*

D'azur au chevron d'argent accompagné de trois étoiles de même.

Cette famille est représentée par d'Avon de Sainte-Colombe, avocat, à Apt.

AVOUST ou **AVOUT.** *Paris.*

D'or à deux lions léopardés de gueules, posés l'un au premier quartier, l'autre au quatrième quartier, contournés, tenant chacun une lance polonaise; à la bordure componée d'or et de gueules; au chef de gueules semé d'étoiles d'argent, brochant sur le tout.

Cette famille est représentée par le comte d'Avoust, au château de Pacé, département de l'Orne; par le baron Alexandre d'Avoust, au château de Poinsons-les-Français, près d'Auberive, département de la Haute-Marne; par d'Avoust, attaché à l'administration des lignes télégraphiques, à Paris, et par d'Avoust, à l'Isle-sur-Serein, département de l'Yonne.

AVOUT (Voir Chevery).

AVRANCHES. *Bretagne.*
D'azur au chevron brisé d'or, accompagné de trois besants de même.
Le seul représentant de ce nom habite la campagne dans le département de la Seine-Inférieure.

AVRIGNY ou **AURIGNY.** *France.*
D'argent à trois tourteaux de gueules.
Un représentant du nom, d'Avrigny, habite Paris.

AVRIL DE BUREY. *Bretagne.*
D'argent à l'arbre arraché de sinople; au chef d'azur chargé de trois étoiles d'or.
Auguste-Léopold d'Avril de Burey, est bâtonnier de l'ordre des avocats, à Evreux.

AVRIL DE L'ENCLOS. *Nivernais, Anjou, Bretagne.*

Nivernais. D'or au lion d'azur, lampassé, couronné d'argent, ayant un croissant du second au dessous de sa patte senestre.

Anjou, Bretagne. D'azur au pin de sinople; au chef d'azur chargé de trois roses d'or.

D'Avril de l'Enclos, seul représentant du nom, est lieutenant-colonel au 2e régiment des voltigeurs de la garde.

AYEN. *Limousin.*
De gueules à une tour d'or.
Le titre de duc d'Ayen est porté par la maison de Noailles; toutefois nous trouvons dans le Limousin une famille noble de ce nom.

AYMARD. *Languedoc.*

Fuselé d'azur et d'or, à la bordure componée de sable et d'argent; au franc quartier des barons militaires.

Cette famille est originaire du Languedoc. Antoine Aymard, général de division, reçut le titre de baron, avec dotation en Westphalie, le 20 juillet 1808. Pair de France, sous la restauration, grand-croix de la Légion d'honneur, chevalier de Saint-Louis, aide de camp du roi, il avait épousé, le 13 février 1817, Rose-Thérèse-Françoise Milhaud, fille du lieutenant-général comte Milhaud, dont deux enfants, entre autres un fils, chef de nom et d'armes de sa famille : Edouard-Antoine-Alphonse, né le 30 janvier 1820, ancien officier d'infanterie.

AYMÉ. *France.*

La même contrée donne deux maisons de ce nom, portant des armes différentes, savoir :

1° Écartelé : au 1 d'or à la sirène de carnation tenant un miroir d'argent; au 2 de gueules à l'épée d'argent; au 3 de gueules à trois tours ruinées d'argent; au 4 d'or à la haie de sinople brochant sur un mai de même et sommé de trois moineaux de sable, chacun tenant dans son bec une violette au naturel.

2° Écartelé : aux 1 et 4 d'azur à la chèvre rampante d'argent broutant un lierre d'or; au 2 de gueules à la branche de chêne d'argent; au 3 de gueules à l'épée d'or en bande; sur le tout de sable au palmier arraché d'argent, accosté de deux croissants de même.

Le baron d'Aymé d'Aquin, officier de la Légion d'honneur, est ministre plénipotentaire à Tanger; le baron d'Aymé de la Chevrillière, chevalier de la Légion d'honneur, conseiller général, est maire de Gournay, département des Deux-Sèvres; d'Aymé de la Chevrillière réside à son château, à Melle, même département.

AYMER DE LA CHEVALERIE. *Poitou.*

D'argent à la fasce componée de sable et de gueules de quatre pièces.

Le marquis d'Aymer de la Chevalerie a sa résidence d'hiver à Poitiers et celle d'été, au château de Pillonet, département de la Vienne.

AYRAULT DE SAINT-HÉNIS. *Bretagne, Poitou.*

D'azur à deux chevrons d'or.

Cette belle famille, dont le nom s'est également écrit Ayrolde, s'est divisée en deux branches dont l'aînée, encore représentée, a produit, pendant plusieurs générations, des personnages célèbres dans la ville d'Angers. L'un des rejetons mâles du nom exerce des fonctions municipales à Juigné-Béné, près d'Angers.

AZÉMAR. *Ile de France, Languedoc.*

Ile de France. D'or à trois fasces de gueules.

Languedoc. D'azur à la bande d'argent, chargée de trois croissants de sable et accompagnée en chef d'un lion d'or armé et lampassé de gueules.

Le baron d'Azémar seul représentant du nom, est général de brigade.

AZEVÉDO. *Espagne.*

Écartelé : aux 1 et 4 d'or à l'arbre de sinople ; aux 2 et 3 d'argent au loup passant de sable.

Cette famille s'est transplantée dans les colonies, à Saint-Pierre, Martinique.

B

BABIN DE GRANDMAISON. *Poitou.*

D'argent à quatre fasces d'azur, à trois chevrons du champ brochant sur le tout.

L'unique représentant de la famille, de Babin de Grandmaison, réside à Versailles.

BABINET. *Poitou.*

D'azur au chevron d'or, accompagné en chef de deux étoiles de même et en pointe d'un croissant d'argent.

Cette ancienne famille, dont les armes furent enregistrées en 1697 par d'Hozier, originaire du Châtelleraudais, a donné des magistrats à la ville de Poitiers et des officiers aux armées de Sa Majesté Catholique.

Jacques Babinet, le savant académicien, né à Lusignan le 5 mars 1794, descend au huitième degré de Gilles Babinet, seigneur de Poirière, mort avant 1595.

Cette famille compte aujourd'hui huit représentants : Alexandre Babinet, sous-chef à l'administration générale des domaines, à Paris; Charles Babinet, officier de la Légion d'honneur, directeur des affaires criminelles et des grâces, au ministère de la Justice, à Paris; Joseph Babinet, au château de Murault, près

Lusignan, département de la Vienne; Jacques Babinet, chevalier de la Légion d'honneur, membre de l'institut, à Paris; Gustave Babinet de Rencogne, archiviste, à Angoulême; Edouard Babinet de Rencogne; Denis Babinet de Rencogne, au château de Rencogne, par Aigre, département de la Charente; Babinet de Rencogne, au château de Montaigon, même département.

BACALAN. *France.*

D'or à une molette de sable accompagnée de trois marteaux de même.

Le chef de nom et d'armes de cette famille est fixé au château de Monbazillac, dans le département de la Dordogne.

BACCIOCHI. *Piémont, Toscane, Corse.*

D'or au pin de sinople fruité de trois pièces du champ, issant d'un brasier de gueules.

Félix, comte de Bacciochi, est chambellan de l'empereur Napoléon III. Un autre représentant du nom est secrétaire général de la préfecture d'Agen; un troisième, le baron de Bacciochi, réside à Avignon; un quatrième, enfin, est garde général des forêts.

BACHASSON DE MONTALIVET. *Dauphiné.*

D'azur au lion d'or.

Le comte de Bachasson de Montalivet, grand'croix de la Légion d'honneur, membre de l'Institut, unique représentant du nom, réside à Paris.

BACHELIER. *Flandre, Picardie, Champagne, Ile de France, Bretagne, Normandie, France.*

FLANDRE. De gueules au chevron d'argent accompagné de trois trèfles d'or. Cimier : une tête et col de licorne d'argent. Lambrequins : d'argent et de gueules. Supports : deux licornes d'argent colletées de gueules.

Picardie. Ile de France. D'argent au chevron d'azur accompagné de trois mollettes de gueules.

Champagne. Ile de France. D'azur à la croix engrelée d'or, cantonnée de quatre paons rouants affrontés d'argent.

Bretagne. D'argent au pin de sinople terrassé de même.

Normandie. D'azur au cygne d'argent, au chef d'or chargé de trois coquilles de gueules. — D'argent à la fasce de gueules chargée de trois flanchis d'or.

France. De sable à l'aigle d'argent becquée, membrée et languée de gueules, ayant sur la poitrine un écusson de gueules chargé d'un chevron d'or accompagné de trois trèfles de même. — D'argent au chevron de gueules, an chef d'hermines chargé d'une bordure d'azur.

Nous trouvons deux représentants du nom : l'un dans le département des Landes et l'autre à Gailliac, département du Tarn, où de Bachelier d'Ages est chargé de recettes particulières.

BACHEN. *Guyenne.*

D'or à un cerf de gueules.

De Bachen, unique représentant du nom, réside à Aire-sur-Ladour, département des Landes.

BACHOUÉ. *Béarn.*

D'or au chevron de gueules accompagné en chef de deux pigeons de sable et en pointe d'une rose tigée et feuillée de même.

Le comte de Bachoué de Barante, unique représentant du nom, réside à Pau.

BACKER. *Flandre.*

D'or au chevron d'azur accompagné de trois pommes de pin renversées de gueules.

Cette famille a deux représentants : de Backer, négociant à Paris; de Backer, receveur de l'enregistrement à Montmédy.

BACON. *France*

De gueules à cinq fleurs d'aubépine d'argent percées du champ.

Ce nom est porté à Paris par de Bacon de Sains, chevalier de la Légion d'honneur.

BACQ (du). *Flandre, Artois.*

Flandre. De gueules au chevron d'or, accompagné de trois hameçons d'argent.

Artois. Écartelé : aux 1 et 4 d'or au sanglier de sable; aux 2 et 3 d'or à l'aigle de sable.

La première famille est représentée à Paris; la seconde a reçu des lettres d'anoblissement en décembre 1474

BACQUEHEM. *Flandre.*

D'or, fretté de gueules, au franc quartier de sinople; à la fasce d'argent chargée de trois merlettes de sable.

Cette famille n'est plus représentée que par Eugénie de Bacquehem, douairière de Jean-Baptiste Derolin, à Douai.

BADEREAU. *Lorraine.*

D'azur à la fasce d'argent accompagnée de trois triangles d'or.

Le comte de Badereau, seul représentant de cette famille, habite le château de Minée, par Challans, département de la Vendée.

BADET. *Provence.*

D'azur au dragon d'or dont la tête contournée mord la queue terminée en cercle et à l'extrémité de laquelle se trouve un oiseau d'or, d'azur et de gueules; à une étoile d'or à cinq rais posée au canton dextre du chef.

Cette famille s'est transportée dans le département des Basses-Pyrénées, à Monein, où son chef de nom et d'armes,

Charles de Badet, conseiller d'arrondissement, exerce la profession de notaire.

BADIER. *Provence.*

D'azur au sautoir composé de quatre rayons de soleil d'or, cantonnés en chef d'un croissant d'argent.

Cette famille est uniquement représentée par de Badier, président honoraire au tribunal civil, à Oloron-Sainte-Marie, département des Basses-Pyrénées.

BADIN D'HURTEBISE. *Paris, Orléanais, Touraine.*

PARIS. D'azur à un sautoir d'or accompagné de trois besants d'argent, deux en fasce et un en pointe. — D'azur à trois têtes de daim d'or, posées 2 et 1. — De gueules à deux chevrons d'argent chacun chargé de sept mouchetures d'hermines et accompagnés de trois lionceaux d'or, les deux du chef affrontés.

ORLÉANAIS. Tiercé en fasce de gueules, de vair et d'azur.

TOURAINE. De gueules à deux fasces d'hermines.

Cette famille n'a qu'un seul représentant : de Badin d'Hurtebise, juge de paix, conseiller-général, à Auxerre.

BAER. *Flandre.*

D'or à la bande de gueules.

De Baer, unique représentant de cette famille, réside à Paris.

BAERT. *Alsace.*

D'azur à un chevron d'or accompagné de trois croissants de même.

L'unique représentant du nom, de Baert, réside à Roubaix.

BAGLION. *Italie, Lyonais, Artois, Maine.*

D'azur au lion léopardé d'or appuyant la patte dextre sur un tronc écoté de même en pal; le tout accompagné de trois fleurs de lis d'or rangées en chef et surmontées d'un lambel de quatre pendants aussi d'or. Supports : deux lions.

Devise : *Omne solum forti patria est.*

Cette famille est actuellement représentée par Jules de Baglion, au château de Saint-Aubin, près Lisieux, département du Calvados; Octave de Baglion et ses enfants qui résident au château de la Motte-Usson, à Martigné, département de la Mayenne, et par Emile de Baglion et ses enfants qui résident au château de Bossé, à Aubigné, département de la Sarthe.

BAGNEAUX. *France.*

D'azur au chevron d'or accompagné de trois fleurs de groseilles d'argent.

L'unique représentant du nom, Paul de Bagneaux, réside à Orléans.

BAGNEUX. *Ile de France, Orléanais, Bretagne.*

ILE DE FRANCE. De sable à trois étoiles à cinq rais d'or.

ORLÉANAIS. D'or à trois têtes d'ours de sable muselées de gueules.

BRETAGNE. D'azur à un chevron d'argent accompagné en chef de deux trèfles de même et en pointe d'un agneau pascal aussi d'argent; au chef cousu de gueules, chargé de trois étoiles d'argent.

L'un des représentants du nom de Bagneux porte le titre de comte; il réside à Paris; de Bagneux de Landes réside à son château, à Ambillon, par Martigné-Briand, département de Maine-et-Loire; de Bagneux de Marizy réside à Paris.

BAGUENAULT. *Orléanais.*

D'azur à une bague d'or dans le chaton de laquelle est enchassé un rubis de gueules accompagné de trois têtes de guenon enrichies d'argent; deux en chef et une en pointe. — D'argent à une fasce d'azur chargée d'une macle d'or. —

De sinople à une fasce d'or chargée d'une perle du champ.

On retrouve en France trois représentants du nom : de Baguenault, au château de Ouilly-de Houlay, par Lisieux, département du Calvados; de Baguenault de Puchesse, au château de Puchesse, par Jargeau, département du Loiret; de Baguenault de Viéville, à Orléans.

BAHEZRE DE LANLOY. *Bretagne.*

D'argent au lion de gueules armé et lampassé de sable.

Bahezre de Lanlay, unique représentant du nom, réside à Saint-Pol-de-Léon, département du Finistère.

BAHUNO (du Liscoet). *Bretagne.*

De gueules au loup passant d'argent, armé et lampassé de gueules, surmonté d'un croissant du même.

Cette maison qui est très-ancienne est encore représentée par un magistrat à Fort-de-France, Martinique.

BAIGNEUX DE COURCIVAL. *France.*

De sable à trois étoiles d'or posées 2 et 1.

Le marquis de Baigneux de Courcival, unique représentant du nom, réside à son château de Courcival, par Bonnetable, département de la Sarthe.

BAILLARD DES COMBAUX. *Vivarais.*

D'or à trois palmes de sinople, réunies par les tiges en bas.

Cette famille est encore représentée au château de Tourville-la-Chapelle, par Envermeux, département de la Seine-Inférieure.

BAILLE. *Languedoc, Guyenne, Gascogne, Nivernais, Poitou, France.*

Languedoc. D'azur à la bande d'or accompagnée de deux croissants d'argent. — D'azur au lévrier courant d'argent.

Guyenne, Gascogne. De sable au chevron d'or accompagné de trois besants de même.

Nivernais, Poitou. Baille de Beauregard. D'argent à la fasce d'azur, accompagnée en chef de trois roses de gueules et en pointe d'un lion léopardé de même.

France. Baille de Saint-Pol. De sinople à la pyramide d'argent basée et ajourée de sable; au chef bastillé de même, chargé de trois étoiles à cinq rais d'or.

Les différentes maisons portant le nom de Baille sont représentées par de Baille de Beauregard, chevalier de la Légion d'honneur, conseiller de cour impériale, à Bourges, et Henry de Baille-Coselbonne, receveur des finances, à Paris.

BAILLECHACHE. *Normandie, Bretagne.*

De gueules au sautoir d'argent, cantonné de quatre merlettes de même.

Le représentant du nom de Baillechache, chevalier de la Légion d'honneur, réside à Colmar, département du Haut-Rhin.

BAILLET. *Bretagne, Ile-de-France, Champagne, Bourgogne.*

Bretagne. De gueules à la bande d'argent accompagnée de deux griffons d'or.

Ile-de-France. D'azur à la bande d'argent accompagnée de deux dragons ailés d'or. — Écartelé : aux 1 et 4 d'argent, à la fasce bretessée et contrebretessée d'or; aux 2 et 3 de gueules à trois molettes d'argent.

Champagne. D'argent à un loup cervier au naturel; au chef d'azur chargé de deux molettes d'or.

Bourgogne. D'argent à trois chardons de gueules tigés, feuillés et soutenus de sinople.

On retrouve en France deux représentants du nom de Baillet : Alfred, baron de Baillet, au château de Calenel, près de Castillonnès, département de Lot-et-Garonne; de Baillet de Saint-Luc, juge au tribunal civil, à Bergerac.

BAILLEUL. *Normandie, Bourgogne, Artois, Ile-de France, Alsace.*

NORMANDIE. Parti d'hermines et de gueules. — Parti de gueules et d'azur. — De gueules à la croix de vair. — D'hermines à la croix ancrée de gueules. — De gueules à la bande de vair. — De gueules semé de croix recroisettées au pied fiché d'argent, à la croix ancrée de même brochant sur le tout.

BOURGOGNE. D'azur à la fasce d'or accompagnée de trois étoiles de même. — D'or à deux fasces de gueules. — De gueules à trois chevrons de vair. — D'hermines à la bordure de gueules. — D'argent à un écusson d'azur en abîme.

ARTOIS. De gueules à un écusson d'hermines en abîme. — D'hermines à l'écusson de gueules en abîme. — De vair à trois pals de gueules. — D'azur au croissant d'or surmonté d'une étoile de même. — De gueules à trois coquilles d'argent. — D'azur fretté d'or. — D'argent à la bande de gueules.

ILE DE FRANCE. D'argent à la fasce de gueules accompagnée de trois mouchetures d'hermines de sable.

MAINE. D'argent à trois têtes de loup de sable arrachées et lampassées de gueules.

Des différentes familles ou des différentes branches de la famille du nom de Bailleul on retrouve en France deux représentants : le marquis de Bailleul, chef de nom et d'armes, à Paris; de Bailleul, au château de Vatelot, par Bolbec, département de la Seine-Inférieure.

BAILLIENCOURT. *Hainaut, Artois, Picardie.*

HAINAUT. D'argent à l'émanche de quatre pièces de gueules mouvantes de senestre. Couronne : à l'antique, chaque rayon sommé d'une perle. Cimier : une aigle d'argent couronnée d'or. Supports : deux griffons d'or armés et lampassés de gueules.

Cri : *Landas !*

Artois, Picardie. De Bailliencourt-Courcol. Écartelé : aux 1 et 4 d'argent à l'émanche de quatre pièces de gueules mouvantes de senestre, qui est de Bailliencourt; aux 2 et 3 d'or à quatre fasces d'azur, qui est de Habart. Heaume : couronné. Cimier : un coq de gueules becqué et onglé d'argent. Supports : deux griffons d'or, armés et lampassés de gueules.

Cri : *Landas.*

Devise : *Fulmina et astra.*

Barons d'Antigny, les de Bailliencourt en Hainaut reçurent le diplôme de comte le 4 mars 1721. Ce nom s'est perpétué en Artois et en Flandre. L'aîné de la famille est aujourd'hui Jérôme de Bailliencourt, général de brigade dans la garde impériale.

Le surnom de Courcol a été donné à Bauduin de Bailliencourt par Philippe le Bon, en son camp, près Abbeville, en septembre 1419, *pour réparation et recouvrement de nostre grand étendard fracassé et tombé en mains de nostre ennemi.*

BALLIEN D'AVRINCOURT. *Flandre.*

De sinople au chevron d'or accompagné de trois besants de même.

L'unique représentant du nom, Charles Ballien d'Avrincourt, réside à Lille.

BAILLIVY. *Lorraine.*

De gueules à un chevron accompagné en chef de deux étoiles à cinq rais et en pointe d'une triangle, le tout d'or.

Cette maison est représentée par le comte de Baillivy, qui habite la campagne dans le département de l'Indre-et-Loire.

BAILLON. *Bourgogne, Artois.*

D'argent à cinq bandes de gueules.

Cette famille porte le titre de comte. Elle est représentée par le comte de Baillon de Forges, chef de nom et d'armes, qui habite Paris.

BAILLOU DE LA BROSSE. *Touraine.*

D'argent à trois têtes de sanglier de sable.

Cette belle famille, originaire de Touraine et habitant depuis longtemps l'Anjou et le Poitou, a des titres authentiques et parfaitement établis depuis Philippe le Bel jusqu'à nos jours, où nous la voyons représentée par des hommes marquants dans l'armée, la magistrature et les sciences. Son chef de nom et d'armes habite au château de Regny-Montbrun, département des Deux-Sèvres.

BAILLY. *Bourgogne, Dauphiné, Normandie, France.*

Bourgogne. D'azur à la fasce d'argent accompagnée en chef de trois étoiles à cinq rais rangées d'or et en pointe d'un croissant de même.

Dauphiné. D'azur au chevron d'hermines, accompagné de trois étoiles à cinq rais d'or en chef et d'un croissant de même en pointe; au chef du second.

Normandie. D'azur à trois annelets d'or. — D'azur à la fasce d'or accompagnée en chef de deux croissants d'argent et en pointe de deux molettes de même.

France. D'azur à deux palmes d'or passées en sautoir surmontées d'une étoile à cinq rais d'argent; à la fasce de gueules brochant sur le tout.

Nous trouvons trois représentants du nom : Bailly de Barberey au château de Matignon, par Essay, département de l'Orne; Bailly de la Falaise, au château de la Rivière, par Lhermenault, département de la Vendée; la douairière de Bailly-Merlieux, au château de Vaux, par Villedieu, département de l'Indre.

BAINVILLE. *Caen.*

D'azur à trois coqs d'or.

Cette famille est représentée par le comte de Bainville, en

Bastide, Gely de Noviola, Satgé de Thoren, Casamajor, Benet Deperraud, Argiot de Laferrière, cette famille a pour chef de nom et d'armes Claude-Auguste-Roch-Justin-Numa-Dominique Balalud de Saint-Jean qui habite Perpignan, où il jouit à bon droit de l'estime et des symphaties publiques.

BALATHIER. *Bretagne, Dauphiné, Champagne.*

De sable à la fasce d'or.

Cette maison a pour chef de nom et d'armes le marquis de Balathier, au château de Villargoix, par Saulieu, département de la Côte-d'Or; elle est encore représentée par de Balathier, au château d'Arsenay, par Précy-sur-Thil, même département.

BALAY DE LA BERTRANDIÈRE. *Bourgogne.*

D'azur à un palmier d'or sur une terrasse de sable. — De gueules à une bande d'argent. — D'azur à une fasce d'or accompagnée de trois besants d'argent.

De Balay de la Bertrandière, unique représentant du nom, chevalier de la Légion d'honneur, député de la Loire, réside à Paris.

BALESTRIER. *Languedoc.*

D'azur à l'arbalête tendue d'or en pal, armée d'une flèche de même, accompagnée en chef de deux têtes de dragon de gueules, celle à senestre contournée.

Cette famille est représentée par de Balestrier, percepteur à Bressuire, département des Deux-Sèvres.

BALINCOURT. *Ile de France.*

D'or à trois lions léopardés de sable l'un sur l'autre, lampassés et armés de gueules; aux un et trois passants, au second,

qui est le Testu, contrepassant. Couronne : de marquis. Tenants :
deux sirènes.

Devise : *Vis leones.*

Testu, marquis de Balincourt, lieutenant de vaisseau, commande le cutter *le Moustique.* Sa généalogie se trouve dans les principaux recueils héraldiques de France.

BALLORE. *Bourgogne.*

D'azur à la croix engrelée d'or.

Des généalogistes considèrent cette maison comme n'existant plus. Cependant nous trouvons le vicomte de Ballore de Montassus, à Boulogne-sur-Mer; le vicomte de Ballore, qui habite Paris; un autre représentant de la même famille, Léon de Ballore, au château de Charentais, par Chevreuse, département de Seine-et-Oise; de Ballore, au château de Montassus, par Charolles, département de Saône-et-Loire.

BALME (DE LA). *Dauphiné, Savoie, Provence, Bresse, Bugey.*

DAUPHINÉ. Coupé : au 1 d'argent au sautoir de sinople; au 2 de sinople au lévrier rampant d'argent.

DAUPHINÉ. DE LA BALME DES MARES. D'or à la bande d'azur.

Devise : *Sans espoir.*

SAVOIE. DE LA BALME ANDRENET. Palé d'or et de gueules. — De gueules à trois pals d'or; à la bande de sable brochant sur le tout.

PROVENCE. DE LA BALME DU GOUIT. D'azur au chevron d'or; au chef de même, chargé de trois flanchis du champ.

BRESSE, BUGEY. DE LA BALME DE TYRET. De gueules à la bande d'argent bordée d'or, accompagnée de six besants du second rangés en orle.

Il n'existe plus que deux représentants du nom : l'un est

chef du matériel, à Paris; l'autre, de la Balme du Garaÿ, est percepteur, à Solignac-sur-Loire, département de la Haute-Loire.

BALTAZARD. *France.*

De gueules à l'arbre d'or soutenu d'un croissant de même et accosté de deux lions d'argent.

L'unique représentant du nom, de Baltazard, est receveur particulier, à Rethel, département des Ardennes.

BALUE (Gobillard de la). *France.*

D'argent au chevron de sable accompagné de trois têtes de lion de gueules.

A cette maison que des généalogistes disent éteinte, appartenait le célèbre cardinal de la Balue.

Gobillard de la Balue, unique représentant a sa résidence à Quimper-Corentin.

BALZAC. *Auvergne, Ile de France.*

D'azur à trois flanchis d'argent; au chef d'or chargé de trois flanchis du champ.

Ce nom a été porté par différentes familles. Le célèbre romancier de Balzac prétendait appartenir à celle dont nous donnons les armes et qui est encore représentée au Mans et au château de Beauregard, par Villeneuve-Saint-Georges, département de Seine-et-Oise.

BANCENEL. *Franche-Comté.*

D'azur à trois quintefeuilles d'or, deux en chef et une en pointe; à la tête de léopard d'or mise en cœur, timbrée d'un lion naissant d'or.

Cette famille reçut des lettres patentes de Rodolphe II, empereur d'Allemagne, roi des Romains, le 28 janvier 1609.

Elle est mentionnée dans l'*Histoire de la ville de Salins*, par J -B. Guillaume, prêtre, associé de l'Académie royale de Besançon, 1857, tome II, p, 16.

Elle est encore représentée dans la contrée dont elle est originaire, par de Bancenel, chef de bataillon du génie en retraite, qui réside à son château de Villers-Farlay, près Mouchard, département du Jura.

BANCHELET. *Flandre.*

De gueules au chevron d'argent accompagné de trois merlettes de même.

Cette famille est représentée par Charles, comte de Banchelet de Vendegies d'Hust, à Cambray, qui a trois fils : Gaston, Paul et Georges; Attale, comte de Banchelet de Beaurain d'Hust, au château de Vendegies-au-Bois, département du Nord, qui a trois fils, Henri, Xavier et Léon; Albert, comte de Banchelet de Neuville d'Hust, à Paris, qui a un fils, Alix.

BANDIERA. *Lombardie.*

D'or à la tour de gueules ouverte de sable, sommée d'un drapeau coupé de gueules sur argent, chargé d'une main d'aigle de l'un dans l'autre. Cimier : un griffon naissant d'or tenant de sa patte dextre le drapeau de l'écu. Supports : deux griffons d'or.

Le comte de Bandiera, chef de nom et d'armes, habite la ville de Blois.

BANNE. *Languedoc.*

D'azur à la demi-ramure de cerf posée en bande.

Cette famille a deux représentants : le comte de Banne d'Avejan, au château d'Avejan, par Barjac, département du Gard; Charles de Banne, à Mareuil-sur-Ay, par Ay, département de la Marne.

BANNEVILLE. *Ile de France.*

De gueules au lion d'or, à la bande d'azur chargée de trois étoiles du second brochant sur le tout.

Le marquis de Banneville, grand officier de la Légion d'honneur, ministre plénipotentiaire, unique représentant du nom, est directeur au département des affaires étrangères, à Paris.

BANS DE MAZANS. *Lorraine.*

D'argent à l'aigle éployée de sable.

Cette famille est encore représentée à Orléans.

BANVILLE. *France, Normandie.*

France. De gueules au pal d'argent accosté de six merlettes de même.

Normandie. Banville de Trutemne. De menu vair de six tires.

Nous connaissons encore trois représentants du nom : de Banville, à Marseille; Auguste de Banville, architecte, et Théodore de Banville, homme de lettres, tous deux Paris.

BAR. *Champagne, Limousin, Autriche.*

Champagne. D'or à la bande de gueules.

Limousin. Fascé d'argent et de gueules.

Autriche. Écartelé : aux 1 et 4 d'or, au lion de sable armé et lampassé de gueules, la queue fourchée; aux 2 et 3 d'argent, à trois fasces de sable. Heaume : couronné. Cimier : la fasce de l'écu. — Écartelé : aux 1 et 4 d'azur à deux bandes d'or; aux 2 et 3 de gueules au lion d'or.

L'illustre maison des comtes et ducs de Bar n'existant plus et les familles de ce nom appartenant au Hanovre et à la Bavière n'ayant point de représentant en France, nous n'avons à nous occuper que de celles qui sont originaires de l'Autriche et fixées en France.

La famille de Bar, d'Autriche, est représentée par deux comtes du nom et un vicomte établis à Paris, au château de

Davoyat, par Combronde, département Puy-de-Dôme, et au château de Pal, par Dompierre, département de l'Allier.

Des autres représentants du nom, l'un est officier supérieur d'artillerie dans la garde impériale, le second est secrétaire général de préfecture à Saint-Lô, département de la Manche, le troisième réside au château de Roche, par Graçay, département du Cher. Le quatrième habite Lyon.

BARAGUEY-D'HILLIERS. *France.*

Le comte Baraguey-d'Hilliers, maréchal de France, sénateur, grand-croix de la Légion d'honneur, amputé d'un bras en Algérie, député du Doubs à la Constituante, commandant l'expédition de Rome, d'abord gouverneur de l'école militaire de Saint-Cyr en 1832, etc., est fils du général Baraguey-d'Hilliers, créé comte par Napoléon Ier.

BARALLE. *Artois, Flandre.*

D'or à la fasce d'azur chargée de trois étoiles du champ.

L'unique représentant du nom, de Baralle, réside à Lille, département du Nord.

BARANTE (Brugière de). *Auvergne.*

Écartelé : aux 1 et 4 d'or à une plante de bruyère de sinople soutenue d'une champagne de même; au chef d'azur chargé d'un soleil d'or, qui est de Brugière; aux 2 et 3 de gueules à la croix pattée d'argent.

Cette maison, dont les trois membres portent le titre de baron, est représentée à Paris. L'un, chevalier de la Légion d'honneur, ancien préfet, est conseiller général du Puy-de-Dôme.

BARAT. *Hainaut, Normandie.*

Hainaut. D'or à trois pals d'azur.

Normandie. D'argent à trois croix ancrées de sable, ajourées en carré. — D'argent à une anille de sable.

L'unique représentant du nom, madame la douairière de Barat, réside à son château de Taxo, par Argelès, département des Pyrénées-Orientales.

BARAULT-ROULLON. *Beauce.*

Écartelé : aux 1 et 4 de pourpre à trois chevrons d'or, qui est Montdoré; aux 2 et 3 d'azur à la croix crénelée d'argent, qui est Creton.

Cette maison, qui descend directement des comtes de Barault, de Roullon, de Féron, de Montdoré, de Villerau, n'est plus représentée que par Ernest-Hippolyte de Barault-Roullon, receveur particulier à la Bassée, département du Nord.

BARBANÇOIS. *Marche, Berry.*

De sable à trois têtes de léopard d'or.

Cette maison qui obtint le titre de marquis en mars 1767, et dont le nom vient d'une terre, posséda dès le xiv° siècle la seigneurie de Sarzay, en Berry. Distinguée par les honneurs de la Cour, ses alliances et ses services militaires, elle se divise aujourd'hui en deux branches : l'une des marquis, dont le chef a été élu représentant de l'Indre en 1849; la seconde par un capitaine des carabiniers et par deux autres membres résidant dans le département de l'Indre et dans la ville de Tours.

BARBENÈGRE D'ESTIBAYRE. *Béarn.*

Écartelé : aux 1 et 4 d'argent à quatre pals de sable; aux 2 et 3 de sinople plein.

Cette famille n'est plus représentée que par de Barbenègre d'Estibayre, à Labatut, département des Basses-Pyrénées.

BARBANTANE (Puget de). *Provence.*

D'argent à la vache de gueules, sommée d'une étoile d'or entre les cornes.

Cette maison, a été maintenue de Provence en 1666, et a pour auteur, d'après d'Hozier, Jean Puget, marchand à Saint-Maximin, tandis que Laîné la fait descendre de Jean Puget, bourgeois de Brignolles, anobli par le roi René, comte de Provence.

Elle est représentée par Henri Puget, marquis de Barbantane, né en 1824.

BARBANTANE (ROBIN DE). *Provence*.

Fascé d'or et de gueules de quatre pièces; à trois merlettes de sable posées sur les fasces d'or.

Cette maison, ainsi que le constate Lachenaye-Desbois, a fourni deux chevaliers croisés, et déjà en l'an 1000 portait le titre de comte. En 1479, elle fut confirmée dans sa noblesse par des patentes que le roi René enlumina de sa main. Elle 1680 elle comptait, d'après Robert de Briançon, un grand nombre de chevaliers de Malte, dont plusieurs commandeurs, et un grand prieur de Toulouse. De nos jours enfin, elle a été maintenue par décret impérial dans son titre héréditaire de marquis. Ses principales alliances, citées par Moréri, édition de 1759, sont avec Clisson, Beauveau, du Guesclin, Crillon, Clermont, d'Amboise, Laval-Montmorency, Sabran, Gondi, Saluces, d'Agoult, etc. Le chef actuel de cette famille est Léon de Robin, marquis de Barbantane, qui épousa en 1835 mademoiselle de Galiffet, des princes de Martigues, dont une fille unique mariée en 1861 au marquis d'Andigny. Son frère puîné est le comte de Barbantane, député de Macon, dont le fils aîné a épousé en 1868 la fille du marquis d'Aoust.

BARBARIN DU BOST; BARBARIN DE CHAMBON (LE). *Poitou*.

D'azur à trois bars nageants, celui du milieu contourné.

Les familles le Barbarin du Bost et celle de le Barbarin

de Chambon, originaires du Poitou et portant les mêmes armes, ce qui indique une commune origine, ne sont plus représentées que par de Barbarin, maire à Rancogne, département de la Charente.

BARBAZAT. *Toulouse, Montauban.*

D'argent à un P et un B d'azur surmontés d'un cœur de gueules et accostés de deux branches de laurier de sinople passées en sautoir vers la pointe.

L'unique représentant du nom, de Barbazat, réside au château de Lazert, département du Tarn.

BARBAY. *Bretagne, Lorraine.*

Bretagne. D'azur à l'épée d'argent garnie d'or et accompagnée d'un vol d'argent.

Lorraine. De gueules à trois jumelles d'argent; à la bordure de même.

Nous ne connaissons d'autre représentant du nom que le baron Albert de Barbay, au château de Villoiseau, par Montargis, département du Loiret.

BARBÈRES. *Orléanais.*

D'argent à l'aigle éployée de gueules; au chef d'azur chargé de trois molettes d'éperon d'or.

Cette famille n'est plus représentée que par la douairière Anaïs de Mohy de Pochardon, veuve du dernier hoir mâle des Barbères, à Blois.

BARBERIN. *Saintonge, Guyenne, Provence.*

Saintonge. D'azur à trois abeilles d'or.

Guyenne. D'azur à trois mouches à miel d'or.

Provence. D'azur à trois mouches à miel d'or posées 2 et 1. — De gueules à une guivre d'argent; coupé d'or, à une perle de gueules. — D'or à deux barres d'argent.

De Barberin, unique représentant du nom, est receveur des contributions indirectes à Bourg-sur-Gironde, département de la Gironde. Il y a deux fils : Alcide et Antony.

BARBERY. *Bretagne.*

De sable à la fasce cousue de gueules chargée d'une étoile à cinq rais d'or, et accompagnée de trois trèfles de même.

Cette maison, qui porte le titre de marquis, est représentée à Paris.

BARBET. *Normandie.*

Coupé : au 1 fascé d'azur et d'or; au 2 de gueules au lion d'or.

Le chef de nom et d'armes, de Barbet, est conseiller à la Cour impériale, à Aix, département des Bouches-du-Rhône; de Barbet de Jouy, chevalier de la Légion d'honneur, réside à Paris; de Barbet de Jouy, sans titre, réside également à Paris.

BARBEYRAC. *Provence, Languedoc.*

D'argent au cheval barbé de sable; au chef d'azur chargé d'un croissant d'argent entre deux étoiles à cinq rais d'or.

Cette maison, qui obtint concession du titre de marquis de Mauris en mai 1750, porte aussi de gueules au cheval gai d'argent; au chef cousu d'azur, chargé d'un croissant d'argent entre deux étoiles d'or.

Cette famille comprend deux branches : celle des marquis et celle des comtes.

Le marquis, chef de nom et d'armes de la maison, a épousé, à Béziers, la nièce du maréchal de Mac-Mahon.

Le général comte de Barbeyrac de Saint-Maurice, oncle du marquis et chef de la seconde branche, a épousé une demoiselle de Lauro, dont il a une fille.

Le comte de Barbeyrac, autre neveu du général, vit à la campagne dans le département de l'Hérault.

BARBEZIÈRES. *Angoumois, Saintonge.*

D'argent à trois fusées et deux demies de gueules rangées en fasce.

L'unique représentant de ce beau nom habite la campagne à Saint-Loubes, département de la Gironde.

BARBIER DE FELCOURT. *Champagne.*

D'argent fretté de sinople; au chef de gueules chargé de trois grelots d'or.

Roger de Barbier de Felcourt, unique représentant du nom, réside à Paris.

BARBIER DE LESCOET. *Bretagne, Normandie.*

D'argent à deux fasces de sable.

Devise : *Var va bvez.*

D'ancienne extraction de chevalerie et ayant prouvé neuf générations à la réformation de 1669, cette famille, qui a produit Jacques et Richard, compris dans le sauf-conduit donné par le roi Edouard II au comte de Richemont et à ceux de sa compagnie, en 1324, a pour chef de nom et d'armes Jonathas-Marie-Joseph, marquis de Barbier de Lescoët, membre du conseil général du Finistère, au château de Lesquiffiou, près Morlaix, qui a un fils et deux filles.

BARBIER DE PRÉVILLE. *France.*

D'azur au chevron d'or accompagné en chef de deux croissants d'argent et en pointe d'un lièvre d'or courant sur une terrasse d'argent.

Cette famille mentionnée dans l'*Armorial général* de d'Hozier, vol. I, folio 1384, année 1696, est représentée par Charles-Victor de Barbier de Préville, conservateur des hypothèques du département de l'Allier, qui a deux fils : François-Pierre-

Louis-Raymond de Barbier de Préville, prêtre du diocèse de Blois; Louis-Armand de Barbier de Préville.

BARBIER DE LA SERRE. *Gascogne, Champagne, Hainaut.*

D'azur à trois flammes d'or posées 2 et 1 et une étoile à cinq rais en pointe.

Cette famille a dix représentants : Léon-Alexandre de Barbier de la Serre et Emmanuel de Barbier de la Serre, son frère, au château de Goulens, département de Lot-et-Garonne; Auguste de Barbier de la Serre, au château du Nieppe, département du Nord, qui a trois fils; Amaury de Barbier de la Serre, officier aux guides de la garde impériale; Anatole de Barbier de la Serre, garde général des forêts de la couronne; Adalbert de Barbier de la Serre; Ernest de Barbier de la Serre, frère d'Auguste, officier de la Légion d'honneur, inspecteur général des ponts et chaussées, à Paris. qui a trois fils; Gaston de Barbier de la Serre, sous-inspecteur des forêts; Marc de Barbier de la Serre, garde général des forêts; Rogier de Barbier de la Serre, auditeur à la cour des comptes, à Paris.

BARBON DU CLUZEL. *France.*

D'azur à la bande de sable chargée de quatre fleurs de lis d'or, trois en chef, une en pointe; l'écu entouré de deux palmes.

Cette famille dont la noblesse a été reconnue lors de la révision des titres sous M. Lamoignon et dont l'aïeul paternel était chevalier de Saint-Louis et l'aïeul maternel était de Morgues, baron de Saint-Germain, a trois représentants : Albin de Barbon de Cluzel, receveur des contributions directes à Paulhoguet, département de la Haute-Loire; de Barbon de Cluzel, officier au 59e de ligne; Jules de Barbon de Cluzel, propriétaire aux Arcs, près Draguignan, département du Var.

BARBOT. *Bretagne.*

D'azur à la croix d'argent cantonnée de quatre lions d'or.

Cette famille a six représentants: de Barbot, propriétaire à Verdun, département de Tarn-et-Garonne; de Barbot de Chement, docteur en médecine, à Garat, près Angoulême; de Barbot de Chement, chevalier de la Légion d'honneur, commandant d'artillerie à l'île d'Oléron; de Barbot de Hauteclaire, à Tauzat, près Massignac, département de la Charente; de Barbot de Hauteclaire, à Angoulême; de Barbot de Hauteclaire, docteur en médecine, à Angoulême.

BARBOTAN. *Guyenne, Gascogne.*

De sinople à trois canards d'argent en bande.

Le comte de Barbotan, unique représentant, réside à Pau, département des Basses-Pyrénées.

BARBOU DE COURIÈRES. *Bretagne, Guyenne, Paris, Orléanais, Limousin.*

BRETAGNE. D'or au sautoir alésé et fleuronné d'azur.

GUYENNE. D'azur à une bande d'argent côtoyée de six étoiles d'or.

PARIS. D'argent à un chevron d'azur accompagné en chef à dextre d'un croissant, à senestre d'une étoile et en pointe d'une gerbe, le tout de gueules.

ORLÉANAIS. D'azur à un chevron d'or accompagné en chef de deux étoiles de même et en pointe d'une gerbe aussi d'or.

LIMOUSIN. D'azur à une main dextre de carnation parée d'argent, mouvante d'une nuée de même, du flanc senestre, tenant une palme et un épi de blé d'or passés en sautoir.

De Barbu des Courières, unique représentant, réside à son château, par Saint-Paul, département de la Haute-Vienne.

BARBUAT-DUPLESSIS. *Champagne.*

De gueules à l'agneau pascal d'argent; au chef cousu d'argent chargé de trois roses d'or.

Cette famille est représentée par Albert de Barbuat Duplessis, propriétaire en Bourgogne.

BARCHOU DE PENHOEN. *Bretagne.*

D'azur à une corne d'abondance d'or, accostée de deux étoiles d'argent; au chef d'hermines.

Cette famille, qui obtint concession de noblesse avec titre de baron par lettres patentes du 16 avril 1830, est représentée par le baron Barchou de Penhoen, chevalier de Saint-Louis, intendant militaire en retraite, ancien député du Finistère.

BARDE. *Bretagne, Gâtinais.*

Coupé : au 1 d'or à trois coquilles de sable; au 2 d'azur à une molette d'argent.

Nous ne connaissons d'autres représentants de cette famille que la comtesse de Barde, à Paris, et le comte de Barde, dans le département de la Dordogne.

BARDET DE BURG. *Auvergne.*

De gueules à la croix ancrée d'argent. — D'azur au chevron d'or sommé d'un lion de même et accompagné de trois étoiles aussi d'or.

Cette famille qui appartient à l'Auvergne, est représentée par de Bardet de Burg, à son château de Pléaux, département du Cantal.

BARDONNENCHE. *Dauphiné.*

D'argent au treillis de gueules, cloué d'or; au chef de même, chargé d'une aigle naissante de sable.

Cette grande famille qui tire son nom de la vallée de Bardonnenche ou Bardonesche en Piémont, remonte à Rodolphe de Bardonnenche, témoin avec Hugues, son fils, dans un acte de donation en faveur du monastère d'Oulx en 1186.

Célèbre dans les événements dont la contrée fut le théâtre au moyen âge, cette maison est représentée par André-Louis-Charles-Vitibold, comte de Bardonnenche, employé au ministère de l'intérieur, marié deux fois et qui a un fils du premier lit.

BARDONNET DE NEUVILLE. *Bourgogne.*

D'azur à la barre d'argent, accostée en chef d'un soleil d'or mouvant de l'angle dextre et en pointe d'une plante de trois lis du second terrassés de sinople.

Le représentant de cette famille, de Bardonnet de Neuville, chevalier de la Légion d'honneur, réside dans le département du Cher.

BAREY. *Pays-Bas.*

De gueules au bouc naissant d'argent.

Nous ne connaissons que deux représentants du nom proprement dit : le comte de Barey, maire à Verneuil, département de l'Eure; de Barey de Saint-Marcq, président honoraire du tribunal de Saint-Quentin.

BARGE (DE LA). *Lorraine, Auvergne, Dauphiné, Champagne.*

LORRAINE. D'azur plein.

AUVERGNE, DAUPHINÉ. D'argent à la bande de sable.

CHAMPAGNE. D'argent à la bande de sable, accompagnée en chef d'une couronne de même.

Le nom de la Barge est encore représenté au château de Praby, par Bletterans, département du Jura.

BARJAC. *Languedoc.*

D'argent à trois pals de sable; au chef de gueules chargé de trois étoiles d'or. — D'azur au bélier effaré d'or.

Amédée de Barjac, unique représentant du nom, est chanoine honoraire, à Valence.

BARLATIER. *Provence.*

D'azur à la croix alesée d'or, cantonnée de quatre étoiles de même.

La notoriété de cette famille d'Aix remonte aux chefs de ses branches : l'une issue de Bernardin Barlatier, secrétaire du roi en 1720, l'autre de Louis-Mathieu de Barlatier, seigneur du Mas, conseiller au parlement de Provence en 1740.

De Barlatier de Mas, officier de la Légion d'honneur, commissaire impérial au conseil de guerre, à Cherbourg; de Barlatier de Mas, ingénieur, à Bourg, et de Barlatier de Mas, chevalier de la Légion d'honneur, maire à Dammarie-lès-Sys, département de Seine-et-Marne, représentent aujourd'hui cette famille.

BARLE. *Provence.*

D'azur à un chevron d'or chargé de cinq roses de gueules. — D'or à trois fasces de sinople.

L'unique représentant du nom est la comtesse douairière de Barle, à Nice.

BARLET. *Provence.*

D'azur au lion d'or soutenu d'un croissant d'argent; au chef d'argent chargé d'un cœur de gueules, accosté de deux étoiles d'azur.

Cette famille de robe très ancienne est encore représentée par deux magistrats : l'un chevalier de la Légion d'honneur est conseiller général; l'autre juge à Sisteron, département des Basses-Alpes.

BARMOND. *Provence.*

D'azur à une barre d'azur chargée d'une montagne d'argent.
De Barmond, unique représentant du nom, réside à Versailles.

BARNY DE ROMANET. *Limousin.*

D'azur à un chevron d'argent accompagné en chef de deux roses d'or, et en pointe d'un lion de même armé et lampassé de gueules.

Cette famille a trois représentants : de Barny de Romanet, vérificateur des poids et mesures, à Alger; Gabriel de Barny de Romanet, chevalier de Légion d'honneur, lieutenant-colonel d'artillerie; Edmond de Barny de Romanet, frère jumeau, propriétaire à Argentan.

BAROIS DE GRAMMONT. *Champagne, Paris.*

CHAMPAGNE. D'azur à un lion d'or accompagné de deux épées à poignées et à gardes d'or. — D'azur à deux épées d'argent passées en sautoir, les pointes en bas et au lion de sable brochant sur le tout. — De sinople à une tour d'argent. — D'argent à une bande de gueules chargée de trois tires de licornes d'or.

PARIS. De gueules à une barre d'argent, chargée de trois aigles de sable.

De Barois de Grammont, unique représentant du nom, réside à Paris.

BAROLET ou **BAROILLÉ.** *Bretagne. Écosse.*

D'argent au palmier de sinople terrassé de même; au chef d'azur chargé d'une croix du champ.

Cette maison est représentée par un officier supérieur d'infanterie de marine et par Marie de Barolet de Puligny, commandeur de la Légion d'honneur, général de division, inspecteur général de l'infanterie de marine.

BARONCELLI-JAVON. *Comtat Venaisin, Toscane.*

D'argent et de gueules de six pièces; écartelées de l'aigle de Souabe.

Cette maison est représentée par le marquis de Baroncelli-Javon, à Avignon. Il a sa résidence d'été au château de Novizan, près Montélimar, département de la Drôme.

BARQUIN. *Provence.*

D'azur à une bande d'or accompagnée de six besants de même posés en gerbe.

L'unique représentant du nom, de Barquin, est attaché à l'administration des lignes télégraphiques à Beauvais.

BARRAL. *Dauphiné.*

De gueules à trois bandes d'argent. Couronne : de marquis. Supports : deux licornes.

Cette ancienne famille, dont les titres prouvent la filiation depuis le XIIIe siècle, a produit des officiers généraux et supérieurs, des présidents au parlement de Grenoble, deux évêques, un archevêque, qui fut aussi sénateur sous le premier empire, puis pair de France.

Elle est aujourd'hui représentée par le comte de Barral et ses deux fils, dont l'un est actuellement officier au 16° régiment de cuirassiers; la comtesse Eugénie de Barral, née de Pédrabranca et son fils, Dominique, à Paris; la vicomtesse Scévole de Barral, née de Rey et sa fille Joséphine-Jeanne-Marie-Thérèse, au château de Voiron, département de l'Isère; le vicomte Octave de Barral, sénateur actuel, fils cadet d'André-Horace-François, vicomte de Barral, ancien préfet du Cher, et d'Anne Amédée de Beauharnais qui, après avoir été page de l'impératrice Joséphine, s'est consacré à la carrière des armes, a été préfet du Cher en 1848, député au Corps législatif et nommé sénateur en 1856, après la mort de son frère aîné François-Joseph-Amédée-Hippolyte, comte de Barral, qui lui-même avait été premier page de l'empereur Napoléon Ier.

avait fait toutes les campagnes de l'empire sous les ordres du maréchal de Masséna, dont il était aide camp. Le comte de Barral, retiré du service en 1814, fut nommé sénateur en 1852 et est mort à Paris le 1ᵉʳ avril 1865. Il fut remplacé au sénat par son frère, le vicomte Octave de Barral dont le fils Edgard, baron de Barral, est actuellement sous-préfet de Soissons.

BARRAS. *Provence.*

Fascé d'or et d'azur.

Devise : *Vaillance de Barras.*

Une des plus anciennes du Dauphiné cette maison, à laquelle appartenait le célèbre conventionel comte de Barras, tire son nom d'une terre située dans la viguerie de Digne.

Nous ne connaissons pas d'autre représentant que le marquis de Barras, qui vit dans la retraite à la campagne, dans le département des Bouches-du-Rhône.

BARRAU DE MURATEL. *Languedoc, Bourgogne.*

D'or au lion de gueules.

Cette famille est représentée par Barrau de Muratel, maire, conseiller général, à Viviers-les-Montagnes, département du Tarn, et par deux autres membres du nom de Barrau qui habitent la campagne dans le département de l'Aveyron.

BARRAUD. *Lyonnais.*

Ecartelé : d'argent et de sable à quatre pointes de l'un en l'autre, mouvantes des angles et appointées en cœur.

L'unique représentant du nom de Barraud est ancien maire à Angeau, département de la Charente.

BARRAULT, BARRAUTE. *Lorraine, Anjou, Poitou.*

D'or à deux lions léopardés de gueules l'un sur l'autre; au chef d'Anjou-Sicile, qui est d'azur semé de fleurs de lis d'or.

au lambel de gueules. Couronne : de comte. Supports : deux lions au naturel.

Le comte de Barraute réside au château de son nom, par Sauveterre, Basses-Pyrénées; un autre représentant de la famille est maire de Rivehaute, par Navarrens, dans le même département.

BARRE (de la). *France.*

On compte vingt-cinq familles du nom de la Barre. Leurs armoiries sont décrites dans l'*Armorial général* de Rietstap.

Nous connaissons plusieurs représentants du nom de la Barre : le premier porte le titre de comte; un autre est chef de bataillon au 43º de ligne; deux autres encore habitent la campagne dans les départements de la Creuse et de l'Allier; de la Barre de la Prémuré, chevalier de la Légion d'honneur, réside à la campagne, dans l'Yonne; Duparcq de la Barre est chef de bataillon du génie.

BARRÉ DE SAINT-VENANT.

D'azur au chevron d'argent, accompagné en chef de deux mouchetures d'hermines de même, et en pointe d'un soleil d'or.

Cette famille a deux représentants : Barré de Saint-Venant, au château de Breuil, par Morée, département de Loir-et-Cher; Barré de Saint-Venant, au château de Villeporcher, près Vendôme.

BARREAU. *Paris, Provence.*

Paris. Tiercé en barres d'or, de gueules et d'hermines.

Provence. Barré de sinople et d'hermines de six pièces.

L'unique représentant du nom, de Barreau, réside au château de Garaux, par Pouillon, département des Landes.

BARRÊME. *Provence.*

De sable à deux triangles entrelacés d'argent, enfermant une molette d'éperon d'or.

Établie à Marseille depuis la fin du xv° siècle, cette famille remonte à Nicolas Barrême qualifié *nobilitis*, juge sur premières appellations, années 1404, 1405, 1406. Son fils Guillaume s'établit en 1432, à Tarascon. Sa descendance s'est divisée en deux branches : l'une a donné plusieurs juges et viguiers, à Tarascon, l'autre deux conseillers-clercs au parlement d'Aix, chanoines de Saint-Sauveur. Elle s'est distinguée au siècle dernier par ses services militaires. René, premier du nom, obtint du pape des lettres de comte palatin, titre qui fut reconnu par les commissaires envoyés.

Cette famille est représentée aujourd'hui par le comte de Barrême, à Tarascon, qui de son mariage avec la fille du comte de Villeneuve, a deux enfants : un fils, le vicomte Hélion de Barrême, et une fille qui a épousé son cousin, le vicomte René de Villeneuve-Bargemon.

BARRÈRE. *Bretagne.*

D'azur à un lévrier d'argent colleté et bouclé d'or, assis sur une terrasse de sinople, la patte dextre levée, regardant une étoile d'argent posée au premier canton; au chef échiqueté d'or et de gueules de trois tires.

L'unique représentant du nom, de Barrême, officier de la Légion d'honneur, est consul général à Jérusalem.

BARRES. *France, Champagne.*

France. D'argent à deux fasces de gueules. — Marquis de Barres. D'or à la croix ancrée de sinople — Des Barres de Chaumont. Losangé d'or et de gueules. — Des Barres de Cressigny. D'azur à la fasce d'or chargée d'une étoile à cinq rais de gueules et accompagnée de trois croissants d'argent.

Champagne. Des Barres de Brechainville. D'azur au chevron d'or accompagné de trois coquilles de même.

Cette famille est représentée par le vicomte de Barres, au château de Bijou, par Chomerac, département de l'Ardèche.

BARREZ. *Montpellier, Montauban.*

D'azur à une bande fuselée d'argent et de gueules. — D'argent à trois pals de gueules; écartelé d'argent à un loup ravissant de sable.

L'unique représentant du nom, comte de Barrez, est maire à Verneuil, département de l'Orne.

BARRIÉ. *France.*

Écartelé: au 1 d'azur, au fort d'argent maçonné de sable soutenu d'une terrasse du second; aux 2 et 3 parti d'argent et d'or, au sauvage de carnation, ceint et couronné de lierre, brochant sur le parti, la main dextre étendue sur l'argent et armé d'une massue d'or; au 4 d'azur à l'étoile à cinq rais d'or.

Le baron de Barrié, seul représentant de cette famille, réside au château de Saint-Jean-du-Bouzet, par Lavit, département de Tarn-et-Garonne.

BARRIER DE LA TRECHE. *Normandie.*

D'azur à la fasce d'or chargée d'un lion issant de gueules, surmonté de trois croisettes d'argent; en pointe une croix pareille surmontée d'une tour d'argent; ces deux pièces accompagnées de deux trèfles d'or.

De Barrier de la Trèche, unique représentant du nom, est maire à Pierrefitte, département de l'Allier.

BARRIÈRE. *France.*

D'or à deux fasces de gueules accompagnées de six fleurs de lis d'azur.

Cette famille est aujourd'hui représentée par de la Barrière, à Besançon.

BARRIGUE. *Provence.*

De gueules à la tour donjonnée d'or, posée sur un rocher de même, s'élevant d'une mer de sinople; à deux étendards sortant de la tour, à dextre du haut et à senestre d'un créneau plus bas.

Cette famille est représentée par Alvar de Barrigue de Montvallon, à Aix, département des Bouches-du-Rhône; par son frère Alphonse de Barrigue de Montvallon et par de Barrigue de Fontainieux, à Marseille.

BARRIN. *Dauphiné.*

D'azur à une clef d'or et une barre alésée de même passés en sautoir.

Eugène, baron de Barrin, chef de nom et d'armes de sa famille, réside au château de Laperouse, par Beaurepaire, département de l'Isère.

BARROIS. *France, Ile de France.*

FRANCE. Écartelé : au 1 d'azur au casque grillé, taré de profil d'argent, ayant pour cimier un lion issant d'or; au 2 et 3 de gueules au chevron d'or, accompagné en cœur d'une étoile d'argent; au 4 d'azur au vol d'argent.

ILE DE FRANCE. De gueules à la barre d'argent, chargée de de trois aiglettes de sable.

Cette famille est représentée par de Barrois, au château de Villeblevin, par Villeneuve-la-Guyard, département de l'Yonne.

BARRUEL. *Vivarais.*

Barré d'or et d'azur.

Devise : *Virtute sideris.*

On trouve un représentant du nom de Barruel à Lyon et Ferdinand de Barruel, attaché à l'administration des lignes télégraphiques, à Paris.

BARRY (du). *Provence.*

De gueules au pont de deux arches d'argent, maçonné de sable.

Cette famille a trois représentants : du Barry, sans titre, à Paris; du Barry de la Salle, à Versailles; du Barry de Précy, à Paris.

BARRY (du). *Normandie.*

D'azur à deux bandes d'or, accompagnées en chef d'une étoile d'argent.

Cette famille a la même origine que la précédente, bien qu'elle porte d'autres armes. Elle est représentée par le comte du Barry de Merval, à Paris.

BART. *Flandre.*

D'argent à la fasce d'azur, chargée d'une fleur de lis d'or, accompagnée en chef de deux ancres en sautoir, et en pointe d'un lion de gueules.

Cette famille, anoblie dans la personne du célèbre Jean Bart, est éteinte d'après les généalogistes. Cependant le nom et la descendance sont revendiqués par de Bart, agent comptable, à Paris.

BARTAUT. *France.*

D'or à la croix de sable chargée de cinq coquilles d'argent.

Nous ne retrouvons plus d'autre représentant du nom que la douairière de Bartaut, au château de Mauléon, par Langon, département de la Gironde.

BARTHE (de la), *Gascogne, Provence.*

D'azur à la tour d'argent. — D'or à quatre pals de gueules.

Cette famille compte trois représentants : de la Barthe, au château de Séjéas, par Marvejols, département de la Lozère; de la Barthe, inspecteur de la poste, à Montpellier; de la Barthe de Mondegoury, au château de la Serre, par Montastruc, département de la Haute-Garonne.

BARTHÉLEMY. *Langres.*

Gironné d'argent et de sable de huit pièces; à l'orle de huit écussons de l'un dans l'autre; sur le tout d'azur au chevron d'argent, accompagné en chef de deux cailloux et en pointe d'un lis de jardin d'argent. Couronne : de comte

Supports : deux dragons.

Devise : *Quod natura dedit, tollere nemo potest.*

Cette famille est originaire de Langres, où elle est connue depuis le xiv° siècle.

Hyacinthe-Claude-Félix de Barthélemy, né le 8 mars 1787, ancien préfet, commandeur de la Légion d'honneur, épousa le 27 août 1820 Antoinette Duc de Vieildampierre, dont deux enfants, savoir :

A. Jean-Baptiste-Antoine-Anatole de Barthélemy, chevalier de la Légion d'honneur, ancien sous-préfet épousa le 17 janvier 1861, Marie Aubert, dont un fils, Jehan-Baptiste-Antoine, né le 2 octobre 1862, et une fille morte en 1857.

B. Edouard-Marie de Barthélemy, chevalier de la Légion d'honneur, épousa Bérangère l'Heureux, dont un fils mort au berceau et une fille, Gabrielle-Marie-Charlotte-Armande, née le 9 mai 1856.

BARTHÉLEMY-SAIZIEU. *Provence.*

D'azur à une montagne de six coupeaux d'or, accompagnée de trois étoiles de même.

Cette famille, qui emprunte son nom de Saizieu à une terre seigneuriale située en Bretagne et dont le fief de Jarjayes, en Provence, fut érigé en baronnie, est représentée par Antoine-Alexandre, baron de Barthélemy-Saizieu qui, de son mariage avec Marie-Thérèse-Louise de Calvière, a trois fils et deux filles.

BARTHÉLEMY-SAUVAIRE. *Provence.*

D'azur au rocher d'argent, surmonté d'un soleil d'or.

Cette famille qui s'honore de compter parmi ses membres le célèbre auteur du *Voyage d'Anacharsis en Grèce*, reçut le titre de comte sous l'empire et de marquis en 1817. François, marquis de Barthélemy, pair de France, mort sans enfants le 3 avril 1830, fut substitué en nom et titres par son petit-neveu Antoine-François-Xavier Sauvaire, deux fois représentant des Bouches-du-Rhône.

BARTHELOT D'IZENAY. *Bourgogne, Ile de France.*

Parti : au 1 d'azur au chevron d'or, accompagné de trois trèfles de même, qui est de Barthelot; au 2 coupé A d'azur à trois fasce d'or, accompagnées en chef de trois annelets de même, B de gueules plein.

Cette famille n'est plus représentée que par la douairière de Barthelot d'Izenay, à Lyon.

BARTHEZ. *France.*

D'or au faucon essorant posé sur un rocher de cinq coupeaux de sable et fixant un soleil rayonnant de gueules placé en chef à dextre; le tout soutenu d'une mer de sinople.

Cette famille est représentée par de Barthez, à Libourne, et Victor de Barthez de la Pérou, à l'administration centrale de la marine, à Paris.

BARTHOLDI. *France.*

Taillé-enclavé d'or et de gueules; à deux étoiles à cinq rais de l'un dans l'autre.

Cette famille est représentée par le baron Frédéric de Bartholdi, chevalier de la Légion d'honneur, conseiller à la Cour des comptes, à Paris.

BARTHON. *Bourbonnais.*

D'azur à un cerf passant d'or et un chef échiqueté d'argent et de gueules; accolé de gueules à une fasce d'argent. — D'or à une barre de gueules.

Cette famille a trois représentants, le comte de Barthon de Montbas, au château de Massenon, par Ahun, département de la Creuse; le vicomte de Barthon de Montbas, au château de Montbas, par Mézières, département de la Haute-Vienne; de Barthon de Montbas, maire de Gajoubert, département de la Haute-Vienne.

BARVILLE. *Maine, Touraine, Ile de France, Normandie.*

Maine, Touraine. D'argent à deux bandes de gueules.

Ile de France. D'argent au lion d'or accompagné de cinq fleurs de lis de même, mises en orle, 2, 2 et 1.

Normandie. D'or au sautoir de gueules cantonné de quatre lionceaux de sable. — D'argent à la bande de gueules.

Cette famille est représentée dans le département de l'Eure par le marquis de Barville, maire à Potterie-Mathieu.

Elle est aussi représentée au Mans.

BARY. *Reims, Munich, Bâle, Alsace.*

De gueules à trois têtes de bars ou barbeaux d'argent. Couronne : de vicomte.

Originaire de Tournay, émigrée à Francfort-sur-Mein, pendant les persécutions religieuses du duc d'Albe cette famille dont la noblesse remonte au XII° siècle est représentée à Rheims, Munich, Bâle et dans le département du Haut-Rhin où l'un de ses membres, de Bary, est conseiller d'arrondissement à Guebwiller.

BASCHER, *Bretagne, Touraine.*

Bretagne. D'argent à la croix fleuronnée de sinople, à l'épée d'or en pal; cantonnée aux 1 et 4 de trois quintefeuilles d'azur; aux 2 et 3 d'un chêne arraché du second.

Devise : *Dieu, le Roi.*

TOURAINE. BASCHER DU PUIS. De sinople à la croix d'or, côtoyée de six merlettes de même.

La famille de Bascher est représentée par de Bascher de Beaumarchais, à son château par Saint-Gilles-sur-Vie, département de la Vendée.

BASCLE DE LAGRÈZE. *Touraine.*

D'argent à trois bandes de gueules; au chef d'azur chargé de trois étoiles d'or.

Cette famille est représentée par deux conseillers généraux dans les départements des Landes et des Hautes-Pyrénées, et par un conseiller de la Cour impériale, à Pau.

BASNY DE ROMANET. *France.*

D'azur à un chevron d'argent accompagné en chef de deux roses d'or et en pointe d'un lion armé et lampassé de gueules.

Le chef de nom et d'armes, de Basny de Romanet, réside en Algérie.

BASSANO. *Bourgogne.*

Coupé : au 1 tiercé en pal d'or, de gueules et d'argent; au 2 de gueules à la main ailée d'or, écrivant avec une épée d'argent. Au chef de l'écu de gueules semé d'étoiles d'argent. Sur le tout d'argent à la colonne de granit, sommée d'une couronne civique de chêne au naturel, accostée de deux lions affrontés de gueules.

Dignitaire de l'empire, cette famille a deux représentants : le prince de Bassano, à Paris; le duc de Bassano, grand chambellan de l'empereur, à Paris.

BASSECOURT. *Artois.*

D'azur à la bande d'argent, chargée de trois flanchis écotés de gueules.

Pierre de Bassecourt, anobli avec son frère en 1581, commandait deux cents chevau-légers à la prise de Saint-Pol. Un de ses descendants obtint l'érection de sa terre de Grigny en marquisat, le 27 juillet 1790.

Cette famille a pour chef de nom et d'armes Emmanuel Procope, marquis de Bassecourt. Elle est aussi représentée dans le département du Pas-de-Calais.

BASSONNIÈRE. *Normandie.*

D'hermines au lion de gueules.

Cette famille compte deux représentants à Orléans.

BAST. *Brabant.*

De sinople à la fasce d'hermines accompagnée en chef de deux lions d'or armés et lampassés de gueules, colletés d'or et attachés chacun par une chaîne de même au bord supérieur de l'écu.

Cette famille est représentée par Eugène Renties de Bast, à Paris.

BASTARD D'ESTANG, DE SAINT-DENIS, DE KITLEY, etc. *France et Angleterre.*

France. D'or, à l'aigle d'Empire; mi-parti : d'azur, à la fleur de lis d'or; l'écu entouré d'une chaîne d'or, donnée par le roi François Ier. Cimier : un ange armé, issant de la Grosse-Tour de Bourges et armorié de l'écu. — Supports : un ange et un griffon coupé de sable et d'or, la tête d'or.

Devise concédée par Charles VII : *Cunctis nota fides.*

Angleterre. D'or, au chevron d'azur (qui est le Pèlerin ancien, au comté Nantais), écartelé de Pollexfen de Kitley. Cimier : un bras armé.

Devise : *Pax potior bello.*

Les branches cadettes se distinguent entre elles par des

brisures différentes, ou par des écartelures d'armoiries jadis substituées. Ainsi, les barons de Saint-Denis-sur-Garonne mettent un *écusson d'hermines au point d'honneur de la partition;* les seigneurs de La Fitte, à Toulouse, aujourd'hui éteints, écartelaient, par substitution, des *aigles affrontées et essorantes* de Fauville, et les ont souvent portées seules, etc. .

La branche de Sarpham porte les mêmes armes que les Bastard de Kitley; elle brise d'un *croissant d'argent sur la pointe du chevron du premier quartier* et ajoute, sur le tout, l'écu de Wade de New-Grange.

Originaire du comté Nantais, puis établie successivement en Devonshire, en Berry, en Guienne et dans le Maine, la famille de Bastard jouit d'un rang distingué parmi la noblesse de France et d'Angleterre. Elle a contracté de belles alliances, occupé des postes politiques très-élevés, et rempli des emplois importants dans l'armée, la magistrature et l'administration.

Guillaume de Bastard, sixième vicomte de Fussy et seigneur de Terland, reconnu, par ordonnance royale de 1829, comme onzième aïeul du comte de Bastard, pair de France, était lieutenant-général en Berry, pour le roi Charles VII. — Denis de Bastard marquis de Fontenay et comte de Dobert ou d'Haubert, dans le Maine, mourut chef d'escadre des armées navales (1723). — François de Bastard était nommé, sur le refus de Dominique, son père, premier président du Parlement de Toulouse (1762).

On compte parmi leurs auteurs, leurs descendants, ou cousins, du même nom, un grand nombre d'officiers de terre et de mer; des généraux, des colonels, et cinq capitaines de vaisseaux de la marine royale; plusieurs gouverneurs de places fortes; un lieutenant provincial de l'artillerie de France, sous Louis XIV; un chevalier de l'ordre du roi, sous Henri IV; une dame d'honneur de la reine Anne d'Autriche; un lieutenant-général des armées protestantes, présidant le Cercle des Réformés, sous

Louis XIII; enfin, *vingt-huit* (¹) chevaliers de Saint-Louis, depuis la création de l'ordre (1693) jusqu'à sa destruction en 1830.

D'un autre côté, on trouve : un grand-bailli, deux conseillers d'État, trois premiers présidents, deux présidents, un procureur général et treize conseillers de Parlements (Paris, Toulouse, Dijon) ou de cours souveraines; — trois grands maîtres des eaux et forêts; un préfet et des maîtres des requêtes; — un membre de la Chambre des pairs de France, trois membres de la Chambre des députés; six membres des Conseils généraux dans quatre départements différents (²); — et sept membres de la Chambre des communes d'Angleterre, où la position et la fortune de cette branche n'ont jamais cessé d'être considérables.

Les nobiliaires contemporains indiquent que des seize branches fournies par cette ancienne race, cinq sont encore existantes : les comtes d'Estang, en Armagnac (branche aînée), établis à Paris depuis la révolution; les barons de Saint-Denis-sur-Garonne, dans l'Agenais; les anciens seigneurs de Villeneuve et des Métairies, de Mesmeur et de Kerguiffinec, en Bretagne (³);

---

(1) Le *Nobiliaire de Guyenne et de Gascogne*, résumant, page 543 du tome III, les services militaires de la famille de Bastard, ne reconnaît que *vingt-six* nominations dans l'ordre de Saint-Louis. Évidemment, il ne faut voir ici qu'une faute d'impression; car l'auteur se réfute aussitôt par son renvoi immédiat à la page 397 du volume. Là, il avait rapporté, d'après une biographie du feu comte de Bastard, pair de France, faite en 1844, que le nombre des chevaliers s'était élevé à *vingt-trois* « sous les rois Louis XIV, Louis XV et Louis XVI ».

« De 1814 à 1830, ajoute M. de Laffore à ce propos, on compte *cinq* nominations » de plus dans l'ordre de Saint-Louis; ce qui porte à vingt-huit le nombre des » chevaliers ». — Puis poursuivant la même note, il donne les noms, grades et qualités des cinq nouveaux titulaires; s'arrête aussi sur les promotions dans l'ordre de la Légion d'honneur, et rappelle les nominations qui, depuis 1830, ont eu lieu dans les ordres étrangers, en faveur de trois membres de la famille, appartenant à la branche aînée et qu'il fait nominativement connaître.

(2) A la suite d'un tirage à part de la présente notice, nous avons donné la preuve des faits nouveaux qu'elles contient.

(3) La branche de Fontenay, dans le Maine, issue, comme les branches du Midi, des vicomtes de Fussy, en Berry, et maintenant éteinte, est représentée par le

— et les deux branches, de Kitley et de Sharpham, en Devonshire et à Londres.

Dominique ([1]) de Bastard, comte d'Estang, dit le comte de Bastard, chef de nom et d'armes de sa famille, pair de France, président à la Cour de cassation, membre et président du Conseil général de la Loire, grand-officier de la Légion d'honneur et membre du Conseil de l'ordre, était, au moment de sa mort (1844), vice-président de la Chambre des pairs. Ses quatre frères et deux cousins de même nom sont ou étaient officiers de l'ordre impérial de la Légion d'honneur; et quant aux simples légionnaires, leur nombre dépasse déjà la moitié du nombre des chevaliers de Saint-Louis, indiqué ci-dessus. — Les chefs de la branche anglaise ont représenté naguère, pendant

---

vicomte Henri de Bastard d'Estang, ancien procureur-général, président honoraire à la Cour impériale de Paris, et, du chef de sa femme, héritier de la terre de Fontenay-sur-Vègre et du château de Dobert, possédé par la famille depuis 1478.

[1] Induit en erreur par diverses publications, nous avions, sur une première épreuve, désigné mal à propos le comte de Bastard sous le nom de *François* au lieu de *Dominique*, son patron de prédilection. En nous signalant à temps l'opportunité de cette correction, on nous apprend que la rectification a été déjà faite, une première fois, par M. de Bourrousse de Laffore, ancien président de la Société des sciences et arts d'Agen, à la demande de deux frères du comte de Bastard et de Mme la marquise de Villeneuve-Lévis, sa sœur. (Voyez tome III du *Nobiliaire de Guienne et de Gascogne*, page 454; article BASTARD.) — M. de Laffore explique très bien l'origine de la confusion. En effet, l'acte de naissance du comte de Bastard, du 31 octobre 1783, porte *Dominique-François-Marie;* mais, en sa qualité d'aîné, il était appelé D'ESTANG, comme son père, qui n'était connu à Toulouse et dans la Gascogne, avant la Révolution, que sous le nom de *comte d'Estang*. Cette habitude, du Midi de la France, de donner au premier né, mâle ou femelle, le nom du fief ou du père, fut jadis si générale, qu'aujourd'hui encore, chez les gens de la campagne, le prénom de la fille *aînée* est ignoré de tous et ne figure que sur les actes publics; tandis que le fils venu après sa sœur n'est désigné souvent que par un surnom ou par son nom de baptême.

Le nom de *Dominique*, au lieu de *François*, se rencontre dans deux publications qui ont précédé le *Discours prononcé par M. le comte Portalis, à l'occasion du décès de M. le comte de Bastard* (séance de la Chambre des pairs de France, en date du 4 juillet 1845). C'est à ce motif qu'il faut attribuer l'erreur dans laquelle est tombée l'honorable pair

plus de soixante ans consécutifs, le comté de Devon et la ville de Darmouth au Parlement d'Angleterre.

Voici les noms de quelques alliances contractées, pour la plupart, avec des familles actuellement vivantes.

En France : Aloigny, Barbançon, Barrin de la Galissonnière, Boisjourdan, Brémont d'Ars et de Balanzac, Briçonnet, Castellan-Caumont, Chabot, Champlais, Chasteignier, Chauvigny-Blot, Coetlogon, Coqueborne (des Cokburn d'Écosse), Couasnon, Cruger (de New-York), Culant, Des Cars, Escoubleau de Sourdis, Fauville, Foissin de Salles, Galard, Gascq de La Salle, Gattinara, Gauquelin de Dobert, Huchet de La Bédoyère, La Briffe, La Corbière, La Mazelière, La Rouvraye de Bressault, Le Clerc de Juigné, Le Peletier, Leuze de Saint-Déséry, Le Vayer, Mellon, Parseval, Percin, Pioger, Poulpiquet du Halgouet, Redon de Mansonville, Savary de Lancosme, Savonnières, Turin, Vachereau des Chenets, Villeneuve-Lévis (des Brunet de Pujols de Castelpers-Panat) (1).

En Angleterre : Bampfylde de Haddington-Park, Besilles de West-Allington, Bromley, Cary, Crawley, Damarell, Fortescue de Fallapit, Harris de Hain, Hele de Gnaton, Martin, Pollexfen de Kitley, Poulett, Radclyff de Warlegh-House, Reynell de Malston, Rodney, Wade de New-Grange, Waldegrave de Chewton, Wootcombe, Worsley, Wrey.

Depuis la mort de Dominique de Bastard, pair de France, qui n'a laissé qu'une fille unique, mariée au duc Des Cars, sa famille a maintenant pour chef de nom et d'armes Phil-

---

(1) On lit : *de Brunet de Pujols de Castelpers-Panat de Villeneuve-Lévis* dans les actes de famille de Marie-Élisabeth de Villeneuve-Lévis, mariée, en 1782, à Jean IX de Bastard, seigneur du Bosq et comte d'Estang, père de Dominique, ancien pair de France. Mais, dès le dernier siècle, dans l'usage ordinaire, on n'employait que le nom de Villeneuve-Lévis, suffisant pour distinguer, l'une de l'autre, les deux branches restantes des *Brunet de Pujols de Castelpers-Panat*, à Toulouse et à Béziers. Feu M. le marquis de Panat, questeur de la Chambre des représentants en 1851, était le chef de la branche établie à Toulouse.

hert-Victor de Bastard, comte d'Estang, frère puîné, dit le comte de Bastard, ancien député de Lot-et-Garonne et membre du Conseil général du même département. Il a porté les armes durant sa jeunesse; a fait les campagnes de l'Empire; est arrivé, de simple engagé volontaire, au grade de chef de bataillon, et n'a quitté le service militaire qu'en 1819, lors de son mariage avec Octavie de Gascq de La Salle, dame de Bachac-en-Bazadais, fille d'Antoine, comte de Gascq, ancien seigneur de La Salle, d'abord page du duc d'Orléans, puis capitaine de dragons et chevalier de Saint-Louis.

Le comte de Bastard est officier de l'ordre impérial de la Légion d'honneur. Il demeure à Barsac, département de la Gironde, et à Paris.

(*Dictionnaire de la Noblesse*, par La Chenaye-Desbois et Badier, in-4°; — *De l'ancienne France*, par Saint-Allais, in-8°, Paris, 1833, tome I; — *Biographie universelle*, tome LVII; — *Généalogie de la maison de Bastard*, avec vues et blasons, gr. in-8°, 1847; — *Nobiliaire de Guienne et de Gascogne*, par MM. O'Gilvy et J. de Bourrousse de Laffore, in-8°, Paris, 1860, tome III).

BASTE. *France.*

Écartelé : aux 1 et 4 d'argent au lévrier rampant d'azur colleté de même, tenant dans sa patte dextre une épée de sable; au 2 de gueules à la lettre N d'or, brochant sur une ancre d'argent; au 3 de sinople à l'étoile à cinq rais d'or, chargé d'un B de sable.

Le représentant du nom, de Baste, est juge suppléant au tribunal civil à Dijon.

BASTIDE. *Languedoc.*

D'azur à la tour d'argent maçonnée de sable.

Cette famille compte de nombreux représentants : l'un porte

le titre de baron. Il a sa résidence à la campagne dans le département de la Charente; un second est chef d'escadrons au 3° régiment des dragons; deux habitent la campagne dans les départements de Tarn et Garonne et de la Lozère; enfin, un autre encore, de Bastide, est précepteur à Lavaur, département du Tarn.

BASTIER. *Normandie, Picardie.*

NORMANDIE, PICARDIE. D'argent au chevron d'azur accompagné de trois roses de gueules.

PICARDIE. D'argent au chevron d'azur accompagné de trois roses de gueules; au chef de même chargé d'un lion léopardé d'argent entre deux molettes d'or.

Cette famille est représentée par de Bastier de Bèze, à Montgeron, département de Seine-et-Oise; de Bastier de la Praderie au château de Meydat, par Saint-Germain-l'Herm, département du Puy-de-Dôme; de Bastier de Rainvillers, par Anneuil, département de l'Oise; de Bastier, au château Téméricourt, par Marines, département de Seine-et-Oise.

BASTIÈRE (DE LA). *La Rochelle.*

De gueules à trois quintefeuilles d'argent, posées 2 et 1.

L'unique représentant du nom, comte de la Bastière, réside à Saint-Julien, par la Motte-Achard, département de la Vendée.

BASTON BONNEFONTAINE. *Bretagne.*

D'argent à l'aigle de sable becquée et membrée de gueules; à la bande d'or brochant sur le tout.

Le représentant du nom, de Baston de Bellefontaine, habite dans le département d'Ille-et-Vilaine.

BASTON DE LA RIBOISIÈRE. *Bretagne.*

Coupé: au 1 de gueules à trois canons d'or; au 2 d'or au chevron de gueules accompagné en chef de deux trèfles de sinople et en pointe d'une quintefeuille de même.

Le représentant du nom, comte Baston de la Riboisière, grand-officier de la Légion d'honneur, a été élevé à la dignité de sénateur.

BATAILLE. *Champagne, Bretagne, Bourgogne.*

CHAMPAGNE. D'azur à trois fasces crénelées d'or.

BRETAGNE. D'argent à trois cotices de sable au lambel de gueules.

BOURGOGNE. BATAILLE DE MANDELOT. D'argent à trois flammes de gueules mouvantes de la pointe. Couronne : de marquis. Cimier : une salamandre.

Cri : *Bataille pour Dieu*, et : *Ex bello pax*.

On retrouve encore le nom de Bataille dans le département des Basses-Pyrénées; de Bataille de Bellegarde, au château de Gremonville, à Motteville-Lesneval, département de la Seine-Inférieure ; de Bataille de Furé, attaché à l'administration des lignes télégraphiques, à Pau; le baron de Bataille de Tancarville, officier de la Légion d'honneur, colonel d'État-major.

BATIE (DE LA). *Languedoc.*

D'azur à l'aigle d'argent, accompagnée de trois étoiles de même, rangées en chef.

De la Batie est juge au tribunal civil au Puy, Puy-de-Dôme; de la Batie, autre représentant du nom, est avoué au Puy.

BATUT (DE LA). *Toulouse, Montauban.*

D'azur à un fléau d'or.

Cette famille a deux représentants : de la Batut, maire à Monbazillac, par Bergerac, département de la Dordogne; de la Batut, trésorier de la société d'Agriculture, à Perrigueux.

BATZ D'AURICE. *Gascogne.*

D'azur au chevron d'or accompagné de trois chicots en

pal de gueules; au chef d'argent chargé d'un lion issant de gueules.

Batz d'Aurice est représenté par le vicomte de Batz d'Aurice, à son château, par Aurice, département des Landes.

BATZ DE TRENQUELLÉON. *Béarn.*

Parti : au 1 de gueules à un Saint-Michel d'argent tuant un dragon de sinople; au 2 d'azur au lion d'or posé sur un rocher de cinq coupeaux d'argent.

Cette famille a trois représentants : de Batz, baron de Trenquelléon, au château de Trenquelléon, par Feugarolles, département de Lot-et-Garonne; Léopold de Batz de Trenquelléon, membre du conseil général, maire de Feugarolles, à Gueysse, près Burch, département de Lot-et-Garonne; Arthur de Batz de Trenquelléon, au château de Trenquelléon.

De Batz de Mirepoix est sous-lieutenant au 8ᵉ régiment de chasseurs.

BAUCHERON. *Berry.*

D'or à un chevron d'azur accompagné de trois tourteaux de même.

Nous connaissons quatre représentants de la famille : de Baucheron de l'Echerolles, au château de Prou par Ardentes, département de l'Indre; de Baucheron de l'Echerolles, au château de Magny, par Vatan, département de l'Indre; de Baucheron de Boissoudy, à Orléans; de Baucheron de Boissoudy, à Issoudun.

BAUCHET. *Bourges.*

D'or à un chevron d'azur, accompagné de trois tourterelles de même.

L'unique représentant de la famille, de Bauchet, est juge, à Lyon.

BAUDE. *France, Bretagne.*

FRANCE. D'argent à la bande de gueules cotoyée de six mouchetures d'hermines de sable.

BRETAGNE. BAUDE, MARQUIS DE LA VIEUVILLE. D'argent à trois têtes de loup de sable.

La baronne de Baude, unique représentant de la famille, réside à Paris.

BAUDENET D'ANNOUX. *Bourg, Champagne.*

BOURG. D'azur au chevron d'or accompagné en chef de deux étoiles d'argent et en pointe d'un croissant de même. — D'argent à une champagne d'azur.

CHAMPAGNE. De gueules à une fasce d'or accompagnée en chef de deux croissants d'argent, et en pointe d'un lion léopardé de même.

De Baudenet d'Annoux, unique représentant de la famille, réside au château de Bel-Ombre, par Coulanges-la-Vineuse, département de l'Yonne.

BAUDERON DE VERMERON. *Bourgogne.*

D'azur coupé de sable à un chevron d'or brochant sur le tout. — D'azur à trois épis de blé d'or rangés en fasce; parti découpé d'azur sur sable à un chevron d'or brochant sur le tout. — D'azur coupé de sable à un chevron d'or brochant sur le tout, accolé de gueules à deux palmes d'or passées en sautoir.

De Bauderon de Vermeron, unique représentant du nom, réside à Paris.

BAUDESSON. *Champagne, Bourgogne.*

D'argent à deux corneilles de sable posées l'une sur l'autre et tenant en leurs becs un épi de blé d'or. — D'or à une branche d'olivier de sinople, au chef de gueules chargé de trois roses d'argent.

Cette famille qui établit sa filiation depuis 1422 a pour chef de nom et d'armes Henri de Baudesson de Vieuxchamps, au château de Vieuxchamps, à Charbuy, département de l'Yonne. Elle compte encore d'autres représentants, savoir : Alexandre de Baudesson de Richebourg, chevalier de la Légion d'honneur, officier supérieur en retraite, à Lyon, qui a deux fils : Alfred de Baudesson de Richebourg, à Paris, et Ernest de Baudesson de Richebourg, officier démissionnaire, à Angoulême; Henri de Baudesson de Richebourg, chevalier de la Légion d'honneur, officier supérieur en retraite, à Lyon; Armand de Baudesson de Richebourg, à Lyon, qui a deux fils : Ferdinand et Albert de Baudesson de Richebourg, à Lyon; Auguste de Baudesson de Richebourg, ancien commissaire de la Bourse de Paris, à Neuilly, département de la Seine; Charles de Baudesson de Richebourg, à Paris; Jules de Baudesson de Richebourg; Paul de Baudesson de la Chapelle, à Paris; Henri de Baudesson de la Chapelle; de Baudesson des Boisseaux et le vicomte de Baudesson des Boisseaux, avocat, à Paris.

BAUDIER-CROIZIER. *Champagne.*

D'argent à trois têtes de mores tortillées du champ. Couronne : de comte. Supports : deux lions au naturel.

Le nom de Baudier est encore représenté dans l'aristocratie des Flandres où cette famille obtint des lettres de noblesse le 12 juillet 1749. En France, son unique représentant, de Baudier-Croizier, chevalier de la Légion d'Honneur, est propriétaire à Tournon, département de l'Indre.

BAUDOIN DE JOIGNY. *France.*

D'or à la fasce de gueules accompagnée en chef de deux épées d'azur passées en sautoir, et en pointe d'un cheval de sable abattu, soutenu d'une terrasse de sinople, le flanc ensanglanté de gueules.

De Baudoin de Joigny, unique représentant du nom, réside au château d'Alnay, par Duclair, département de la Seine-Inférieure.

BAUDON DE MAUNY. *Provence.*

De gueules à une épée d'or garnie d'argent dans son fourreau de sable posé en pal, la pointe en bas, et tortillée de son baudrier du troisième. — D'azur au pélican dans son aire, accompagné à dextre d'un soleil, le tout d'or.

Il n'existe plus qu'un représentant du nom : Madame de Baudon de Mauny, à Paris.

BAUDOT. *Normandie, Bourgogne, Lorraine, Bretagne, France.*

NORMANDIE, BOURGOGNE, LORRAINE. D'azur à l'aigle d'or au vol abaissé regardant un soleil de même, posé au canton dextre du chef et accompagné d'une croisette aussi d'or posée au canton senestre. Couronne : de comte. Tenants : deux chevaliers.

BRETAGNE. Écartelé : aux 1 et 4 d'or à une coquille de gueules ; aux 2 et 3 d'azur à une canette d'argent.

FRANCE. Écartelé : aux 1 et 4 d'azur à trois têtes de léopard d'or ; au chef de même chargé d'une croix pattée au pied fiché de sable ; aux 2 et 3 d'azur au cygne d'argent, membré de sable.

NORMANDIE. BAUDOT D'AMBÈNE. De sable au chevron d'or accompagné de trois molettes de même.

L'unique représentant du nom, la douairière de Baudot de Telloreille, réside à Besançon.

BAUDOUIN. On comptait en France diverses familles du nom de Baudouin. En Normandie et en Picardie, Baudouin proprement dit ; en Normandie, Baudouin du Boissey et Baudouin de Grandouit ; en Bretagne, Baudouin de la Bussonière et Baudouin de Keraudren; en France, **Baudouin de Chamouit** et Baudouin d'Estavigny.

Nous ne retrouvons plus qu'un représentant du nom de Baudouin.

Il joint à son nom patronymique celui de Maison blanche et il est inspecteur des forêts à Milianah, Algérie.

BAUDRAP. *Normandie.*

D'azur au chevron d'argent accompagné en chef de deux étoiles à cinq rais d'or, et en pointe d'un croissant de même.

Le seul descendant de cette belle famille est officier de cavalerie.

BAUDREUIL. *Picardie.*

De sinople à une bande d'argent, chargée d'un cœur de sable.

Cette famille n'est plus représentée que par de Baudreuil, commandeur de la Légion d'honneur, colonel en retraite, à Paris.

BAUDRON DE LA MOTHE. *Nivernais.*

Tiercé en fasces de gueules, d'azur et de vair.

Auguste-Alexandre de Baudron de la Mothe, un des représentants du nom, est percepteur, à Hyères; son frère Marcellin de Baudron de la Mothe, réside au château de Simiane, à Jarrie près Grenoble, département de l'Isère.

BAUDRY. *Bourgogne, Poitou, Normandie.*

BOURGOGNE. D'or à trois mains senestres de gueules.

POITOU. De gueules au baudrier d'argent.

NORMANDIE. BAUDRY DE BRETTEVILLE. D'argent au chevron d'azur accompagné en chef de deux roses et en pointe d'un cœur le tout de gueules. — BAUDRY DE CANROST. D'azur au chevron d'argent accompagné en chef de deux lapins affrontés d'or et en pointe d'une tête humaine du second, contournée et tortillée de gueules. — BAUDRY DE PRENCOURT. De sable à trois mains senestres appaumées d'or. — BAUDRY DU SEMILLY. D'argent au chevron d'or accompagné en chef de deux croix de Malte d'or et en pointe d'un trèfle d'argent.

Les représentants actuels du nom de Baudry joignent à leur nom patronymique l'un celui de Dasson, l'autre celui de du Plessis. Ils résident tous deux à la campagne dans les départements de la Vendée et de la Loire Inférieure.

BAUDUS. *Montpellier, Montauban.*

De gueules à une foy d'argent tenant deux épis de blé entrelacés avec une branche de laurier d'or.

L'unique représentant du nom, de Baudus, réside au château de Bretêche, par la Ferté-Saint-Aubin, département du Loiret.

BAUFFREMONT. *Lorraine, Bourgogne.*

Vairé d'or et de gueules.

Cette illustre famille dont les chefs ont été barons souverains de Bauffremont dès l'an 950, est représentée par deux lignes. La première a pour chef de nom et d'armes Roger-Alexandre-Jean, prince, duc de Bauffremont, qui épousa Laure-Adélaïde-Louise-Adrienne Leroux. Il a un frère Paul-Antoine-Yvon-Charles, prince de Bauffremont, lieutenant-colonel au 6° regiment de hussards, qui de son mariage avec Marie-Henriette-Valentine de Riquet, comtesse de Caraman-Chimay, a deux filles.

La seconde ligne est représentée par Anne-Antoine-Gontran, prince de Bauffremont-Courtenay, qui de son mariage avec Noémi, princesse d'Aubusson de la Feuillade, a deux fils et une fille.

BAUGÉ. *Poitou.*

D'or, parti d'azur à deux chevrons de l'un dans l'autre.

Cette famille a deux représentants : de Baugé, au château de Férolles, par Thouars, département des Deux-Sèvres; de Baugé de Laville, à Orléans.

BAULNY. *France.*

Écartelé : au 1 de gueules à trois besants d'or; aux 2 et 3 d'azur au pélican avec sa piété d'argent surmonté d'un soleil rayonnant d'or; au 4 d'azur, au lion d'or.

Cette famille est représentée par le vicomte de Baulny, au château de Villeroy, par Claye, département de Seine-et-Marne et par le baron de Baulny, à Paris.

BAUME (DE LA). *Languedoc, Bourbonnais, Auvergne, Périgord, Dauphiné, Franche-Comté.*

LANGUEDOC. De gueules à la fasce d'or accompagnée de trois gantelets d'argent.

BOURBONNAIS. Coupé d'or sur gueules, au léopard lionné, coupé de sable sur argent brochant sur le coupé. — De gueules à la bande d'or chargée de trois corneilles de sable.

AUVERGNE, PÉRIGORD. Écartelé : au 1 de sinople au bélier d'or; au 2 de sable au lion d'or; au 3 d'azur à trois fleurs de lis d'or, qui est de Bourbon-Condé; au 4 d'argent à l'aigle de sable, becquée et membrée de gueules au chef de sinople; sur le tout de gueules à la fleur de lis d'or, qui est de Fossat.

DAUPHINÉ. De gueules à la croix engrelée d'or. — D'or à trois chevrons de sable; au chef d'azur chargé d'un lion issant d'argent, armé et lampassé de gueules, couronné d'or.

FRANCHE-COMTÉ. D'or à la bande d'azur.

L'unique représentant du nom, de la Baume, réside au château de Comblat, par Vic-sur-Serre, département du Calvados.

BAUQUET. *Normandie.*

D'argent au chevron de gueules accompagné de trois losanges de même.

L'unique représentant du nom, marquis de Bauquet de Grandval, est conseiller-général, à Beny-Bocage, département du Calvados.

BAURE. *France.*

Écartelé : aux 1 et 4 d'argent à trois mouchetures d'hermines de sable; aux 2 et 3 d'argent à trois fasces de gueules.

Cette famille n'a plus de représentant mâle : Sophie de Baure réside au château de Baure, par Orthez, département des Basses-Pyrénées.

BAUSSET-ROQUEFORT. *Provence.*

D'azur au chevron d'or accompagné en chef de deux étoiles d'argent, et en pointe d'un rocher de six coupeaux de sinople.

L'origine de la famille de Bausset se perd dans la nuit des temps; elle figure comme témoin ou comme partie, parmi les principaux gentilshommes et seigneurs, dans les chartes les plus anciennes de 1150, 1174, 1255, échappées aux destructions des Sarrasins, des invasions, des guerres civiles dont la Provence fut le théâtre jusqu'au xiiie siècle, à l'enlèvement des titres de Marseille et des actes de notaires en 1428, par Alphonse d'Aragon qui surprit cette ville, lorsqu'il fut obligé d'abandonner le royaume de Naples à Louis II, comte de Provence, et à l'incendie des archives d'Aix par les troupes de Charles-Quint en 1536.

La famille de Bausset s'est toujours considérée comme issue de l'antique et illustre maison de Baux dont la seconde branche, établie à Marseille et à Aubagne, forme une nouvelle tige par Geoffroy, second fils de Geoffroy, vicomte de Marseille. Le nom de Baux s'écrivait *Bauceus* et *Bausseus*, celui de

Bausset s'écrivait *Baucetus* et *Baussetus*. Les princes des Baux possédaient soixante dix-neuf seigneuries dites *terres Baussenques* ; les Bausset étaient co-seigneurs avec eux de plusieurs de ces terres : Aubagne, Gemenos, Saint-Jean, Le Bausset, longtemps avant l'extinction de la première branche des Baux dont *Marie*, l'unique héritière, porta la principauté d'Orange et la baronnie des Baux dans la maison de Châlons en 1393.

Guillaume de Bausset fut contraint, en 1255, de céder à l'évêque de Marseille ses droits seigneuriaux sur la châtellenie du Bausset.

En 1310 Geoffroy de Bausset fonda dans la ville d'Aubagne, une chapelle sous le vocable de Sainte-Croix ; le desservant de cette chapelle a été nommé par les descendants directs du fondateur pendant près de cinq siècles, jusqu'à la révolution de 1789 ; la chapelle existe encore dans l'église paroissiale d'Aubagne.

Jean de Bausset commandait l'escadre de Louis II, comte de Provence, en 1390 ; et au mois d'avril 1438, il commandait celle du roi René d'Anjou, comte de Provence, allant conquérir son royaume de Naples. La survivance du commandement de la galère royale fut confirmée aux descendants de Jean de Bausset pendant quatre générations, par Charles III, Louis XI, et, après la réunion de la Provence à la France, qui eut lieu en 1486, par Charles VIII, Louis XII et François 1er.

Vers le milieu du XVIe siècle, l'aîné de la famille de Bausset fut pourvu du gouvernement de l'île et château d'If de Marseille, par Henri II, avec survivance à son fils confirmée par Charles IX et Henri III ; un autre membre de la même famille fut nommé, par Henri IV, lieutenant-général de la sénéchaussée de Marseille, en considération des importants services rendus pour maintenir la ville dans l'obéissance du roi.

Lorsque Charles IX visita la ville de Marseille, le 6 novembre 1564, il descendit chez Nicolas de Bausset-Roquefort, gouverneur du château d'If, où il dîna avec la reine mère Catherine de Médicis. ses frères : Henri, qui fut depuis Henri III, le cardinal de Bourbon, le roi de Navarre qui fut depuis Henri IV, le cardinal de Guise, le connétable Anne de Montmorency et les autres princes et grands dignitaires qui accompagnaient le roi.

A la mort de Nicolas de Bausset, M. de Vair, premier président du parlement de Provence, et depuis garde des sceaux, vint à Marseille conduire son deuil, le 20 mai 1643, et prononça son oraison funèbre consignée dans la dernière édition de ses œuvres.

François de Bausset commandait le régiment de Provence à la bataille de Jarnac ; un autre Nicolas de Bausset fut ambassadeur de France auprès de Catherine de Russie sous le règne de Louis XV. Lorsque la révolution de 1789 éclata, la famille de Bausset était représentée dans la marine par un chef d'escadre, membre du Conseil d'amirauté ; dans l'armée de terre, par un colonel des grenadiers royaux ; dans l'épiscopat, par les évêques de Fréjus, de Béziers et d'Alais.

Lorsque Napoléon 1er institua l'Université, il donna la seconde place à l'ancien évêque d'Alais, auteur des Vies de Bossuet et de Fénélon, qui fut ensuite cardinal, duc, pair de France, décoré de l'ordre du Saint-Esprit, membre de l'Académie française, etc.; après sa mort, il fut remplacé à la Chambre des pairs par le comte de Bausset-Roquefort, archevêque d'Aix, etc. Le marquis de Bausset, fils de l'ambassadeur de France en Russie, représenta l'arrondissement d'Aix à la Chambre des députés, de 1815 à 1830.

Beaucoup d'autres membres de la famille de Bausset ont servi avec distinction dans la marine et dans l'armée de terre, ont été appelés au Conseil d'État et au Conseil privé des rois de France, ont rempli diverses fonctions civiles et judiciaires, ont été reçus dans l'ordre de Malte et dans les chapitres nobles.

La famille de Bausset est aujourd'hui représentée par le marquis de Bausset-Roquefort, ancien magistrat, officier de la Légion d'honneur, et par ses trois enfants :

Ferdinand, comte de Bausset-Roquefort, lieutenant de vaisseau, chevalier de la Légion d'honneur;

Gaston, vicomte de Bausset-Roquefort, lieutenant de vaisseau.

Marie de Bausset-Roquefort.

BAUZILLE (LA ROQUE DE SAINT-). Languedoc.

D'azur à deux rochers d'argent rangés en fasce.

Saint-Bauzille de la Sylve désigne un fief important qui a donné son nom à l'une des branches de la belle maison **DE LA ROQUE,** dont voici l'histoire et la généalogie.

Toutes les familles anciennes ont leur légende; celle de la famille de La Roque, en Languedoc, en remonte l'origine aux Guillaume, de Montpellier, et par eux aux anciens ducs de Bourgogne avant Charlemagne. Cette dernière filiation prouvée par des titres irrécusables, n'est point contredite par les historiens et les généalogistes. Elle est même affirmée par le célèbre Christophore Butkens et si d'autres n'en font pas toujours mention, c'est à cause peut-être du silence des intéressés qui, par suite de revers de fortune et plus encore par réserve, par modestie, se sont abstenus longtemps de revendiquer publiquement leur éclatante et ancienne origine.

Cependant, malgré les siècles écoulés, les perturbations sociales, les malheurs des temps, les traditions de cette origine se sont transmises jusqu'à nous. Elles n'ont été détruites ni dans les révolutions ni dans les sinistres. Elles existent, telles qu'elles ont été établies, dans l'impartiale histoire et dans des archives publiques dont on ne saurait méconnaître l'authenticité. C'est à ces sources diverses appuyées sur des mémoires de famille, confirmées par les traditions domestiques, que nous avons puisé tous les éléments de cette remarquable généalogie.

Nous disons que la maison des Guillaume, de Montpellier, existe encore dans celle des la Roque de Languedoc. Les archives de la Chambre des comptes de Montpellier, celles du château de Roque-Servières, au diocèse de Mende, du château de la Roque-Aynier, au diocèse de Montpellier, en contiennent les preuves les plus claires. D'ailleurs, une des branches de la maison, connue sous le nom de la Roque de Couloubrines, possède des titres qui ne laissent aucun doute à cet égard.

Avant de placer sous les yeux du lecteur les preuves de ce que nous avançons, il importe de faire connaître d'une façon sommaire ce que l'*Histoire de Montpellier* rapporte d'une manière complète et détaillée au sujet de la maison des Guillaume.

Guillaume, fils de Mathilde, duchesse de Bourgogne, épousa en premières noces Eudoxe, fille de Commène, empereur d'Orient. Cette princesse ayant été recherchée par Alphonse, roi d'Aragon, allait le rejoindre pour accomplir son mariage, lorsqu'étant arrivée à Montpellier, elle apprit que le roi d'Aragon, avait épousé une autre femme, et ce roi pour s'excuser d'un acte si déloyal et si odieux, allégua qu'elle avait trop tardé à venir le rejoindre.

Guillaume de Montpellier reçut cette princesse dans son palais et eut pour elle les égards dus à son rang et à sa personne.

Ce prince n'étant point marié, rechercha la main de la princesse Eudoxe et l'obtint. Marie fut l'unique fruit de cette union, et lorsqu'elle fut parvenue à l'âge de douze ans, elle épousa Barrail, comte de Marseille, de la maison de Rosselin. Il mourut peu de temps après sans laisser d'enfants de son mariage.

Les frères de Barrail disputèrent à Marie les avantages que

lui avait faits son époux et la renvoyèrent à son père. Celui-ci en appela au Pape Célestin. Les archevêques d'Arles et de Marseille, à qui le Pape avait renvoyé la cause, réglèrent ces différents. Marie fut remariée au comte de Commenges. Or, ce comte avait deux femmes encore vivantes et toutes deux répudiées sous prétexte de parenté au quatrième degré. Les répudiations étaient fréquentes dans ces temps parmi les grands seigneurs. Le comte de Toulouse avait huit femmes vivantes, successivement répudiées. La secte des albigeois avait rétabli et accrédité cette doctrine; mais, ce qu'il y a de plus étrange encore, c'est que tous ces mariages successifs étaient accomplis selon les lois de l'église, et que le plus grand nombre étaient célébrés et bénis par les évêques.

Dans le contrat de mariage de Marie avec le comte de Commenges il y eut une renonciation expresse, signée par les deux époux et garantie par les seigneurs témoins dans l'acte, à la clause du contrat de mariage d'Eudoxe avec Guillaume.

Cette clause était conçue en ces termes : *Que el hijje ou hijja que primario naciese deste matriomonio heredasie de Montpeller.*

Guillaume, mari d'Eudoxe, n'ayant eu qu'une fille de son mariage, désirait un enfant mâle qui perpétuât son nom. Il ne pouvait l'espérer d'Eudoxe qui paraissait stérile et qui d'ailleurs le méprisait. C'est ainsi que s'abandonnant au dégoût qu'elle lui avait inspiré, il la laissa à Montpellier et fit dissiper son chagrin chez le roi d'Aragon. Là il forma une liaison avec Agnès, proche parente de la reine, et usant des étranges priviléges d'une époque si favorable aux passions, il répudia Eudoxe et se maria avec Agnès. Le roi qui désirait ce mariage lui donna pour dot quelques biens qu'il possédait en Languedoc et une albergue au lieu dit du Vernet.

Eudoxe, après sa répudiation, se retira dans un couvent de filles, existant alors à Aniane, et y mourut peu de temps après, rongée par les chagrins qu'avaient provoqués en elle les malheurs de sa maison de Constantinople, qui fut entièrement détruite par les fureurs d'Andronic.

Le mariage de Guillaume avec Agnès fut célébré dans l'église et béni par l'évêque de Maguelonne. Guillaume eut huit enfants d'Agnès d'Aragon, savoir : Guillaume, le seul né du vivant d'Eudoxe, ce qui est dit dans la renonciation faite par Marie; Thomas, dit Tortose; Raymond; Bernard, qui se maria en Espagne avec l'héritière d'une grande maison, et en forma une plus grande encore, sous le nom et les titres des ducs d'Extensa; Guidon; Burgondion; Agnès, qui épousa le comte de Béziers; et Adelays, qui ne fut point mariée.

Guillaume mourut l'an 1202; son testament est rapporté dans toute son étendue par l'historien Gariel.

Marie, après la mort de son père, fut répudiée par le comte de Commenges. Cette répudiation eut lieu contre toutes les lois divines et humaines. Marie n'était parente du comte à aucun degré prohibitif. Elle avait de lui deux filles; mais le comte avait eu de ses autres femmes des enfants mâles qui lui succédèrent. Le pape s'opposa même à cette répudiation; mais le comte n'obéit point aux injonctions du Saint-Père et passa outre.

Marie, injustement répudiée, ne pouvait point se remarier sans commettre un adultère; cependant, ayant été recherchée par le roi d'Aragon, qui avait deux fois outragé sa mère, par un perfide abandon d'abord et en donnant ensuite sa propre fille à celui qui l'avait répudiée, Marie se remaria avec le roi et forte de cet appui, elle se pourvut en cour de Rome, fit casser le mariage de son père, annuler son testament et s'empara de la riche succession des Guillaume. Si Marie était en droit d'attaquer le mariage de son père, lorsqu'elle même en avait contracté un autre infiniment plus défectueux, si le pape était en droit d'annuler le testament d'un prince souverain qui appelait ses enfants à sa succession, aucune loi, à cette époque, ne pouvait cependant l'empêcher. Le lecteur appréciera. D'ailleurs la clause énoncée ci-dessus ne portait que sur la ville de Montpellier et Guillaume, après la mort d'Eudoxe, avait acquis des biens immenses, ainsi qu'on le verra bientôt. Les enfants d'Agnès furent les tristes victimes de ces deux jugements du Pape et l'emblème de leurs malheurs existe encore dans les armes portées par une branche de la Roque.

Ces armes, d'après le Nobiliaire de la province de Languedoc et les mémoires archéologiques de M. le marquis d'Aubaï sont blasonnées comme suit :

« D'or à l'abîme de gueules, c'est-à-dire au cœur enflammé,
» auquel sont attachés par la pointe, avec un cordon de gueules,
» deux pommes de pin de sinople; au chef cousu d'argent
» chargé de trois mouches à miel de sable. »

On sait que les armes de Guillaume étaient un tourteau de gueules encore porté par la ville de Montpellier; l'abîme de gueules symbolise le mariage d'inclination que Guillaume contracta avec Agnès, les pommes de pin renversées, ce mariage cancellé par le Pape, et les pommes de pin substituées à la véritable pomme, rappellent la suite malheureuse de ce jugement. On ne saurait rien imaginer de plus expressif.

Agnès se retira à Pézenas, terre qui appartenait à la comtesse de Béziers, sa fille comme il est constaté par un acte des archives de la chambre des comptes de Montpellier, dans lequel il est dit que le « 8 des calendes, etc., en 1209, Agnès,
» comtesse de Béziers, céda à Simon de Montfort, les châteaux
» de Pézenas et de Tourbes, sous une pension viagère de trois
» mille sous melgoiriens, la dite monnaie à raison de cinquante
» sous le marc, en cas de détérioration ». Les enfants d'Agnès suivirent Jacques le Conquérant dans toutes les guerres qu'il eut à soutenir contre les maures d'Espagne, et s'y distinguèrent de façon que Jacques leur donna de grands biens. La haine

que Marie avait conçu contre ses frères fut si forte que, pour les priver entièrement de la succession de leur père commun, dans le cas où son fils Jacques mourrait sans enfants, elle lui substitua les deux filles qu'elle avait eu du comte de Commenges, et si celles-ci mourraient également sans enfants, elle leur substituait Gaucellin de Lunel; enfin, dans le cas de décès sans enfants de ce dernier, elle lui substituait la maison de Roquefeuil. Son testament est rapporté par Gariel. Il existe dans l'histoire de Montpellier un trait qui trouve ici sa place.

Le roi d'Arangon n'eut pas plutôt épousé Marie qu'il se dégouta d'elle et il voulut même la répudier.

Le consuls de la ville de Montpellier souhaitant avec ardeur que Marie leur donnât un prince qui lui succédât (lorsqu'ils en avaient six qui devaient naturellement succéder à Guillaume, leur seigneur, dont les auteurs avaient fondé la ville), imaginèrent un stratagème qui leur réussit, en substituant Marie à une jeune veuve dont le roi était épris. Il passa la nuit avec sa femme croyant d'être avec sa maîtresse. Cependant, comme c'est moins l'acte qui fait le crime que la volonté de le commettre, on ne peut approuver cette ruse des consuls. L'histoire ajoute encore qu'ils passèrent la nuit en prières, dans l'église de Notre Dame des Tables, tenant chacun à la main un cierge allumé, implorant du Seigneur qu'il bénit un double crime : celui de concupiscence de la part du roi et d'adultère de la part de Marie qui, injustement répudiée par le comte de Commenges, n'avait pu se remarier avec le roi d'Aragon, sans commettre un adultère.

Les vœux des consuls furent cependant exaucés; le fruit de cette union fut un enfant adultérin que leur seigneur fit passer dans une maison étrangère, où sa race serait encore si la bonté des souverains de France ne l'avait rachetée.

Guillaume, l'aîné des enfants d'Agnès, mourut en Espagne sans alliance; Thomas embrassa l'état ecclésiastique et fut archevêque de Tarragone; Raymond se maria en France et eut plusieurs enfants qui prirent le nom des terres que leur père leur donna, telles que la Roque-Aynier, Saint-Bauzille du Putois, Saint-Hyppolite, Saint-Just, Assas et d'autres. Les titres dont nous allons faire mention et qui sont déposés dans les archives de la chambre des comptes de Montpellier, le prouvent jusqu'à l'évidence.

L'Histoire apprend que le château de la Roque fut donné à la maison de Montpellier, en faveur du mariage d'Hermengarde, fille du comte de Melgueil avec Guillaume de Montpellier, fils de Belcaïde. De là ce château prit le nom de la Roque-Hermengarde, dans la suite de la Roque-Aynier et de nos jours celui de la Roque de Ganges.

Cette seigneurie fut possédée par les descendants d'Agnès, immédiatement après la mort de leur père, jusqu'au quatorzième siècle. Les la Roque en vendirent alors une partie a la maison de Saussan, ce qui est prouvé par les anciennes reconnaissances placées dans les archives du château de la Roque et par l'hommage qu'en 1391 Cassé de la Roque rendit pour la Roque-Aynier, Saint-Bauzille du Putois, la Cadière, Saint-Hyppolite et autres.

En 1317, Guillaume Aynier, c'est-à-dire de la Roque-Aynier, rendit hommage pour des biens situés à Béziers.

Désormais il ne sera plus question du nom de Montpellier, mais de ceux de la Roque, de Guillaume, Guilhem, Guigon et Guinel.

130". Sentence arbitrale entre les procureurs du roi de Majorque et Guillaume Azémar, viguier de Posquières, damoiseau, procureur fondé de Guillaume de la Roque, par laquelle est adjugé au dit de la Roque, la moitié par indivis avec le roi, de tous les émoluments du poids de fer, à charge que le dit de la Roque fera la dépense nécessaire pour cela, comme il fait pour celui de Montpellier et en fera hommage au roi de Majorque.

1317. Guillaume de Roca, damoiseau, rend hommage pour Paré, Thésan et Spodilhan.

1329. Bertrand de la Roque, damoiseau, rend hommage pour le château de la Roque d'Aps.

1337. Gérard de la Roque, damoiseau, rend hommage pour Saint-Étienne.

1371. Noble Thomas de la Roque rend hommage pour Saint-Étienne-Delom, Saint-Hyppolite de Caton et autres.

1371. Noble Guillaume de la Roque rend hommage pour la Roque et la Cadière.

1371. Guillaume-Étienne, damoiseau, rend hommage pour la Roque et Saint-Bauzille. Il paraît que ces deux derniers étaient frères; le premier portait le nom de sa maison; le second, le nom de sa seigneurie..

1371. Jean de Vals de la Roque, damoiseau, rend également hommage.

1376. Guillaume-Étienne, damoiseau, rend hommage pour un fief à la Roque.

1376. Noble Guillaume de la Roque rend hommage pour Sanches aux coutumes.

1389. Gérard de la Roque, damoiseau, rend hommage pour un fief à Castanet.

1400. Hoirs de Guillaume de Roca, chevalier, rendent hommage pour les biens à Banassac.

1400. Bringuier de la Roque, damoiseau, rend hommage pour le mas de Lacombe.

1400. Pierre-Guillaume, damoiseau, rend hommage pour Saint-Étienne.

1400. Bertrand de la Roque, damoiseau, rend hommage pour le mas del Puech.

1460. Noble Étienne de la Roque rend hommage pour le mas de Couloubrines.

1464. Arnaud de la Roque, damoiseau, rend hommage pour Belpech et Garnier.

1467. Pierre de la Roque, chevalier, rend hommage pour Sanches aux coutumes.

1494. Vente faite par le roi à Bernard de la Roque, damoiseau, de la haute-justice du lieu d'Hermines.

1501. Noble Jean de la Roque rend hommage pour Saint-Marcel d'Ardèche, Barjac et Saint-Paulet.

1501. Autre noble Jean de la Roque et Antoinette de Sauve, sa femme, rendent hommage pour Saint-Hyppolite, la Cadière, Claret et autres.

1540. Guinel de la Roque, écuyer, rend hommage pour Saint-Marcel d'Ardèche, Barjac et Saint-Paulet.

1540. Antoine de la Roque, seigneur de Reynier, rend hommage pour Venès.

1540. Bertrand de la Roque, damoiseau, rend hommoge pour Castelviel, qu'il tenait du baron de Ganges.

1540. Noble François de la Roque rend hommage pour Montolieu.

1532. Noble Charles de la Roque rend hommage pour rentes au Bousquet.

1533. Noble Raymond Guilhem de la Roque rend le même hommage.

Sébastien de la Roque se qualifie seigneur du Bousquet dans le jugement de noblesse, rendu par M. de Bezons en 1669.

1533. Civier de la Roque rend hommage pour biens à la Roque.

1533. Maffre de la Roque rend hommage pour biens à Cessarras.

1632. Noble Jean de la Roque rend hommage pour fief au Vernet, fief donné par le roi d'Aragon pour partie de la dot d'Agnès.

La maison de la Roque se divise aujourd'hui en trois branches principales qui ont leur siége dans le Languedoc, savoir :

La Roque-Aynier ou Cessaras, au diocèse de Saint-Pons. dont les titres furent confirmés en 1669 par jugement souverain; M. de Bornier, rapporteur. Cette branche est ajourd'hui représentée par les barons de la Roque de Munas, en Vivarais.

La Roque Couloubrines, sortie autrefois de la Roque-Aynier.

La Roque-Mazel, aujourd'hui la Roque-Montels, près de Gignac dans les bas Languedoc.

I. Jean de la Roque, cité plus haut, qui hommagea, en 1390. la Roque-Aynier, Saint-Bauzille de Putois, etc., eut plusieurs fils, entre autres Firmin qui suit, II :

II. Firmin de la Roque épousa, vers 1426, Marguerite de Couloubrines, héritière de la maison de Pons de Couloubrines.

Cette maison avait été très-considérable autrefois et l'était encore à cette époque. Un descendant des Guillaume semblait seul digne d'en épouser l'héritière. Les histoires de Montpellier ont souvent parlé de Pons d'Olargues. On y voit surtout que Tiburge et Sibille, filles de Raymond Athon, devant épouser Pons et Frotard, fils de Pons d'Olargues, vendirent, au mois d'août 1199, pour la somme de soixante-dix-sept mille quatre cents sols melgoires, à Guillaume, fils de Mathilde et mari d'Agnès d'Aragon, Omelas, Montarnaud, Pignan, Cournonsec, Montbazin, Frontignan, Mirevaux, tous les droits de leur père sur Villeneuve, le Pouget. Saint-Pargoire, Vendemian, Saint-Bauzille de Putois, Cardonnet, Saint-Amans, Pinet, le Causse d'Omelas, Saint-Paul de Mont-Camels, Murviel, Saint-Georges. Marseillan et généralement depuis le Larzac jusqu'à la Roque-Hermengarde, Paulhan, avec toutes ses dépendances, tout ce qui leur appartenait dans les évèchés de Maguelonne, d'Agde, de Béziers et de Lodève. Cette vente fut effectuée sur les rives de l'Hérault, ce qui fit dire au comte de Toulouse que Guillaume, son cousin, avait fait une bonne pêche.

Cette longue énumération des biens possédés par Guillaume,

mari d'Eudoxe, doit inspirer, de nos jours encore, à la maison de la Roque, de tristes réflexions sur l'équité du jugement rendu par le Pape. Le testament de Guillaume, cassé par le Saint Père, existe encore en entier, comme un monument de l'injustice commise envers les enfants d'Agnès, ce qui retentit encore douloureusement dans le cœur des la Roque, leurs descendants.

Pons de Couloubrines, dont Firmin de la Roque epousa l'héritière, renouvela au roi un hommage que nous allons transcrire :

« L'an du Seigneur 1277, le 8ᵉ devant les ides de mars, je Raymond de Pons, confesse en vérité reconnaître à vous, M. le Sénéchal de Beaucaire, au nom que dessus, que je tiens du Seigneur Roi, la douzième partie par indivis de toute la juridiction et domaine du château de Garons et son tennement et du château de Ners, et tout ce que j'ai au terroir dudit lieu, à l'occasion de la douzième partie; item, tous les domaines et possessions que Pierre de Pons, mon père, a acheté à Hugon d'Aygalières, aux dits lieux; item tout ce que j'ai au fief de Legnes, au mas de Couloubrines, et au mas de Vialaret, pour tous lesquels je fais albergue au seigneur Roi, six soldats et la quatrième partie d'un soldat et, en ma personne un *Calvaque accoutumée* qui sera achetée aux dépens du Roi en y allant et retournant, et aux hommes desdits lieux aux dépens des susdits et pour les choses susdites, je promets et jure fidélité au seigneur Roi et aux siens. »

Cette reconnaissance a été reçue par MM. le sénéchal de Beaucaire, sauf le droit du Roi et d'autrui; Bernard de Valence, Bertrand d'Aygremont, Pierre de Maleux, Pierre d'Aygalières Pierre de Servièrec; Dasport, juge mage.

Le mas de Couloubrines alors possédé par la maison de la Roque l'a été de père en fils depuis cette époque, comme jusques en 1789. C'est le meilleur titre qu'on puisse présenter pour constater l'ancienneté d'une maison.

1224. Sommaire a prinse devant Duchamp, notaire, d'autorité

de M. le sénéchal de Nimes, d'un vu et touché d'un acte de 1224, du 7 des ides de novembre entre Pierre de Pons et d'Hugon d'Acqueria d'une part, et de sa femme d'autre, qui promettent au comte de Toulouse de lui payer albergue pour les fiefs qui relèvent de lui.

1346. Vente faite le 16 février, à Pons de Couloubrines par Bernard de Balmis.

1385. Le 26 octobre, Louis de Pons de Couloubrines donne la moitié de ses biens à Bernard de Pons, son fils, qui doit épouser Hermisende, fille de Bernard d'Albert d'Anduze.

On ignore s'il y eut de ce mariage d'autres enfants que Marguerite qui épousa Firmin de la Roque en 1426. Le jugement de noblesse rendu en Languedoc, par M. de Bezons, aboutit jusqu'au testament de cette Marguerite, en 1472.

Firmin de la Roque était bien un vrai descendant de Guillaume de Montpellier. Il était fils, avons-nous dit de Jean de la Roque qui hommagea en 1380, la Roque-Aynier, Saint-Bauzille de Putois, etc.

Jean donna à Firmin son fils qui devait épouser Marguerite Pons de Couloubrines et de Vialaret, quarante marcs d'argent pour tous les droits qu'il avait eus de la succession de Raymond Guillaume, viguier de Sauve et seigneur de Ferrières, son oncle paternel et il voulut que Firmin ne pût plus rien prétendre sur ses autres biens.

Un acte de 1386 prouve à l'évidence que Raymond Guillaume était viguier de Sauve et seigneur de Ferrières.

Firmin de la Roque eut de Marguerite de Couloubrines un fils, Etienne, qui suit, III.

III. Etienne de la Roque, seigneur de Couloubrines en 1467. Il fit un échange le 1ᵉʳ mai 1508, tant en son nom qu'en celui de son fils. Il eut trois enfants, savoir :

A. Thomas, aussi nommé Louis qui suit, IV.

B. Claude de la Roque, sans alliance.

C. Gabrielle, épousa Gabriel de Faucon.

IV. Thomas, aussi nommé Louis de la Roque, seigneur de de Couloubrines, épousa le 29 janvier 1537, Jeanne d'Icher, fille de noble Bernard d'Icher, co-seigneur de Soubès et de la Bastide. Par testament du 14 septembre 1547, Jeanne d'Icher, institua son fils Antoine, son héritier.

Thomas ou Louis de la Roque eut de son mariage six enfants, savoir :

A. Claude, fondateur de la branche d'Arbousse.

B. Gabrielle, épousa François de Castelvieil.

C. Marthe, sans alliance connue.

D. Antoine de la Roque, seigneur de Couloubrines et du Vialaret; héritier de sa mère, Jeanne d'Icher, épousa Anne de Roquefeuil, de Londres, dont il n'eut pas d'enfants. Il institua pour son héritier, son frère cadet, Jean.

E. Pierre, dont la descendance suit après la postérité de son frère Jean.

F. Jean, qui suit, V.

V. Jean de la Roque, seigneur de Couloubrines et du Vialaret, épousa en 1601, N... de Rosel de Valobscure, fille de noble Jean de Valobscure et de Françoise de Bornier, dont quatre enfants, savoir :

A. François, qui suit, VI.

B. Isaac, qui suit après son frère François.

C. Espérance.

D. Jacquette.

VI. François de la Roque, seigneur de Couloubrines et du Vialaret, épousa Marie de Peuck, dont un fils, Grave, qui suit, VII.

VII. Grave de la Roque, seigneur de Couloubrines et du Vialaret, épousa Anne Crispin, dont un fils, Louis, qui suit, VIII.

VIII. Louis de la Roque, seigneur de Couloubrines et de

Vialaret, épousa Jeanne de Mail, dont trois enfants, savoir :

A. François, qui suit, IX.

B. Jean de la Roque.

C. Jeanne.

IX. François de la Roque, seigneur de Couloubrines et de Vialaret, épousa Magdeleine de Trouille, dont trois enfants, savoir :

A. Louis de la Roque.

B. Ives de la Roque.

C. François de la Roque.

VI. Isaac de la Roque, épousa N... de Teyssier, dont un fils, Jean qui suit, VII.

VII. Jean de la Roque, épousa Jeanne de Girard, dont un fils, Louis, qui suit, VIII.

VIII. Louis de la Roque, épousa Marie Voisin, dont trois enfants, entres autres :

Victoire, épousa Victor de la Roque d'Arbousse et lui porta en dot la terre de Couloubrines.

―――

V. Pierre de la Roque, seigneur de Couloubrines, épousa le 4 avril 1602 Jeanne de Foullaquier, dont trois enfants, savoir :

A. Antoine de la Roque, seigneur de Couloubrines, épousa le 29 avril 1633, Jeanne de Teyssier,

B. Louis, qui suit, VI.

C. Isabeau, épousa le 14 janvier 1649, Antoine de Girard, seigneur de la Garde.

VI. Louis de la Roque, seigneur de Couloubrines et de Vialaret, épousa, 1° le 13 juin 1635, Jeanne Delom de Bussas; 2° Gabrielle de la Nougarède.

VII. Pierre de la Roque, seigneur de Couloubrines, du Bouisset et de Liouc, maintenu dans sa noblesse, avec Antoine son oncle par jugement souverain du 8 juillet 1669, avait épousé le 22 avril 1631, Espérance de Rosel, dont un fils, Guillaume, qui suit, VIII.

VIII. Guillaume de la Roque, seigneur de Couloubrines, de Bussas, de Bouisset et de Liouc, épousa Isabeau Delem de Bussas, dont trois enfants, savoir :

A. Jean, qui suit, IX.

B. Jeanne.

C. Gervaise, épousa Jacques Teulon

IX. Jean de la Roque, seigneur de Couloubrines et de Vialaret, épousa en 1712 Marie-Anne de Girard, dont deux enfants, savoir :

A. Louis, qui suit, X.

B. Marie-Anne, religieuse de la congrégation de Jésus.

X. Louis de la Roque, seigneur de Couloubrines et de Vialaret, épousa le 30 septembre 1749, Catherine Teulon, du mas de Bizard, dont deux enfants, savoir :

A. Louis, qui suit, XI

B. Marianne.

XI. Louis de la Roque, héritier de son oncle maternel, s'établit au mas de Bizard, paroisse de Saint-Drezéry et épousa le 22 août 1780, Elisabeth Espanet, dont deux enfants, savoir :

A. Louis, qui suit, XII.

B. François de la Roque, maire de la commune de Saint-Drézéry, démissionnaire en 1830 pour refus de serment, épousa le 20 février 1830 Marguerite Rivière, dont quatre enfants :

A. Auguste.

B. François.

C. Eugène.

D. Marguerite.

XII. Louis de la Roque, officier au régiment des chasseurs d'Angoulême en 1815, épousa le 31 mai 1800, Marguerite Ferrier, dont deux enfants, savoir :

A. Louis.

B. François, dont la postérité est encore représentée à Montpellier.

LA ROQUE D'ARBOUSSE.

V. Claude de la Roque, fils de Thomas et de Jeanne d'Icher, épousa Marie Gaujoux, dont un fils, Denys, qui suit, VI.

VI. Denys de la Roque, épousa Françoise Benoit, dont un fils, Étienne, qui suit, VII.

VII. Étienne de la Roque, épousa N.... d'Astrugue de Veye, dont trois enfants, savoir :

A. Denys de la Roque.

B. Isaac de la Roque.

C. Claude, qui suit, VIII.

VIII. Claude de la Roque, épousa Catherine Salignière, dont un fils, qui suit, IX.

IX. Claude de la Roque, épousa Marguerite de Corcural, dont un fils, Jean-François, qui suit, X.

X. Jean-François de la Roque épousa N... de Blasy de Rives, dont un fils, Jean-François, qui suit, XI.

XI. Jean-François de la Roque, épousa Françoise de Turrel, dont cinq enfants vivants en 1780 : François, Jean, Pierre, Henri, Alexis.

LA ROQUE DE MONTELS.

Cette branche qui porte, comme la précédente, d'azur à deux rochers d'argent mis en fasce, a porté d'abord le nom de la Roque du Mazel, et plus tard celui de la Roque de Montels après s'être établie dans le bas Languedoc où, en 1718, elle hérita par donation de la terre de Montels. Plusieurs de ses représentants furent connus dans l'armée sous ce nom et sous celui de la Roque, indifféremment. C'est de cette branche que nous avons surtout à nous occuper. Elle descend d'Arnaud d'Assas, chevalier, petit-fils de Raymond de Montpellier, fils d'Agnès d'Aragon. Les titres propres à cette branche existent dans les archives du château de la Roque-Servières, appartenant autrefos à cette branche. Ils consistent dans une longue nomenclature de contrats passés depuis le jour des ides de décembre de l'an 1300 jusqu'en 1570. Cette branche s'est elle-même subdivisée en plusieurs rameaux. Nous devons nous borner à les énumérer et à passer sous silence leur filiation, comme nous omettons également la branche, qui porte d'or l'abîme de gueules, etc., armes mentionnées plus haut.

Nous reprenons la filiation de la branche de la **Roque de Montels**.

I. Raymond de la Roque, seigneur du Mazel, épousa le 19 fevrier 1498 Almicie de Barjac, dont un fils, Sébastien, qui suit, II.

II. Sébastien de la Roque, seigneur du Mazel, épousa le 5 décembre 1553 Lucie Delpy, *aliàs* Dupin, dont trois enfants, savoir :

A. David de la Roque, seigneur du Mazel, épousa le 18 février 1532, Étiennette Boniol.

B. Pierre de la Roque, sans alliance.

C. Jacques, qui suit, III.

III. Jacques de la Roque, épousa le 10 avril 1588, Nadale Bonniol, dont trois enfants, savoir :

A. Pierre de la Roque, épousa en 1600, Dauphine Thibaud, dont un fils, savoir :

Jérôme de la Roque, du mas de Bonniol, paroisse de la Boissière, diocèse de Montpellier, épousa le 6 novembre 1652 Françoise Bertin et fut maintenu dans sa noblesse par jugement souverain du 4 janvier 1671.

B. Paul Simon de la Roque, sans alliance.

C. Jean, qui suit, IV.

IV. Jean de la Roque épousa, le 22 octobre 1631, Catherine Capion, dont trois enfants, savoir :

A. Jacques, qui suit, V.

B. Pierre de la Roque, seigneur de la Souquette, épousa le 15 mai 1666 Isabeau Gagneur.

C. Pierre de la Roque, maintenu dans sa noblesse avec ses deux frères, par jugement souverain du 4 janvier 1671.

V. Jacques de la Roque, seigneur de la Marelle, épousa le 16 avril 1673 Jeanne de Combes, dont trois enfants, savoir :

A. Pierre, qui suit, VI.

B. Fulcrand de la Roque.

C. Jacques de la Roque, épousa Marguerite Bruguière, dont une fille, Marguerite, mariée le 10 août 1750 à Thomas de Baderon de Maussac.

VI. Pierre de la Roque, seigneur de Vacquières et Toupiargues, épousa Marguerite Molles du Merlet, dont deux enfants, savoir :

A. Jacques, qui suit, VII.

B. Marthe, épousa Marc-Antoine de Béringuier, lieutenant-colonel au régiment royal Comtois, chevalier de l'ordre royal et militaire de Saint-Louis, lieutenant du Roi à Marsal.

VII. Jacques de la Roque, seigneur de Vacquières, Toupiargues, héritier de la seigneurie de Montels, par donation de Marthe de Cambis, veuve de N. Molles de Merlet, le 5 juin 1718, épousa le 24 mars 1739 Anne Marguerite de Lort-Sérignan, fille de Jacques-Joseph de Lort-Sérignan et d'Anne de Pelet de Moissac, dont cinq enfants, savoir :

A. Pierre-Jacques Fulcrand, qui suit, VIII.

B. Pierre de la Roque, capitaine au régiment de Vivarais en 1778, puis colonel au même régiment

C. Fulcrand de la Roque.

D. Jean-Joseph de la Roque, capitaine au service de Sa Majesté catholique.

E. Anne.

VIII. Pierre-Jacques Fulcrand de la Roque de Montels, né à Sommières, Languedoc, le 20 mars 1740, enseigne au régiment d'infanterie de Vivarais, alors Brissac, n° 74, le 26 octobre 1755, lieutenant le 8 février 1756, prisonnier de guerre le 5 novembre 1757, rentré au corps en 1758, capitaine de grenadiers le 15 mars 1762, réformé en 1763, replacé au service actif avec le grade de lieutenant le 28 mars 1766, capitaine commandant le 29 février 1782, chevalier de l'ordre royal et militaire de Saint-Louis le 19 juillet 1781, lieutenant-colonel au régiment d'Aunis-infanterie, depuis le 31ᵉ régiment, le 17 avril 1788, embarqué pour la Martinique en février 1791, gouverneur de Sainte-Lucie le 13 germinal an II de la république française, commandant de la Martinique, et, enfin admis à la retraite, à la suite de quarante années de combats et de loyaux services rendus à sa patrie, le 14 frimaire an III. Dès sa retraite il fut nommé maire de Vérargues, canton de Lunel, département de l'Hérault, et y mourut, entouré de la vénération de tous, à l'âge de quatre-vingt-trois ans.

Jacques Fulcrand de la Roque était à peine entré dans l'âge de l'adolescence quand il se consacra au service du roi. Comme gentilhomme de vieille race, il ne voulut point suivre d'autre carrière que celle des armes, et il s'y distingua non-seulement par son intrépidité et sa bravoure, mais aussi par sa discipline et par son savoir. A son début dans l'armée, il prit part à la guerre de Sept-Ans, et il fut si grièvement blessé à la bataille de Rosbach qu'il dut subir l'opération du trépan. Laissé pendant toute une nuit parmi les morts sur le champ de bataille, il ne dut son salut qu'aux paysans qui le déshabillaient pour le jeter dans la fosse commune.

On s'intéressa à cet enfant de quinze ans qui avait déployé la valeur et l'intrépidité d'un vétéran, et il fut soigné pendant six mois à Leipzig, par le propre chirurgien du roi Henri de Prusse qui le rappela à la vie. Il reçut même un passeport du roi pour retourner dans ses foyers, mais à peine fut-il rétabli, qu'il voulut rejoindre son drapeau. Tous ces détails, si honorables pour le jeune homme et si glorieux pour ses descendants sont consignés dans des lettres du duc de Cossé-Brissac, à sa mère, madame de la Roque-Montels, née de Lort de Serignan.

Sa nomination au grade d'officier supérieur eut lieu dans les circonstances les plus difficiles. C'était en 1788, au moment où les idées révolutionnaires fermentaient dans toutes les têtes. Il sut par son énergie, sa fermeté et sa justice conserver la discipline dans son corps, laissé sans colonel et qu'il commandait en chef. Étant en garnison à Lunel, sa vie fut même menacée par des soldats rebelles. Son régiment avait reçu l'ordre de se rendre à Beaucaire pour y tenir garnison pendant l'époque de la foire annuelle. Depuis longtemps les troupes chargées de ce service recevaient double solde; mais un ordre ministériel venait de supprimer cette largesse. Les mutins qui cherchaient peut-être un prétexte pour se mettre en état de révolte ouverte, refusèrent de marcher. Quand le lieutenant-colonel de la Roque se présenta, à cheval, devant le front de la troupe, rangée en bataille sur la Grand Place et qu'il eut prononcé le commandement de rompre en colonne, on lui répondit par des murmures. Des fusils s'abaissèrent même devant sa poitrine. Un seul mouvement de crainte ou d'indécision eut été le signal de sa perte; mais conservant tout son sang-froid, il mit son épée à la dragonne, tira un pistolet armé de sa fonte et répéta d'une voix mâle et sonore le commandement. Les pelotons se formèrent et le régiment se mit en marche pour sa nouvelle destination, au pas cadencé, comme il se serait rendu à la manœuvre. La plupart des habitants de Lunel, qui assistaient à cette prise d'armes et qui s'attendaient à une catastrophe, applaudirent à haute haute voix à ce trait de courage et de fermeté.

Désigné pour faire partie du corps d'armée envoyé en Amérique, il arriva à Caen après le massacre de M. de Belzunce, et il sauva deux fois la ville du pillage. Débarqué aux Iles-du-Vent, en 1791, il fut forcé un an plus tard de déclarer la guerre au général Behague qui ne voulut pas reconnaître le gouvernemen français lors de l'arrivée du général de Rochambeau qui venait le remplacer.

Après cet événement, il établit dans toutes les Antilles des municipalités et des gardes nationales, fit armer l'île de Sainte-Lucie dont il était gouverneur, ainsi que toutes les îles qui en dépendaient, et quand il eut établi son autorité sur tous les points, il fit prévenir le général Rochambeau qu'il pouvait se rendre à son poste et prendre possession de son commandement. Rochambeau l'envoya à Tabago pour défendre cette ville contre les Anglais qui la menaçaient et l'attaquèrent en effet. Il soutint contre eux une lutte inégale n'ayant que soixante-dix hommes à opposer à mille assaillants. Sa défense fut désespérée, il vint même un instant où manquant de munitions, il se défendit pendant trois heures à la baïonnette, mais il dut céder, accablé par le nombre, après douze heures de combat, blessé d'une balle à la jambe et privé d'un quart de son effectif. Le général anglais Cuyler, émerveillé de sa belle conduite, lui fit rendre les honneurs de la guerre par ses soldats qui d'abord avaient voulu le massacrer et lui volèrent ses papiers avec tout ce qu'il possédait. Il fut envoyé, en Angleterre, comme prisonnier de guerre, avec tous les honneurs dus à son rang et plus tard échangé après deux ans de captivité.

Le combat de Tabago a été consigné dans un décret de la Convention, mais le gouverneur n'y fut pas nommé à cause de son civisme suspect en ce temps de perturbations sociales.

Voici comment les Anglais eux-mêmes ont rendu compte, de ce brillant fait d'armes, dans une publication officielle (¹).

ANNALES DES GUERRES DU XVIII° SIÈCLE

par BRYAND-EDWARDS

major général dans l'armée britannique; vol. IV. — 1833-1795 page 180, n° 40.

Guerre dans les Indes Occidentales et Orientales.

« Aussitôt que les nouvelles de la guerre furent parvenues aux Barbades, des préparatifs furent faits en vue d'opérations offensives. Comme l'île de Tabago avait été prise aux Anglais dans la dernière guerre et qu'à la conclusion de la paix, la possession de cette île avait été confirmée aux Français, on

---

(1) *Annals of the wars of the 18th century*, by Bryan-Edwards, major-general of the British Army. — Vol. 4, 1783-1795, page 180, n° 40.

War in the West and East Indies.

As soon as the news of the war reached Barbadoes, preparations were made for offensive operations; and as the island of Tabago had been taken from the British in the late war, and the French had been confirmed in the possession of it at the peace, it was thought to be a first object to retake it.

Accordingly, on the 12th of april, major-general Cuyler with a detachment composed of artillerymen, marines and about 500 men from ten 9th and 60th regiments, embarked on board the flag ship of sir John Leforey, the « Trusty » 50, capt. Drew, who in company with a sloop and schooner arrived on the 15th; and summoned Lieut.-Colonel de Montels, the commandant of the Island. On his refusal, and in defiance of round shot, grape and musketry, the troops entered with their bayonets fixed, with the loss of three men killed and twentyfive wounded, took the fort of Scarborough.

Some conjunct expeditions were made against Martinique and Saint-Domingo, which were successful, but as there was no fighting in either colony, it is not necessary to notice them further.

See, Bryand Edwards, « History of the British Colonies in the West Indies 1801 Vol. 3th, page 408.

Also. — « Martius British Colonies ». Vol. 3, 2, 4.

British Museum,
London.

jugea que les premières opérations devaient avoir pour objet la reprise de Tabago.

« En conséquence, le 12 avril, le major-général Cuyler, avec un détachement d'artilleurs, de soldats de marine et de 500 hommes du 9ᵉ et du 60ᵉ régiment, s'embarqua à bord du vaisseau-amiral de sir John Leforey, le « Trusty, » de 50 canons, capitaine Drew. Ce bâtiment, accompagné d'un sloop et d'un schooner, arriva le 15 en vue de Tabago. Le lieutenant-colonel de Montels, commandant de l'île, fut sommé de se rendre. Sur son refus, et en dépit des boulets, de la mitraille et de la mousqueterie, les troupes s'avancèrent à la baïonnette et prirent le fort de Scarborough. La perte fut de trois tués et de vingt-cinq blessés.

« Quelques expéditions analogues furent faites avec succès contre la Martinique et Saint-Domingue; mais comme il n'y eut pas de combats livrés, il est inutile de s'y arrêter plus longtemps. »   *British Museum*, 18 juin 1868.

A son retour d'Angleterre, il fut jeté dans la prison des Carmes, où se trouvait alors Joséphine Tascher de la Pagerie, par ordre du comité de salut public; il fut condamné à mort par le tribunal révolutionnaire; mais la veille du jour désigné pour son exécution, il fut remis en liberté par l'influence de la future impératrice, déjà puissante alors et qui connaissait sa belle conduite à la Martinique.

Fulcrand de la Roque ne fut point hostile au pouvoir qui gouvernait sa patrie; mais ses principes et sa naissance ne lui permettaient pas de mettre son épée au service de la République. Les souffrances de la guerre et de la captivité, les infirmités de l'âge le condamnaient d'ailleurs au repos. Il demanda sa retraite et une modeste récompense dans ces termes :

LIBERTÉ. — ÉGALITÉ

« Paris, ce 4 vendémiaire l'an 2 de la république une et indivisible.

« Le citoyen la Roque, chef du 2ᵉ bataillon du 31ᵉ régiment, nommé gouverneur de Lucie-la-fidèle, le 2 avril dernier, à la commission du mouvement et de l'organisation des armées de terre.

» Citoyens.

» Je vous ai demandé un brevet de colonel, en date du 1ᵉʳ juin 1791. Béhague, à cette époque, gouverneur général aux Isles du Vent, fit avoir ce grade à mes cadets, parcequ'ils pensaient comme lui. Lorsque ce chef rebelle eut fait arborer l'étendart de la rebellion, je lui écrivis que la loi me commandait de ne plus le reconnaître et j'envoyai au ministre Monge copie de ma lettre. Mon civisme méritait-t-il que mon avancement en souffre ?

» Vous trouverez les preuves de ce que j'avance dans la réponse de l'ex-ministre Monge, dont l'original se trouve dans les pièces que j'ai remis à la commission de la marine, dans le rapport fait par le comité colonial au comité de salut public et dans la lettre d'envoi de mon brevet de gouverneur de Lucie-la-fidèle, dont la copie m'a été délivrée par ordre du commissaire d'Albarède.

» Tous les députés des Isles du Vent à la convention nationale attesteront encore ma conduite.

» Je joins ici l'état de mes services jusqu'à l'époque à laquelle j'ai passé lieutenant-colonel au 31ᵐᵉ régiment. Ce brevet en date de mai 1789 m'a été pris à Tabago.

» Je demande un brevet de colonel, en date du 1ᵉʳ juin 1791, époque à laquelle j'ai commandé en second l'île de Sainte-Lucie; le décompte de mes appointements depuis le 19 ventôse, jour de mon débarquement à Port-Malo, certifié par le représentant le Carpentier, jusqu'à ce jour, sur quoi j'ai touché trois mois à Port-Malo. Mon âge, mes longs services, une blessure et six mois de prison m'ôtent la possibilité de continuer mes services.

» Je demande ma retraite comme chef de brigade avec un traitement provisoire de trois mille livres par an jusqu'à la paix, d'après les decrets.

» PIERRE JACQUES FULCRAND LA ROQUE. »

Il obtint sa retraite, mais ne reçut pas le grade de chef de brigade qu'il sollicitait. Il ne fut pas plus heureux dans une demande qu'il formula plus tard pour obtenir un brevet de membre de l'ordre de la Légion d'honneur. Des idées républicaines dominaient peut-être encore au département de la guerre et ne pouvaient se montrer favorables aux désirs d'un représentant de la vieille noblesse, d'un fidèle serviteur de la monarchie tombée. En tout temps et dans tous les pays d'ailleurs, les hautes sommités militaires ont montré peu de sympathie efficace envers les vétérans qui ont versé tout leur sang sur les champs de bataille et n'ont plus de forces physiques à dépenser au service des armées. Nous transcrivons la demande de Fulcrand de la Roque Montels bien que nous ayons fait connaître déjà les faits qu'elle contient. On y verra en quels termes simples et dignes le noble gentilhomme parle de ses services et de sa personne.

« A son excellence, Monseigneur le maréchal d'Empire. Berthier, ministre de la guerre.

« Monseigneur,

« S'il est une ambition louable, c'est sans doute celle d'appartenir à un corps qui offre la réunion de toutes les vertus civiles et militaires.

« C'est ce désir qui me porte à demander d'être reçu dans la Legion d'honneur.

« Je vais exposer succinctement à votre excellence, l'état de mes services militaires afin qu'elle puisse juger que ma demande est fondée :

« Je n'avais atteint que ma 15me année, lorsqu'en 1755 je fus nommé enseigne au régiment de Vivarais, alors Brissac.

« En 1762, j'obtins le grade de capitaine ; je remplis, pendant un hiver, les fonctions de major, et j'étais lieutenant-colonel du régiment d'Aunis, quelque temps avant la révolution.

« J'avais fait quatre campagnes sous les drapeaux du 74e régiment, pendant lesquelles je m'étais trouvé à trois siéges, à quatre batailles, et à plusieurs attaques de poste ou d'arrière-garde; je fus dangereusement blessé, d'un coup de feu, à la tête, à la bataille de Rosbach.

« Agé de 50 ans, je passai, au commencement de la révolution, dans les Isles du Vent, avec le 2ᵉ bataillon du 31ᵉ régiment.

« Le gouverneur-général Béhague, arbora le pavillon blanc à la Martinique; mais fidèle à mon serment, je conservai le drapeau tricolore à Sainte-Lucie, où je commandais; j'armai cette île; j'y organisai une garde nationale, une assemblée coloniale et des municipalités et j'y maintins le bon ordre. M. Monge, alors ministre de la marine, approuva ma conduite au nom du conseil exécutif et m'envoya le brevet de gouverneur.

« Je commandai seul dans les Isles du Vent, pendant près de six mois jusqu'à l'arrivée du général Rochambeau;

« Envoyé ensuite à l'île de Tabago, pour y remplacer le commandant..... qui avait émigré, je la trouvai sans défense; j'ordonne de suite des travaux, mais à peine sont-ils commencés, que six cents Anglais m'attaquent. Je résiste autant que peuvent me le permettre mes faibles moyens, mais après un combat opiniâtre, dans lequel l'ennemi perdit cent hommes, je fus forcé de me rendre et l'on m'emmena prisonnier en Angleterre.

« Échangé, je me présentai au comité du salut public, pour rendre compte de ma conduite et de la situation dans laquelle j'avais laissé les îsles; un mandat d'arrêt fut lancé contre moi, sans qu'on m'eut entendu et je fus jeté dans la maison de détention des Carmes, dans laquelle gémissait alors notre auguste impératrice. Je lui dus ma liberté lorsqu'elle eut obtenu la sienne, après le 9 thermidor.

« Depuis cette époque rentré dans mes foyers, avec une pension de retraite, je n'ai cessé de remplir des fonctions administratives et de servir mon pays, par tous les moyens qui ont été de mon pouvoir.

« La preuve de mes services militaires est consignée, Monseigneur, sur les registres du 31ᵉ régiment d'infanterie, ci-devant d'Aûnis, et sur ceux du personnel dans les bureaux de votre ministère ; je prie votre excellence, de s'en faire rapporter l'état, elle verra que je suis resté sous les drapeaux pendant 39 ans, sans jamais demander un congé.

« Un ancien chevalier de Saint-Louis, couvert de glorieuses blessures, qui a si longtemps et avec autant de zèle, servi l'état, n'a-t-il pas des droits à une place de commandant dans la Légion d'honneur?

« J'en forme la demande et je vous prie, Monseigneur, de la soumettre à Sa Majesté l'Empereur et de l'assurer de ma fidélité et de mon dévouement à son auguste personne.

« Je suis avec respect,
« Monseigneur,
« De votre excellence, le très-humble et très-obéissant serviteur.

« Pierre Fulcrand de la Roque de Montels,
« ex-lieutenant-colonel du régiment d'Aunis.

« De Ladevèze, près Lunel, département de l'Hérault, le... thermidor, an 12. »

Cette lettre, demeurée sans effet, avait cependant été recommandée au maréchal Berthier, par l'impératrice Joséphine, à qui le colonel de la Roque l'avait adressée, dans les termes qu'on va lire :

« A Sa Majesté l'Impératrice de France.

« Madame,

« Permettez à celui qui sous un régime affreux, partagea vos peines et vos douleurs, dans la maison de détention des Carmes, d'offrir à Votre Majesté, l'expression de sa joie bien sincère, en vous voyant assise sur les plus beau des trônes, à côté du plus grand des héros. Vos vertus, Madame, vous rendent bien digne de régner sur un peuple doux et sensible.

« J'ai depuis longtemps éprouvé, Madame, les effets de votre bienfaisance; à peine sortie de captivité, après le 9 thermidor, vous daignâtes vous intéresser pour moi et je vous dus ma liberté. Je n'oublierai jamais avec quelle bonté je fus reçu chez vous, lorsque je vins vous présenter mes hommages, et vous témoigner de vive voix ma profonde reconnaissance.

« Je voudrais, Madame, quoique déjà bien âgé, qu'il s'offrit à moi l'occasion de prouver mon entier dévouement à votre auguste personne et à celle de Sa Majesté l'Empereur. Je demande, dans ce moment, d'être reçu au grade de commandant dans la Légion d'honneur, je crois que 39 ans de services non interrompus et les glorieuses blessures dont je suis couvert, m'y donnent des droits, et je désire de l'obtenir surtout, parce que ce corps doit-être un des fermes appuis du trône sur lequel l'amour et la reconnaissance des Français vous ont élevée.

« J'adresse au ministre de la guerre un mémoire expositif de mes services; mais, mon titre le plus puissant serait, Madame, un mot de Votre Majesté : je vous supplie de le prononcer en faveur de celui qui est inviolablement et avec le plus profond respect.

« Madame,
« de Votre Majesté.
« Le très-humble, très-obéissant et très-fidèle serviteur.
« Pierre Fulcrand la Roque de Montels,
ci-devant chevalier de Saint-Louis et ex-lieutenant-colonel
du régiment d'Aunis.

« Au château de Ladevèze, près Lunel, département de l'Hérault, le...»

S'il n'obtint point le grade et la croix dont il eut voulu s'énorgueillir dans sa vieillesse, Fulcrand de la Roque reçut une récompense plus haute encore dans le respect dont l'honorèrent ses compatriotes jusqu'à la fin de sa vie, dans la vénération dont sa mémoire est l'objet dans sa famille, où son nom est cité avec autant d'orgueil que celui du comte souverain, contemporain de Charlemagne, fondateur de sa race.

Pierre-Jacques Fulcrand de la Roque de Montels, avait épousé, le 8 avril 1772, Marie-Thérèse-Delphine-Eugénie de Villardi de Quinson de Montlaur, dont deux enfants, savoir :

A. Joseph de la Roque.

B. Louis-Pierre-Casimir, qui suit, IX.

IX. Louis-Pierre-Casimir de la Roque, épousa le 5 octobre

1802, Madeleine de Portal de Saint-Bauzile de la Sylve, dont un fils : Simon-Casimir-Léon ou Napoléon-Jules qui suit, X.

X. Simon-Casimir-Léon ou Napoléon-Jules de la Roque de Saint-Bauzile, lieutenant de louveterie, membre de la Société Zoologique d'acclimation, du bois de Boulogne, épousa : 1° Marie-Alexandrine-Adèle de Roquefeuil, dont il n'eut pas d'enfants; 2° le 21 mai 1851, Anne-Marie-Éléonore-Blanchard de la Féline, dont deux enfants, savoir :

A. Marie-Gabrielle-Simone, décédée;

B. Marie-Lazare-Casimir-Bauzile-Gaston, qui suit, XI.

XI. Marie-Lazare-Casimir-Bauzile-Gaston de la Roque de Saint-Bauzile de la Sylve, né le 15 juin 1854, chef de nom et d'armes de la branche de la Roque de Montels, réside au château de Saint-Bauzile de la Sylve, par Gignac, département de l'Hérault.

BAVALLAN. *Bretagne.*

D'argent à deux fasces de sable.

La marquise de Bavallan, unique représentant du nom, réside au château de Trémouar, par Questembert, département du Morbihan.

BAVILLE. *France.*

Écartelé : aux 1 et 4 d'argent à trois mouches d'hermines de sable; aux 2 et 3 fretté de sable.

Cette famille est représentée par de Baville, à Murolles, par Bar-sur-Seine, département de l'Aube.

BAVRE. *Bourgogne, Picardie.*

Écartelé : aux 1 et 4 d'argent à trois mouchetures d'hermines de sable; aux 2 et 3 d'argent à trois fasces de gueules.

Cette famille a trois représentants : le vicomte de Bavre, à Viévy-le-Rayé, département de Loir-et-Cher; de Bavre, chef de gare, à Versailles; de Bavre, au château de Parenty, par Hucqueliers, département du Pas-de-Calais.

BAY. *Paris.*

D'argent au cheval gai au naturel; au chef d'azur chargé de trois étoiles d'or.

L'unique représentant mâle du nom, Jean-Félix de Bay, réside à Paris, chez sa mère, madame la douairière de Bay. Il a une sœur qui épousa M. Delabarre, architecte, à Paris.

BAYARD. *Picardie.*

D'azur au chevron d'or accompagné de trois coquilles de même.

Cette famille a trois représentants : Armand de Bayard de la Vingtrie, commandeur de la Légion d'honneur, chevalier de plusieurs ordres, ingénieur, au Mans et à Paris; de Bayard de la Vingtrie, chef de cabinet à la préfecture, au Mans; de Bayard de la Vingtrie, ingénieur à Paris.

BAYE. *Bretagne.*

De gueules à une croix ancrée d'argent. — De gueules à trois cors de chasse d'argent, liés de même, chargés chacun de trois mouchetures d'hermines de sable, posés deux en chef et une en pointe.

Le baron de Baye, unique représentant du nom, réside à Paris.

BAYENGHEM. *Flandre.*

D'argent à la croix ancrée de gueules.

De Bayenghem, unique représentant du nom, réside à son château à Dohem, par Fauquembecque, département du Pas-de-Calais.

BAYEUX. *France.*

Tiercé en bande d'azur, de gueules et d'or, l'or chargé d'un chêne de sinople terrassé de même.

Cette famille n'a qu'un représentant : le comte de Bayeux, à Paris.

BAYLENS. *Béarn.*

D'or au lévrier rampant de gueules, colleté d'argent.

Gonzalès de Baylens, officier de la Légion d'honneur, unique représentant du nom, réside à Paris.

BAYNAST. *Picardie. Artois*

D'or au chevron abaissé de gueules surmonté de trois fasces de même.

Cette famille est représentée par le marquis Albert de Baynast, au château de Belle-Fourière, par Béthune, département du Pas-de-Calais, qui de son mariage avec mademoiselle des Essarts a deux fils : Adalbert et Raoul.

BAYNE. *Languedoc.*

D'argent au lion de sinople armé et lampassé du champ, chargé d'un lambel de même, chaque pendant surchargé de trois tourteaux de gueules.

De Bayne, unique représentant du nom, réside au château de Raissac, par Brassac, département du Tarn.

BAZIGNAN. *Guyenne.*

D'azur à une tour d'argent maçonnée de sable, supportée par deux lions affrontés d'argent.

De Bazignan, unique représentant du nom, réside à son château, par Lectoure, département du Gers.

BAZIL DE FRAMERY. *Bretagne.*

De sinople à un chevreuil passant d'argent sur une terrasse d'or, accompagné de deux gralieux de même.

Cette famille n'a qu'un représentant, de Bazil de Framery, à Paris.

BAZIRE. *Rouen.*

D'azur à une bande ondée d'argent. — Echiqueté d'argent et de sable.

Cette famille est représentée par de Bazire, receveur des contributions indirectes à Tours, et par de Bazire, ingénieur, à Tulle.

BAZON. *France.*

Huit points d'argent équipollés à sept de sable.

Le chef de nom et d'armes de cette famille, de Bazon, maire de Fals, par Astafort, département de Lot-et-Garonne et qui a sa résidence d'hiver à Toulouse, n'a qu'un fils, de Bazon, élève à l'école de Saint-Cyr.

BAZONNIÈRE (DE LA). *Normandie.*

D'hermines au lion de gueules.

L'unique représentant du nom, de la Bazonnière, réside à son château de Cendray, par Jouy-le-Bothier, département du Loiret.

BÉARN. *France.*

D'or à deux vaches passantes de gueules l'une sur l'autre, colletées, accornées et clarinées d'azur.

Cette belle famille a cinq représentants : de Béarn, au château de Clerès, département de la Seine-Inférieure; de Gaston de Béarn, prince de Viana, officier d'état-major, a sa résidence d'été au château de Brassac, par Bourg-de-Visa, département de Tarn-et-Garonne, et celle d'hiver à Paris ; Centulé de Béarn, attaché à la légation de France au Mexique, à Paris; le comte Etienne de Béarn, à Paris et au château de Saint-Cloud ; le comte Stephen de Béarn, à Paris.

BEAU DE ROCHAS. *Provence.*

D'or à la croix bourdonnée de gueules; au chef d'azur chargé d'une étoile d'or.

Beau de Rochas, ingénieur, unique représentant du nom, réside à Paris.

BEAUCAIRE. *France.*

D'azur au léopard lionné d'or.

Le marquis de Beaucaire, unique représentant du nom, réside au château de Blanzat, par Montluçon, département de l'Allier.

BEAUCÉ. *Poitou.*

Tranché d'or et d'azur, à un lion de l'un dans l'autre.

Cette famille a pour chef de nom et d'armes Prosper de Beaucé, à Chémeré-le-Roy, département de la Mayenne. Il a un fils, Jules de Beaucé.

BEAUCHAINE. *France.*

Nous connaissons trois représentants du nom de Beauchaine. Le premier porte le titre de comte et habite en Vendée, le second réside dans l'Indre-et-Loire, le troisième est maire de Guérande, dans la Loire-Inférieure.

BEAUCHAMP. *Artois, Poitou, Normandie, Maine, France.*

ARTOIS. D'hermines à trois fasces de sinople.

POITOU, NORMANDIE. D'azur à l'aigle d'argent le vol abaissé.

MAINE. BEAUCHAMP, (BEAUCAMP). D'or à une flèche de gueules accompagnée de huit merlettes de même rangées en orle.

FRANCE. BEAUCHAMP-BIOIR. D'azur au chevron d'argent accompagné de trois glands d'or.

Nous trouvons plusieurs représentants du nom : le baron de Beauchamp, qui a sa résidence d'été au château de Mons, par Villers Bocage, département du Calvados, et celle d'hiver à Paris; de Beauchamp, membre du corps législatif à Paris; Ulric de Beauchamp à Angers et de Beauchamp qui habite au château de Bellaire, à Pons, département de la Charente-Inférieure.

BEAUCORPS. *Bretagne.*

D'azur à deux fasces d'or; l'écu embrassé par deux palmes de sinople.

Devise : *Fiez-vous-y*.

La filiation de cette famille commence à Geoffroy de Beaucorps qui prit part au combat des *Trente*, en 1351.

Elle se divise en plusieurs branches représentées par le marquis de Beaucorps de la Bastière et le comte de Beaucorps-Créquy, établis en Blaisois; le comte et le vicomte de Beaucorps de Parençay, en Saintonge; le comte de Beaucorps de Goyon; de Beaucorps, baron de Lillan, etc.

BEAUCOURT. *Flandre.*

Écartelé : aux 1 et 4 de sinople à la fasce d'argent; aux 2 et 3 d'azur à deux épées d'argent, garnies d'or, passées en sautoir et accompagnées de trois molettes d'argent, 2 en flancs, 1 en pointe.

Devise : *Court et beau*.

Le comte de Beaucourt habite la campagne dans le département du Calvados; un autre représentant du nom est homme de lettres, à Paris.

BEAUFFORT. *France, Belgique.*

D'azur à trois jumelles d'or. Cimier : une tête et col de licorne entre un vol, le tout au naturel. Supports : deux lévriers au naturel, colletés d'or bordés d'azur, tenant des bannières, à dextre aux armes de l'écu, à senestre d'or semé de fleurs de lis d'azur et au canton de gueules, qui est de Thouars.

L'ecu entouré d'un manteau de gueules, doublé d'hermines, sommé d'une couronne princière.

Devise : *In bello fortis.*

Cette maison est connue dès le douzième siècle et tire son nom de la terre de Beauffort près d'Auvesnes-la-Comte. Elle est représentée en France et en Belgique.

BEAUFILS DE SAINT-VINCENT. *Alsace.*

D'azur à une bande d'or accompagnée de trois molettes d'argent, deux en chef et une en pointe.

L'unique représentant du nom exerce les fonctions de receveur du service de la navigation, à Nevers.

BEAUFOND (LE MERLE, DE MERLE, OU DU MERLE DE). *Normandie.*

De gueules à trois quintefeuilles d'argent et en abîme un merle d'or tenant en son bec une branche de laurier de sinople et posé sur un rocher de trois coupeaux d'argent. Couronne : de comte. Supports : Deux lions.

Cette ancienne famille qui a donné un maréchal de France en 1302, des gentilshommes de la chambre du roi, des chevaliers de Malte, des hommes de guerre, compte trois représentants à Paris et dans les départements de la Dordogne et de la Somme. Son chef de nom et d'armes porte le titre de comte.

BEAUFORT. *Bourgogne, Bretagne, France, Dauphiné, Languedoc.*

BOURGOGNE. BRETAGNE. De gueules à trois écussons d'hermines.

FRANCE. D'or à trois fasces de gueules. — Écartelé : aux 1 et 4 de gueules semé de fleurs de lis d'or; aux 2 et 3 d'argent à l'aigle éployée de sable, becquée et membrée d'or

DAUPHINÉ. D'azur à la bande d'or accompagnée en chef de trois molettes de même, posées 2 et 1 et en pointe d'une tour d'argent maçonnée de sable.

On compte dix représentants de ce beau nom : le marquis de Beaufort, le comte Charles de Beaufort, le vicomte Henri de Beaufort et le baron de Beaufort, à Paris; le vicomte Alphonse-Jay de Beaufort, officier supérieur en retraite, à Périgueux; de Beaufort, chef de bataillon, au 13º de ligne; de Beaufort, notaire, à Chambéry; de Beaufort, président de la société de Saint-Lazare, à Dax; de Beaufort, maire, au château de Frompas, par Montierender, département de la Haute-Marne; de Beaufort, au château de Frompas.

BEAUFRANCHET. *Auvergne, Forez, Bourbonnais.*

De sable au chevron d'or accompagné de trois étoiles à cinq rais d'argent. Supports : Deux lions au naturel.

Devise (lettres d'or sur un listel d'azur) : *Bello francus.*

AUVERGNE. BEAUFRANCHET DE LA CHAPELLE. Écartelé : aux 1 et 4 de Beaufranchet; aux 2 et 3 d'azur à la fasce d'argent accompagnée de trois étoiles à cinq rais d'or, qui est de la Chapelle.

Beaufranchet, proprement dit, descend de Jean de Beaufranchet, écuyer, seigneur dudit lieu qui se maria le 23 janvier 1553.

Les représentants actuels du nom sont : Madame la vicomtesse douairière de Beaufranchet, deux propriétaires ruraux dans la Creuse et dans l'Allier; et enfin, le vicomte de Beaufranchet de la Chapelle, à Paris.

BEAUJEU (MINETTE DE). *Franche-Comté, Champagne.*

ARMES ANCIENNES. Cette famille qui portait de gueules à cinq fasces d'argent était de Franche-Comté et Champagne (Beaujeu près Gray); elle tirait son origine des anciens Beaujeu du Beaujolais (voir Caumartin, *Recherches de la noblesse de Champagne*).

ARMES MODERNES. D'or au lion de gueules vêtu de frettes de même.

Ce nom de Beaujeu éteint en ligne directe fut, par le mariage d'Anne de Beaujeu avec Joachim de Minette, le 12 mai 1627, relevé par la famille de Minette, qui le porte depuis cette époque et qui est actuellement représentée par plusieurs membres : la marquise de Beaujeu de Qinquiran, à Paris ; de Beaujeu, président de la société mutuelle, à Villers-Farlay, département du Jura ; de Beaujeu, peintre-artiste, à Paris.

BEAULAINCOURT. *Artois.*

D'azur à deux lions léopardés accroupis et acculés, ayant leurs queues passées en sautoir et supportant une couronne à l'antique, le tout d'or.

Voici la situation actuelle de cette famille : de Beaulaincourt, chevalier de la Légion d'honneur, chef d'escadrons au 2ᵉ régiment de chasseurs d'Afrique ; le comte Gustave-Adolphe de Beaulaincourt, chevalier de la Légion d'honneur, chef d'escadron d'artillerie en retraite, au château de Vaudricourt, département du Pas-du-Calais, et à Paris ; le comte Ange-Hercule de Beaulaincourt, au château de Marbes, département du Pas-de-Calais, a un fils, Jules de Beaulaincourt ; le comte Charles de Beaulaincourt, officier de la Légion d'honneur, colonel d'infanterie en retraite, au château de Roches, près de Laval, département de la Mayenne, a un fils, Georges de Beaulaincourt ; le comte Louis de Beaulaincourt, au château d'Aix-Noulette, département du Pas-de-Calais, a un fils, Léon de Beaulaincourt.

BEAULARD. *Caen.*

D'azur à trois rencontres de porc d'or posées en profil.

De Beaulard, unique représentant du nom, réside à Versailles.

BEAULIEU. *Provence.*

D'argent à un chevron de gueules accompagné de trois étoiles à cinq rais de même, deux en chef et une en pointe.

Cette famille qui tire son nom de la terre de Beaulieu, près d'Aumale, dans la Seine-Inférieure, propriété qu'elle possède depuis l'an 1500, s'est distinguée dans les armes et a longtemps occupé des charges dans la maison militaire des rois de France. Elle est aujourd'hui représentée par Gaston-Lambert de Beaulieu, chef de nom et d'armes et seul représentant en ligne directe, à Orgival, Seine-et-Oise,; il a deux collatéraux : l'un est capitaine d'artillerie ; l'autre, frère du capitaine, habite Douai.

BEAUME (DE LA). *Guyenne.*

D'or au chef d'azur, à une aigle au vol abaissé de sable brochant sur le tout, écartelé d'azur à un loup courant d'or.

Cette famille est représentée par le comte de la Beaume, à Paris.

BEAUMETZ. *Artois, Picardie Bretagne.*

De gueules à la croix engrelée d'or.

Hugues, Châtelain de Bapaume en 1173, épousa Béatrix de Guines, fille d'Arnoud de Gand. Sa race n'est plus représentée que par un habitant de Versailles.

BEAUMONT. *Dauphiné, Touraine,*

DAUPHINÉ. De gueules à la fasce d'argent, chargée de trois fleurs de lis d'azur.

Devise : *Impavidum ferient ruinæ.*

TOURAINE. D'argent à une fleur de lis de gueules.

Devise : *Virtute comite sanguine.*

Le nom de Beaumont se rencontre fréquemment en France : il est porté par un sénateur, trois marquis, quatre comtes, trois vicomtes, des officiers, des magistrats, des propriétaires ruraux, des fonctionnaires publics, etc.

BEAUNAY. *Normandie.*

Fascé d'or et d'azur de six pièces.

Cette famille maintenue dans sa noblesse le 17 février 1667, est représentée par le vicomte de Beaunay qui habite la campagne dans le département de la Seine-Inférieure.

BEAUNE. *Bretagne, France, Auvergne.*

BRETAGNE. De gueules au chevron d'argent accompagné de trois besants d'or.

FRANCE. D'argent à la croix ancrée de sable.

AUVERGNE. Écartelé en sautoir d'argent et de gueules.

Beaune en Touraine remonte à Jean de Beaune, bourgeois de Tours, argentier des rois Louis XI et Charles VII. Il ne reste plus qu'un représentant de cette famille, dans le département de la Corrèze.

BEAUPIN-BEAUVALLON. *Bourgogne.*

D'argent à un pin fruité au naturel.

De Beaupin-Beauvallon, chevalier de la Légion d'honneur, unique représentant de la famille, est secrétaire-général de la préfecture, à Grenoble.

BEAUPLAN. *Rouen.*

De sinople à trois grappes de raisin d'or posées 2 et 1.

De Beauplan, chevalier de la Légion d'honneur, unique représentant de la famille, réside à Paris.

BEAUPOIL DE SAINT AULAIRE. *Bretagne, Limousin.*

De gueules à trois couples de chiens d'argent mis en pal et posées 2 et 1.

Cette maison très ancienne, originaire de Bretagne, a donné deux grands échansons de France. Le chef de nom et d'armes, comte de Beaupoil de Saint Aulaire, est sous-préfet à Loches, département de l'Indre-et-Loire. Un second représentant du nom est officier supérieur d'artillerie et un troisième est officier des tirailleurs Sénégalais.

BEAUPRÉ. *Belgique.*

De gueules au lion d'or accompagné de trois mouchetures d'hermines d'argent deux en flancs et une en pointe.

Nous connaissons en France quatre représentants du nom : Un ecclésiastique à Paris, deux propriétaires ruraux dans le département de la Somme et un planteur dans les colonies.

BEAUREGARD (Sourdeau de). *Anjou, Bretagne.*

D'azur au chevron brisé d'or accompagné en chef de trois étoiles à cinq rais d'argent et en pointe d'un croissant de même. Couronne : de comte.

Cette famille qui s'appelait de Sourdeau de Villeneuve jusqu'en 1600, est encore représentée au château du Plessis, département du Loiret.

Bretagne. De gueules à la bande accompagnée en chef d'une étoile à cinq rais et en pointe d'un croissant, le tout d'or.

Anjou. D'argent au chevron de sable, bandé d'azur accompagné en chef de deux lions affrontés de gueules.

Sous le nom générique de Beauregard, nous retrouvons dans ces contrées plusieurs familles distinctes : Baille de Beauregard, Coste de Beauregard, Nau de Beauregard, Henriquez de Beauregard, Turquet de Beauregard, Sourdeau de Beauregard. Elles sont toutes représentées.

BEAUREPAIRE. *Bretagne, Normandie.*

De sable à trois gerbes d'avoine d'argent.

Cette famille originaire de Bretagne où elle portait primitivement le nom de Gaultier est connue depuis l'an 1200.

Elle se divise en quatre branches. La première a pour chef de nom et d'armes :

Ludovic-René-Raoul de Beaurepaire, comte de Louvagny, officier de marine démisionnaire qui épousa Eugénie, comtesse de la Myre-Mory, dont huit enfants.

Cette branche compte deux autres représentants frères de Ludovic, savoir :

Louis-Henri, vicomte de Beaurepaire de Louvagny, ancien officier d'infanterie en France et dans les États Romains, se distingua pendant la campagne de Crimée et au service du Saint-Siége. Il épousa Louise, marquise Hennequin d'Ecquevilly, dont il a trois enfants.

Charles-Alexandre-Stanislas, baron de Beaurepaire de Louvagny, officier démissionnaire du 4ᵉ régiment de chasseurs d'Afrique, prit part à la campagne d'Italie de 1859. Il a épousé à Strombeck-Bever, près Bruxelles, Pauline, comtesse de Villegas-Clercamp.

La seconde et la troisième branche de cette famille sont éteintes et la quatrième s'est fixée au Brésil.

BEAUREVOIR. *Cambrésis.*

De gueules à trois maillets d'or.

Cette famille est représentée par un propriétaire rural dans le département de la Dordogne.

BEAUROIRE ou **BEAUROYRE.** *Périgord.*

D'azur à trois pattes de griffon d'or, couronnées de même, les deux du chef surmontées d'une étoile double de même.

Nous retrouvons deux représentants du nom, Albert et Marc de Beauroyre, dans le département de la Dordogne.

BEAUSIRE. *France, Touraine.*

D'azur à la ruche de sable; au chef cousu d'or chargé d'une

fleur de lis d'argent. Heaume : couronné. Cimier : un cheval naissant. Supports : un sauvage et un cheval.

Devise : *Audax in prœliis.*

Le chef de nom et d'armes de cette famille, de Beausire-Seyssel, conseiller de la cour impériale à Paris, représente la branche fixée en Lorraine.

Un autre représentant de la famille, de Beausire, est chef de bataillon au 29° régiment d'infanterie.

BEAUSOBRE. *Provence, Poitou, Prusse, Suisse.*

Coupé : au 1 de gueules à l'étoile à seize rais d'argent ; au 2 d'azur à deux chevrons entrelacés d'or, le premier renversé.

Ce nom se retrouve à Lyon et à Clairac, département de Lot-et-Garonne.

BEAUSSE. *France.*

D'azur à un soleil d'or en chef, deux brosses d'or en cœur, l'une en bande et l'autre en barre, et en pointe un croissant d'argent surmonté d'un cœur de gueules enflammé d'or.

Le baron de Beausse, chef de nom et d'armes, habite la campagne, dans le département de l'Orne ; un autre représentant de la famille, non titré, réside dans le département de l'Eure.

BEAUSSIER. *Provence.*

D'azur à trois coquilles d'or, posées 2 et 1.

Reconnue de noble race et lignée par l'intendant de Bretagne en 1707, cette famille ancienne, distinguée par le nombre considérable de militaires qu'elle a donné, est représentée par le comte de Beaussier, à Paris ; elle l'est aussi par le vicomte de Beaussier, au château de Lataule, département de l'Oise.

BEAUVAIS. *Flandre, Champagne, Picardie, Ile de France, Bretagne, Normandie.*

FLANDRE. CHAMPAGNE. D'argent à trois pals de gueules.

PICARDIE. D'azur à la croix d'or, chargée de cinq roses de gueules.

ILE DE FRANCE. D'or au chef de sable, chargé d'une fasce vivrée d'argent.

BRETAGNE. De gueules à la croix clichée et vidée d'or, pommetée d'argent, au canton de même chargé d'un lion de gueules. — D'azur à six billettes d'argent, au chef cousu d'argent chargé de trois fasces du second.

NORMANDIE. D'argent au chevron de sable; au chef de gueules.

Nous connaissons en France cinq représentants du nom de Beauvais : un médecin de la faculté et un propriétaire, à Paris; trois habitants de la campagne : deux dans le département du Cher et le troisième dans celui de la Sarthe.

BEAUVAIS (LE PELLERIN DE). *Normandie, Touraine.*

D'azur au chevron d'or, accompagné de trois étoiles d'argent; au chef de sable chargé de trois coquilles d'argent.

Cette famille dont le nom de Pellerin provient des croisades s'est alliée au commencement du XVe siècle avec une descendante des conquérants de la Provence. Elle compte trois représentants. L'un d'eux, Marie-Joseph-François-Arthur Le Pellerin de Beauvais, est fils de Pierre-Auguste, comte de Beauvais.

Paris est la résidence du chef de la famille.

BEAUVAL. *France.*

De gueules à la fasce d'argent chargée d'un lion léopardé de sable.

Le consul général de France à Buenos-Ayres, et un propriétaire rural dans le département de la Meuse, représentent aujourd'hui la famille de Beauval.

BEAUVAU. *France.*

D'argent à quatre lions de gueules armés, lampassés et couronnés d'or. Tenants : Deux anges revêtus de dalmatiques d'argent semé de lions de gueules.

Cri : *Beauvau.*

Devise : *Sans repentir.*

Cette maison illustre et ancienne. originaire d'Anjou, fut successivement investie des titres de marquis de Beauvau de Rivan le 4 juillet 1664, de marquis de Craon le 21 août 1712, de marquis de Noviant le 7 avril 1722, de prince du Saint-Empire le 13 novembre 1722, de grand d'Espagne le 8 mai 1827 et enfin elle fut appelée à la pairie.

Charles, prince de Beauvau, sénateur, mort le 15 mars 1864, épousa Eugénie-Ludmille-(Louise)-Alexandrine-Joséphine de Komar, dont quatre enfants, savoir :

A. Marc-René-Antoine-Victurnien, prince de Beauvau, né le 29 mars 1816, député, épousa Marie d'Aubusson de la Feuillade, dont trois filles.

B. Etienne-Guy-Charles-Victurnien de Beauvau, né le 10 février 1818, mort le 17 décembre 1867, épousa Berthe, fille du général de division duc de Mortemart, dont trois filles.

C. Marie-Delphine-Elisabeth-Stéphanie, épousa Gaston-Alexandre-Théodore de Ludre.

D. Béatrix, épousa Horace, comte de Choiseul-Praslin.

En outre des deux frères Marc et Etienne, quatre autres princes de Beauvau existent dans les departements de la Sarthe, de la Côte-d'Or, de la Meurthe et de la Nièvre.

BEAUVERGER-MONJON. *France.*

Écartelé en sautoir d'azur et d'hermines; à la bande d'or brochant sur le tout.

Le baron de Beauverger, représentant du nom, siége au corps législatif: un autre représentant, Arthur de Beauverger, réside à Paris.

BEAUVILLÉ.

D'or à deux vaches de gueules.

Cette famille est représentée par de Beauvillé, à Paris.

BEAUXHOSTES. *Montpellier, Montauban.*

D'azur à une foy d'argent posée en fasce, parée et surmontée d'une couronne de même.

Le comte de Beauxhostes, unique représentant du nom, réside au château de Colombet, par Narbonne.

BEAUVOIR. *Picardie, Artois, Franche-Comté, Champagne, Dauphiné, France, Languedoc.*

PICARDIE. D'azur au lion d'argent.

Cri : *Wallincourt.*

ARTOIS. D'or à deux bandes de gueules. — D'argent au chevron d'azur accompagné en chef de deux roses et en pointe de trois roses tigées et feuillées de gueules.

FRANCHE-COMTÉ. D'azur à trois losanges d'argent surmontés d'un lambel d'or.

CHAMPAGNE, DAUPHINÉ. Écartelé d'or et de gueules ou de sable.

DAUPHINÉ-LANGUEDOC. Parti au 1 coupé : *a* d'or à trois pommes de pin versées de sinople ; *b* de gueules à 1 arc en pal, à la flèche brochant en fasce sur l'arc, le tout au naturel; au 2 coupé de gueules et d'or, au lion de l'un en l'autre.

Devise : *Video nec invideo.*

FRANCE. D'azur à deux loups passants d'or.

Aucune de ces familles ne sort de la maison de Beauvoir en Bourgogne qui a donné un maréchal de France en 1340 ; mais nous trouvons encore un marquis et un comte du nom de Beauvoir, à Paris ; un autre comte de Beauvoir dans la Seine-Inférieure ; un propriétaire rural dans la Marne, et enfin, Hérisson de Beauvoir, directeur du télégraphe à Brest.

BEAUVOIS. *Limousin.*

D'azur au pélican d'or. — De gueules au léopard lionné d'or et couronné d'azur.

Ce nom qui s'écrit aujourd'hui Beauvoys est représenté dans l'Anjou par une famille composée de deux branches dont l'une va perdre son nom dans la personne de Rose de Beauvoys de Lisieux, dame de la Terrandière.

Cette famille a donné à l'église plusieurs prêtres et religieux, à l'état plusieurs magistrats.

BEC. *Provence.*

De gueules à trois bécasses d'or.

Bec, en Provence, de noblesse d'armes, originaire de Belgique, d'où elle passa en France dans le XV° siècle, à la suite des ducs de Bourgogne, en la personne d'Antoine Bec, qui s'établit en Provence en y épousant N... d'Oraison. Le fils cadet de son arrière petit-fils Claude de Bec, capitaine d'armes, Mathieu de Bec, seigneur de Saint-Barthélemy, avocat au parlement d'Aix et ensuite avocat au parlement de Paris, commença la seconde branche de la famille, en abandonnant la carrière des armes pour celle de la robe, continuée par son fils Pierre-Paul de Bec, seigneur du Bourguet et de Bagaris, visiteur général des Gabelles de Provence. Ses descendants jusqu'en 1789 occupèrent successivement les charges de conseillers au parlement et à la cour des comptes d'Aix.

Il existe encore en Provence trois représentants du nom de Bec : Paul de Bec, directeur de la ferme école de la Montaurone, près Saint-Cannat; Léon de Bec, sous-directeur de la même ferme école et vice-président du comice d'Aix; Albert de Bec suivant la carrière des beaux-arts, dans la peinture.

BEÇAY DE LACAUSSADE. *Toulouse, Montauban.*

De sable à trois coqs d'or, becqués, crêtés et membrés d'azur, posés 2 et 1.

De Beçay de Lacaussade, unique représentant du nom, réside au château de Lacaussade, par Montflanquin, département de Lot-et-Garonne.

BEC-DE-LIÈVRE. *Bretagne, Maine, Normandie.*

De sable à deux croix latines tréflées au pied fiché d'argent, et à une coquille de même en pointe entre les croix. Supports deux lions.

Devise : *Hoc tegmine tutus.*

Cette ancienne maison dont l'annoblissement remonte à l'année 1442, se divisa en plusieurs branches : celles des vicomtes de Bouexic et des marquis de Ouivilly, éteintes, et enfin celles des marquis du nom, titre concedé en février 1717.

Il ne reste plus qu'un représentant de cette belle maison : Madame de Bec-de-Lièvre, au château de Bigny, par Feurs, département de la Loire.

BECHARD DES SABLONS. *Rouen.*

D'or à un chevron de gueules.

De Bechard des Sablons, unique représentant du nom, est commissaire-priseur, à Paris.

BECHENEC. *Bretagne.*

Parti : au 1 de sable au lion d'argent; au 2 d'or à trois merlettes de sable.

Cette maison dont l'anoblissement remonte à l'année 1691, n'est plus représentée que par un officier de cavalerie.

BÉCHET DE LIOCOURT. *France.*

De sable au bélier d'argent, la tête posée de fasce, surmonté d'une étoile à cinq rais de même; au chef d'or chargé d'une main de gueules tenant un ramier de sinople.

Le baron de Béchet de Léocourt, conseiller général dans le département des Ardennes est chef de nom et d'armes de sa maison; un autre représentant du nom est secrétaire de la Chambre consultative d'Agriculture à Sédan.

BÉCHILLON. *Poitou.*

D'argent à trois fusées de sable mises en pal.

Ce nom compte encore six représentants : deux fonctionnaires publics à Alençon et à Loudun; un médecin, un vicaire général, un membre du conseil épiscopal et le directeur du grand séminaire, à Poitiers.

BECHON DE CAUSSADE. *France.*

De gueules au chevron d'argent accompagné de trois étoiles à cinq raies d'or.

L'unique représentant du nom, de Béchon de Caussade, est maire à Saint-Eutrope-Born, par Villeréal, Lot-et-Garonne.

BÉCOURT. *Picardie.*

Gironné d'argent et de gueules de seize pièces et sur le tout un écusson d'or.

Cette famille tire son nom du château fort de Bécourt, dépendant jadis de celui d'Albert dont il relevait, et qui fut ruiné et rasé sous Richelieu. Elle a donné François de Bécourt, abbé de Mareuil, qui assista en 1499, à Arras, à la bénédiction de l'abbaye d'Arronaise et elle compte aujourd'hui deux représentants : de Bécourt, receveur particulier des finances à **Wissembourg**, département du Bas-Rhin et son fils, Louis de Bécourt, à Paris.

BECQUET. *Flandre, Artois.*

Écartelé : aux 1 et 4 d'argent à trois corneilles de sable, becquées et membrées de gueules, une croix de sable fichée dans le cœur de l'écu ; aux 2 et 3 d'azur, à trois tours d'or; le troisième créneau du côté senestre emporté.

Cette famille a trois représentants : de Becquet de Mégille, au château de Roucourt, par Douai et à Douai ; de Becquet de Sonnay, commandeur de la Légion d'honneur, colonel commandant le 1er régiment des grenadiers de la garde impériale ; de Becquet de Sonnay, au château de Sonnay, par Ile-Bouchard, département d'Indre-et-Loire.

BEDÉE DE LANNEAU. *Bretagne.*

D'argent à trois rencontres de cerf de gueules.

Deux dames, la marquise et la comtesse de Bedée, dans les départements des Côtes du Nord et de la Mayenne, représentent seules aujourd'hui cette ancienne famille.

BEDIER DE PRAIRIE. *Paris.*

D'azur à un chevron d'argent, accompagné en chef de deux étoiles de même, et en pointe d'un lion d'or.

L'unique représentant du nom, de Bédier de Prairie, est agent consulaire à Samarang, Indes-Orientales.

BEDORÈDE. *Gascogne, Picardie.*

D'argent au lion de gueules.

Cette famille est encore représentée au château de Gayrosse, par Saint-Vincent, dans le département des Landes.

BEDOYÈRE (Huchet de la). *Bretagne.*

D'azur à six billettes percées d'argent.

Cette ancienne famille qui porte le titre de comte a donné des chevaliers de Saint-Michel et de Saint-Louis, des magistrats distingués, des officiers supérieurs.

Charles-Angélique-François-Huchet, comte de la Bedoyère, pair de France et maréchal de camp pendant les cent jours, condamné à mort par un conseil de guerre à la rentrée des Bourbons et fusillé au mois d'août 1815, laissa un fils, le comte de la Bedoyère, sénateur, mort en 1867.

Henri comte de la Bedoyère, frère aîné du général, officier supérieur des gardes des rois Louis XVIII et Charles X, mort en 1831, avait accompagné Charles X jusqu'à Cherbourg et donna immédiatement sa démission après avoir accompli cet acte de fidélité au roi.

Il laissa un fils qui réside à la campagne dans le département de la Meurthe.

BEER. *Flandre.*

D'azur à l'ours passant d'or, colleté de gueules.

Cette famille s'est transportée dans le Jura, où son unique représentant le baron de Beer, est inspecteur des eaux et forêts, à Arbois.

BEFFROY. *Champagne.*

De sable au lion d'argent armé et lampassé de gueules.

Nous trouvons dans les récents auteurs trois représentants du nom, dans les départements de l'Aisne, des Ardennes et de Seine-et-Marne.

BEFORT. *Paris.*

D'azur à un fort d'argent maçonné de sable, chargé en cœur d'un B de même.

Valerius de Befort, unique représentant du nom, réside à Paris.

BÉGON DE LA ROSIÈRE. *Blaisois.*

D'azur au chevron accompagné en chef de deux roses et en pointe d'un lion, le tout d'or.

Cette famille qui a été l'une des plus considérables de la contrée doit son principal lustre à Michel Bégon, conseiller d'honneur au parlement de Provence, intendant du port de Rochefort avec la généralité de la Rochelle, mort en 1710.

Madame la comtesse douairière de Bégon de la Rosière, unique du nom, réside à Paris.

BÈGUE (LE). *Lorraine, Bretagne.*

Écartelé : aux 1 et 4 d'azur au poisson nageant d'argent ; aux 2 et 3 d'azur à l'écusson d'argent à l'aigle éployee de sable.

Cette belle famille qui se divise en deux branches : Le Bègue de Germiny et Le Bègue de Girmont, a pour auteur Thomas Le Bègue, qualifié chevalier en 1349 par Ivon, duc de Normandie, fils de Philippe de Valois.

Un de ses descendants, François Le Bègue, est le premier seigneur de Germiny. Il servit avec distinction dans les guerres de Flandre et pendant la Ligue. Il reçut en 1634 des lettres de gentillesse du duc Charles de Lorraine auquel il rendit de grands services comme conseiller d'état et ambassadeur dans les cours de l'Allemagne.

Son petit-fils, François Le Bègue, grand doyen de l'église primatiale de Nancy, et prévôt de celle de Saint-Dié, attaché à la personne du duc Charles V de Lorraine, suivit ce prince en Allemagne, s'acquitta habilement de négociations secrètes en Espagne, à Cologne, au Tyrol, et refusa énergiquement les offres de la France comme attentatoires à l'honneur et à la liberté du duc qu'il représentait.

Il a laissé sur la vie de Charles V des mémoires qui ont servi à dom Colmet pour faire son *Histoire de Lorraine*.

Les autres personnages remarquables de la branche de Germiny sont :

Joseph Le Bègue, créé comte du Saint-Empire Romain par diplôme de l'empereur Charles VI, en date du 13 avril 1714, en considération des services que lui, ses frères, père et aïeul avaient rendus à la maison d'Autriche.

Conseiller et garde des sceaux de Lorraine, Joseph Le Bègue assista en cette qualité à l'ouverture du testament du duc Léopold, le 28 mars 1729.

Pendant une absence du duc Léopold en 1718, Joseph Le Bègue fut nommé président du conseil de régence.

Son fils aîné, Léopold-Joseph Le Bègue, chambellan du duc Léopold, obtint de ce prince la charge de bailli du comté de Vaudémont. Il mourut à Vienne où il était revenu de Hongrie, fort malade des fatigues de la guerre (1738).

Son fils aîné, François-Antoine Le Bègue, est l'aïeul de Henri-Charles Le Bègue qui siégea à la Chambre des députés en 1815, fut préfet du Lot et de l'Oise, pair de France et maître des requêtes au conseil d'état.

C'est le père de M. de Germiny, gouverneur de la banque de France.

La branche aînée, celle des Le Bègue de Germiny, est retournée en Normandie, premier berceau de la famille. La branche des Le Bègue de Girmont est demeurée en Lorraine.

I. Vian Pistor Le Bègue, premier seigneur de Girmont, eut plusieurs enfants, entre autres un fils, Gaston, qui suit, II.

II. Gaston Le Bègue est la tige des seigneurs de Girmont. Il fut pourvu de l'office de conseiller-auditeur des ducs de Lorraine en 1630. Il eut un fils, Nicolas, qui suit, III.

III. Nicolas Le Bègue épousa, en 1660, Marie-Hélène de

Beauvois, dont un fils, Jean-François-Augustin, qui suit, IV.

IV. Jean-François-Augustin Le Bègue, conseiller au bailliage des Vosges et lieutenant particulier de ce bailliage, eut un fils Augustin, qui suit, V.

V. Augustin Le Bègue, mort à Mirecourt en 1771, aïeul et bisaïeul des membres de sa famille établis à Nancy ou aux environs de Nancy, eut plusieurs enfants, entre autres quatre fils, qui émigrèrent pendant la grande révolution et un cinquième resté attaché au barreau de Nancy, savoir :

A. Joseph-Augustin Le Bègue de Girmont, prêtre, licencié ès lois, mort à Lunéville, le 1ᵉʳ avril 1829.

B. Nicolas Gabriel Le Bègue de Girmont, ancien officier au service de Leurs Majestés Impériales et Royales Apostoliques, mort le 9 septembre 1817.

C. Jean-François Le Bègue de Girmont, premier restaurateur de l'ordre des Trappistes en France après la grande révolution, mort abbé du Port-du-Salut près Laval, en 1834, dans une grande réputation de sainteté.

D. Pierre-Louis qui suit, VI.

E. Charles-Antoine qui suit VI, après son frère Pierre-Louis.

VI. Pierre-Louis Le Bègue de Girmont, seigneur des fiefs de Bayecourt et de Passoncourt, avocat au parlement de Nancy, mort à Nancy en 1822, épousa Marie-Anne-Louise du Pont de Romémont, dont plusieurs enfants, entre autres Louis-Augustin qui suit, VII.

VII. Louis-Augustin Le Bègue de Passoncourt épousa, le 3 avril 1832, Ivonne-Joséphine de la Salle de Saint-Germain, dont une fille, Joséphine-Caroline, qui épousa, en 1856, le marquis de Vaugirard, officier au 1ᵉʳ regiment de dragons, d'une famille originaire de Normandie.

Les autres enfants de Pierre-Louis Le Bègue de Girmont,

seigneur de Passoncourt, etc., sont entrés dans les familles dont les noms suivent : 1° du Prel, du Luxembourg; de Bray-d'Arcyl, du pays Messin; de Kesling, de l'Alsace. 2° du Houx-d'Honnecourt, des Vosges; 3° de Roquefeuille, de Bretagne; 4° Le Bacheli, de Champagne.

VI. Charles-Antoine Le Bègue de Girmont, né à Mirecour, mort à Lunéville en juillet 1811, commandant en retraite, chevalier de Saint-Louis, avait épousé Marie-Madeleine-Thérèse Perrin, fille du docteur Perrin, conseiller du roi Stanislas, dont deux enfants, savoir :

A. Charles-Gabriel-Louis Le Bègue de Girmont, chanoine honoraire de Nançy;

B. Laurent-Jules-Antoine qui suit, VII.

VII. Laurent-Jules-Antoine Le Bègue de Girmont, avocat à Nançy, mort à Nançy le 14 avril 1858, épousa à Paris, le 1er mai 1850, Elisabeth-Marie-Louise-Philippine de Cardon de Sandrans, dont deux enfants, savoir :

A. Charles-Antoine-François, qui suit, VIII.

B. Pauline-Marie-Joséphine, née à Nançy le 7 octobre 1852.

VIII. Charles-Antoine-François Le Bègue de Girmont, né à Paris, le 13 février 1851.

BÉHAGUE. *France, Belgique, Parme.*

Parti : au 1 coupé, *a* d'or à trois épis de blé de sinople, passés chacun sur une terrasse isolée de sable; *b* de sinople à trois têtes d'aigles d'argent; au 2 d'azur à la fleur-de-lis d'or et au chef d'argent chargé d'une rose de gueules.

Devise : *Bon guet chasse male aventure.*

Cette famille ancienne, de noblesse militaire dans les Pays-Bas, qui obtint concession du titre de comte dans le duché de Parme en 1857, est représentée par Amédée de

Behague, officier de la Légion d'honneur, ancien membre du conseil général du Loiret. Il épousa Victoire-Félicité Bailliot dont un fils et une fille. Il a deux collatéraux : l'un est membre du conseil général d'agriculture, à Paris; un second, conservateur des hypothèques, à Dax, département des Landes. Deux autres représentants sont : de Behague, officier de la Légion d'honneur, colonel au 11ᵉ de ligne ; Octave de Behague, à Paris.

BEHIC. *Guyenne.*

De gueules à trois gerbes d'or posées deux en chef et une en pointe, soutenues chacune d'un croissant d'argent.

Cette famille est représentée par de Behic, grand officier de la Légion d'honneur, ancien ministre de l'agriculture, du commerce et des travaux publics, à Paris.

BEHR. *Flandre.*

D'argent à l'ours rampant de sable, soutenu de sinople. Supports : Deux léopards lionnés d'or.

Cette maison qui se rencontre aussi en Belgique, en Hanovre, en Danemarck et en Poméranie est représentée par de Behr, chevalier de la Légion d'honneur, sous-préfet à Marmande, conseiller général à la Garcilly, département du Morbihan; le baron de Behr, maire de Gamarde, par Montfort, département des Landes ; de Behr, à Paris.

BEINE. *Champagne.*

D'azur au lion rampant d'or tenant de la patte dextre une épée d'argent à la poignée d'or; au franc quartier des barons maires.

Nicolas Graillet de Beine, officier supérieur de la maison du roi Louis XVIII, colonel, maire de la ville de Chaumont, département de la Haute-Marne, chevalier de Saint-Louis, baron héréditaire par décret du 22 octobre 1810.

Claude Graillet, baron de Beine, maréchal des logis de la maison du roi Louis XVIII, épouse Mademoiselle Tardif de Petiville, dont un fils, Nicolas-Auguste Graille, baron de Beine, qui épouse Mademoiselle Du Bouexic de Pinneux, d'où Alise de Beine qui épouse le vicomte Le Rebours. Résidence au château de Marmousse par Dreux, département d'Eure-et-Loir.

BELAIR. *Poitou.*
De sable à un porc-épic d'or.
L'unique représentant du nom, de Belair, réside au château de Barroux, par Alby, département de la Haute-Savoie.

BELBEUF (Godart). *Normandie.*
D'azur au chevron d'argent accompagné en chef de deux molettes d'or et en pointe d'une rose tigée et feuillée de même.
De noblesse de robe cette famille a occupé au siècle dernier des charges dans la magistrature. Antoine-Louis-Pierre-Joseph Godart, marquis de Belbeuf, sénateur, épousa Claudine-Béatrix Terray, dont un fils, Pierre-Claude-Raoul Godart, comte de Belbeuf, maître des requêtes au conseil d'état, marié à la fille du comte Siméon, et deux filles.
La famille est encore représentée par le comte de Belbeuf, conseiller général dans la Seine-Inférieure et par un autre comte de Belbeuf qui vit éloigné de toute fonction publique, à Paris.

BELCASTEL (Lacoste de). *France, Languedoc.*
France. D'azur à la tour d'argent, donjonnée de trois tourelles de même, maçonnées de sable.
Languedoc. Parti : au 1 de sinople à deux flambeaux d'or allumés de gueules; au 2 de gueules à une tour d'argent maçonnée de sable, surmontée d'une colombe de même posant un de ses pieds sur la tour et l'autre sur un rameau de sinople mis en pal.

Cette famille est représentée par le baron de Lacoste de Belcastel, ministre plénipotentiaire en Allemagne, par un habitant de Toulouse et par trois propriétaires ruraux dans les départements du Tarn, de la Vienne et de l'Aude.

BELCHAMPS. *Lorraine.*

Écartelé : d'azur, au pal componné de six pièces d'argent et de gueules, à la croix d'or chargée d'une molette de sable.

Cette famille remonte à Baudouin de Belchamps, marié à Odelette de Sancy, née en 1372.

Le seul représentant connu du nom vit dans la retraite, à la campagne, dans le département de la Moselle.

BELFORT (Delfau). *Quercy.*

De gueules à deux faces d'argent, affrontées, passées en sautoir et surmontées de trois rocs d'échiquier, également d'argent

Cette famille est représentée par Adrien-Henri Delfau, baron de Belfort, au château de Séry, par Crépy-en-Valois, département de l'Oise; Auguste de Belfort, chevalier de la Légion d'honneur, sous-préfet de Chateaudun; Armand-Marie de Belfort, maire de Sery-Magneval, département de l'Oise.

BELGODERE DE BAGNAJA. *Corse.*

Tiercé d'azur, d'argent et de sable; l'azur chargé de trois étoiles à cinq rais d'or et le sable d'une fleur de lis en pointe de même. Couronne : de comte.

Devise : *Totus patriæ.*

Cette famille, originaire de Marana où elle possédait le fief seigneurial de Bagnaja, compte parmi ses ascendants Sainte Marie Mancini, religieuse dominicaine, canonisée par bref du Saint-Père en date du second août 1855. Elle a pour chef de nom et d'armes Antoine-Léonard Bonfils de Belgodère de Bagnaja, conseiller de cour impériale à Bastia, qui épousa Marie-Françoise Mancini Vincentelli.

BELHOMME. *Normandie.*

De gueules à l'aigle éployée d'or surmontée de trois étoiles d'argent.

Cette famille a pour chef de nom et d'armes le comte Belhomme de Franqueville, au château de Bisanos, Basses-Pyrénées. Elle est encore représentée par Aymar Belhomme de Franqueville, au château de Franqueville, Seine-Inférieure, et par de Belhomme de Franqueville, vicomte de Caudecote, au château du Châtelet à l'Aigle, département de l'Orne.

BELIN et **LE BELIN.** *France, Maine.*

France. D'azur à la croix componnée d'or et de sable cantonnée aux 1 et 4 d'un lion d'argent et aux 2 et 3 d'une écharpe de même, frangée d'or. — De sinople à trois béliers d'argent, les deux du chef sautants et affrontés.

Maine. Belin de Chantemèle. Coupé: au 1 d'or au chevron de gueules, accompagné en chef de deux têtes de cheval affrontées de sable et en pointe d'une tour de même, ouverte du champ; au 2 d'azur au bélier passant d'or accompagné de trois étoiles à cinq rais d'argent.

Cette famille est représentée par de Belin, à Paris; par de Belin de Ballu, attaché à l'administration des lignes télégraphiques à Blois et par de Belin de Chantemèle, au château de la Rembourgère, commune de Moncé-en-Belin, département de la Sarthe.

BELINEAU (du). *Tours.*

D'azur à un chevron d'argent accompagné en chef de deux étoiles d'or et en pointe d'un croissant d'argent.

Cette famille a pour unique représentant le comte du Belineau au château de Saint-Aubin-du-Cormier, département d'Ille-et-Vilaine.

BELL (Godard de). *Prusse Rhénane.*

D'azur à deux chevrons losangés de gueules et d'argent de deux tires. Cimier : Un vol de l'écu. Lambrequins : d'argent et d'azur.

Cette maison, dans les provinces rhénanes, porte le nom de Bell de Schal : le seul représentant en France vit à la campagne dans le département de la Somme.

BELLAIGUE DE BUGHAS. *Auvergne.*

D'or au chef d'azur chargé de trois étoiles d'argent, à la rivière aussi d'azur posée en pointe.

Cette famille remonte au XIV° siècle d'après diverses chroniques ou pièces authentiques.

Dom Coll, dans sa nomenclature, indique entre autres Jacques de Bellaigue, vivant en 1350 et un autre Jacques de Bellaigue, seigneur de la Roche, près de Boissonnelle.

On retrouve le nom de Bellaigue parmi les signataires d'un acte de serment au roi Henri VI, des nobles et notables d'Auvergne, et depuis lors la filiation non interrompue de cette famille offre un grand nombre de magistrats royaux ou municipaux jusqu'aux jours de la révolution de 1789. Les noms seigneuriaux de Rabanesse et de Bughas lui ont appartenu depuis le XVII° siècle.

Elle est aujourd'hui représentée par Bellaigue de Bughas, habitant au château de Varvasse près Clermont-Ferrand, père de onze enfants, dont cinq fils :

L'aîné, vice-consul de France, commandeur de l'ordre du Saint-Sépulcre, officier de l'ordre du Medjidié de Turquie, chevalier de Saint-Grégoire-le-Grand, demeurant au château de Tournebise, près Pont-Gibaud, département du Puy-de-Dôme; le second, receveur des finances, à Gannat; le troisième, inspecteur des finances, chevalier de la Légion d'honneur; le quatrième, prêtre-aumônier de l'Hôtel-Dieu de Clermont; le cinquième, consul de France, à Charleston, États-Unis d'Amérique, officier de l'ordre de Pie IX.

La dernière génération offre déjà six représentants masculins en bas âge.

La famille de Bellaigue a eu successivement des alliances directes avec celles de Chardon des Roys, Morin de Bughas, d'Astier, Berard de Chazelles, du Mas de Cultures, du Bois de Beauchesne, de Mallet de Lavedrine, Teillard d'Eyry, d'Eimar de Jabrun. Elle se rattache par ces alliances aux familles de Président Savaron, de Blaise Pascal, de Mademoiselle Legras, fondatrice avec Saint-Vincent de Paul de l'ordre des Filles de la Charité, du Chancelier de l'Hôpital, de Tissandier, de Merle de la Gorce, de Provenchere, de Féligonde et aux maisons de Reclesne, de Chalençon-Rochebaron, d'Aumont, de Polignac, de Latour d'Auvergne, etc.

BELLAC. *Béarn.*

De gueules à trois croissants d'or adossés en cœur.

Cette famille n'a plus d'autre représentant que de Bellac, sous-chef au ministère des finances, à Paris.

BELLAING. *Hainaut, Cambrésis.*

D'azur à la bande d'argent chargée de trois hermines de sable.

Nous connaissons six représentants du nom : le baron de Bellaing qui habite le château de la Grande-Brosse, dans le département de Loir-et-Cher; de Bellaing, au château de Goyanne, département des Landes; de Bellaing, président de la Société de Saint-Mandry, à Cellettes, département de Loir-et-Cher; de Bellaing, au château de Rothmer; de Bellaing, à Saint-Ouen, département d'Indre-et-Loire; de Bellaing, officier de cavalerie, à Saumur.

BELLANGER. *Bretagne, Ile de France.*

Bretagne. D'argent à la bande d'azur.

Ile de France. De gueules au lion d'argent au chef cousu d'azur, chargé de deux molettes d'or et soutenu d'une devise de même.

Cette famille est encore représentée en France par le comte de Bellanger de Rebourceaux, qui réside dans le département de l'Yonne et par Louis de Bellanger de Terrandière, à Angers.

BELLAUD (du). *Provence, Ile de France.*

De sinople à la bande ondée d'argent, accostée en chef d'une belette courante d'or.

L'unique représentant du nom, du Bellaud, réside au château de Laa-Mondras, par Orthez, département des Basses-Pyrénées.

BELLECHÈRE. *Caen.*

De gueules à un rabot de menuisier d'or.

Cette famille est uniquement représentée par de Bellechère, sans titre, au château de Brombouct, par Hennebon, département du Morbihan.

BELLECOMBE. *Bourbonnais, Bourgogne.*

Bourbonnais. D'or à un compas ouvert de gueules.

Bourgogne. De gueules à la fasce d'or chargée de trois fleurs de lis d'azur; au lion naissant d'argent en chef, mouvant de la fasce.

L'unique représentant du nom est directeur de la manufacture impériale au Hâvre.

BELLEFONT. *Normandie.*

D'azur au chevron d'or, accompagné de trois losanges d'argent.

Le marquis de Bellefont, seul représentant de nom et

d'armes, réside au château de Cavigny, par la Périne, département de la Manche.

BELLEGARDE. *France, Autriche, Savoie.*

D'azur à la cloche d'argent bataillée de sable. — Coupé au 1 d'or à l'aigle éployée de sable armée et couronnée du champ; au 2 d'azur aux rayons ondés mouvants d'une portion de cercle du chef vers la pointe de l'écu, le tout d'or ; en pointe cinq flammes d'or suivant la direction de la dite portion de cercle. Supports : deux aigles regardant d'or, le vol ouvert et abaissé. Heaume : couronné. Cimier : une aigle issante d'or. Lambrequins : d'or et d'azur.

Ces deux maisons de même origine dont la seconde s'est fixée en Savoie sont représentées en France par un ingénieur à Montauban, un propriétaire rural dans le département de Lot-et-Garonne, un directeur des douanes à Lyon.

BELLEMARE. *Normandie.*

De gueules à la fasce d'argent accompagnée de trois carpes de même, deux en chef et une en pointe.

D'ancienne noblesse et citée par La Roque ainsi que par d'autres historiens de la Normandie, cette maison s'honore d'un croisé qui passa en Palestine en 1214 avec Saint-Louis.

Cette famille est représentée par la marquise de Bellemare à Blois et par un agent consulaire à Cochin, Pointe de Galles.

BELLENAVE (Salvert de). *France.*

D'azur au lion d'or la queue fourchée, couronné du second, armé et lampassé de gueules.

Cette famille est représentée par deux marquis; l'un au château de Salvert, dans le département de la Creuse ; l'autre marquis de Salvert de Bellenave, réside au château de Gannat, dans le département de l'Allier.

BELLEPERCHE. *Alençon.*

D'argent à un pal d'azur chargé de trois étoiles d'or.

Cette famille a pour unique représentant, de Belleperche, à Versailles.

BELLET. *France.*

D'azur à deux bandes dentelées d'argent, au mouton d'or rampant entre les bandes.

Cette famille est représentée par Bellet de Tavernoux, au château de Cruix, par Bois d'Oingt, département du Rhône.

BELLEVAL BOIS-ROBIN. *Ponthieu.*

De gueules semé de croix recroisettées au pied fiché d'or, à la bande de même brochante sur le tout.

Devise : *Le jour viendra.*

Cri de guerre : *Nostre-Dame-Belleval.*

Cette famille, originaire du Ponthieu, est connue depuis Guy et Roger de Belleval, chevaliers, frères, qui assistèrent en 1086, à la fondation de l'abbaye de Biencourt-sur-Aulhie. Sa filiation suivie remonte à Roger de Belleval, chevalier, vivant en 1180.

Divisée jadis en dix-sept branches, elle en compte deux aujourd'hui : l'aînée représentée par Louis-Charles, marquis de Belleval Bois-Robin, marié à Marie-Claudine-Elisabeth Vincent d'Hantecourt, dont un fils; Marie-René qui épousa en 1859 Marie-Léonie Langlois, baron de Septenville; et une fille, Marie-Antoinette, qui épousa en 1861, Charles-Léonard Langlois, baron de Septenville.

L'autre branche, dite de Languedoc, a pour dernier représentant Antoine-Gabriel Riquier, comte de Belleval, né en 1808, sans alliance.

BELLEVILLE. *Ile de France, Normandie*

ILE DE FRANCE. D'azur à deux léopards lionnés adossés d'or.

NORMANDIE. D'azur au sautoir d'argent cantonné de quatre aiglettes de même.

Nous trouvons en France trois représentants du nom de Belleville, le marquis de Belleville, à la campagne, dans la Seine-Inférieure, un officier de cavalerie et un fonctionnaire public.

BELLI DE VENANÇON. *Nice et Sospello.*

D'or au lion rampant d'argent (armes à enquérir).

Une patente du roi de Sardaigne en date du 30 décembre 1699, affirme que cette famille descend d'anciennes maisons : Alziary, Ginesi et Belli.

Victor Hospice, comte de Belli de Venançon, épousa Célestine Bayderi, des Bayderi d'Utelle, dont il n'a pas d'enfants.

Un autre représentant du nom de Belli réside à Paris.

BELLIER (DU). *Lyon.*

D'azur à un chevron, accompagné en chef de deux étoiles, et en pointe d'une oie, le tout d'or.

Cette famille a trois représentants : du Bellier du Chasmeil, juge au tribunal civil, à Grenoble; du Bellier de Villentroy, officier de la Légion d'honneur, président de la cour impériale, à Saint-Denis, île de la Réunion; du Bellier de Villiers, au château de Villiers, par Essay, département de l'Orne.

BELLIN DE MAUPRIÉ. *France.*

Écartelé : aux 1 et 4 de gueules à trois jumelles d'argent; aux 2 et 3 parti *a* d'azur à la croix d'or, *b* d'argent au lion de gueules.

De Bellin de Mauprié, seul représentant du nom, réside au château de Breuil, par Ruffec, département de la Charente.

BELLISSEN. *Languedoc.*

D'azur à trois bourdons d'argent; au chef cousu de gueules chargé de trois coquilles d'argent. Supports : Deux sauvages armés de massues.

Cette famille qui vint d'Allemagne en Languedoc donne à ses premiers auteurs les noms germains de Frédéric et d'Othon. Frédéric avait pris part à l'expédition de Simon de Montfort contre les Albigeois et se fixa dans le pays. Ses descendants étaient divisés en quatre branches lors de la recherche de 1666.

Cette famille compte aujourd'hui quatre représentants : Henri, marquis de Bellissen, né en 1780, qui n'a qu'une fille, à Paris; le baron de Bellissen, auditeur au conseil d'état, à Paris; de Bellissen, à Toulouse; de Bellissen d'Urban, également à Toulouse.

BELLIVIER. *Poitou.*

De gueules à quatre otelles d'argent.

Cette famille à deux représentants : de Bellivier de Prin, au château de la Rochemaux, près Charroux, département de la Vienne; de Bellivier de Prin, au château de Bournay, par l'Isle-Bouchard, département d'Indre-et-Loire.

BELLOT. *Normandie, Bretagne, Picardie, Franche-Comté.*

NORMANDIE. D'azur au chevron, accompagné en chef de deux lions affrontés, et en pointe d'un fer de pique, le tout d'or.

BRETAGNE. D'argent à quatre pieds de vautour de sable, grilletés d'or, longés de gueules. — D'argent au paon rouant de sinople cantonné de quatre mouchetures d'hermines de sable.

PICARDIE. D'or au buste de reine de carnation chevelé de sable, couronné à l'antique d'azur et paré de même, accompagné en chef de deux mouchetures d'hermines du troisième, et en pointe d'un huchet de gueules.

Franche-Comté. D'azur à trois losanges d'argent; au chef d'or bastillé de quatre pièces.

Cette famille a deux représentants : de Bellot, officier de la Légion d'honneur, trésorier-payeur, à Alger; de Bellot de Bussy, à Paris.

BELLOC. *Gascogne.*

D'argent à un arbre de sinople en pal sur cinq racines; au chef d'azur à un croissant d'argent entre deux étoiles de même.

Cette ancienne famille, alliée de longue date aux barons de Montesquiou est actuellement représentée par Joseph Canton de Montesquiou de Belloc, au château de Pouy-le-Bon, département du Gers.

BELLOY. *Paris, Beauvais, Ile-de-France, Picardie.*

Paris. De gueules à quatre losanges d'argent posés 3 et 1.

Beauvoisis. Belloy de Candas et Belloy de Castillon. D'argent à quatre bandes de gueules. — Belloy de Saint-Léonard. D'argent à trois fasces de gueules.

Ile-de-France, Picardie. Belloy de Morangle. D'azur à sept losanges d'or, posés 3, 3 et 1.

Picardie. Belloy (Roussel de). D'azur au chevron d'or accompagné de trois demi-vols de même, coupés de gueules posés, 2 et 1.

Pierre de Roussel, chevalier de Belloy, reçut du roi en 1780, le titre de comte pour lui et sa postérité.

Le fief de Belloy fut érigé le 28 octobre 1776, dans la seigneurie de Dromesnil pour que lui, (Pierre de Roussel), et ses hoirs en portent le nom à perpétuité.

Ce nom est encore porté dans le département de la Somme, par de Belloy, au château du Dromesnil, par Hornoy.

BELLUNE. *Lorraine.*

Parti au 1 d'azur au dextrochère armé d'argent, le brassard cloué d'or, tenant une épée d'argent garnie d'or et mouvant du flanc dextre; au 2 d'or au lion de sable, à la fasce de gueules, brochant sur le lion. Couronne : de duc.

Devise : *Victoria Victor.*

Claude Perrin, dit Victor, Maréchal de France, duc de Bellune, né à Lamarche, Lorraine, le 6 décembre 1764 : Soldat au régiment de Grenoble-artillerie, 1781. — Volontaire au 3ᵐᵉ bataillon de la Drôme, 1791. — Général de division, 1797. — Gouverneur des Provinces Bataves, 1800. — Grand Aigle de la Légion d'honneur, 1805. — Maréchal de l'Empire, 1807. — Duc de Bellune, Gouverneur de Berlin, 1808. — Pair de France, Major Général de la Garde royale, 1815. — Grand'croix de Saint-Louis, chevalier de l'ordre du Saint-Esprit, 1820. — Ministre de la guerre, 1821. — Mort à Paris le 1ᵉʳ mars 1841.

Principaux combats auxquels il a pris part : Toulon, la Montagne-Noire, — Roses, — la Trebbia — Arcône, — la Favorite, — Montebello, — Marengo, — Jéna, — Friedland, — Somo-Sierra, — Espinosa, — Medellin, — Uclès, — Talaveyra, — la Bérézina, — Dresde, — Leipsick, — Hanau, — la Rothière. — Montereau, — Craonne.

Le maréchal Victor, duc de Bellune, eut cinq enfants, dont trois fils : Charles de Bellune, mort le 15 mars 1827; Eugène de Bellune, marié à Mademoiselle de Portes, mort en février 1852, sans postérité; Victor-François de Bellune, né le 24 octobre 1797, marié, le 18 février 1827, à Maria da Penza de Lemos et Lacerda, mort le 2 décembre 1853.

De ce mariage sont issus dix enfants, dont cinq survivent, entre autres :

A. Victor-François-Marie Perrin, duc de Bellune, héritier des titres et du majorat ducal, ancien secrétaire d'ambassade, né le 5 mai 1828, marié le 4 novembre 1863, à Marie-Louise Jenny de Cossart d'Espiés, dont deux filles :

Jeanne de Bellune, née le 20 octobre 1864;

Berthe de Bellune, née le 15 décembre 1867.

B. Jules-Marie Perrin, marquis de Bellune, né le 8 octobre 1838, entré dans les ordres.

BELMONT DE LABURGADE. *France.*

D'azur à trois fasces d'or.

Nous ne connaissons qu'un représentant du nom : propriétaire dans le département de Tarn et Garonne, il fait suivre son nom de celui de Laburgade.

BELMONT. *Dauphiné.*

Écartelé : au 1 et 4 de sable à la vache d'or qui est de Briançon.

Cette famille était représentée au siècle dernier par Nicolas de Vachon de Belmont, président au parlement de Grenoble; son fils, François de Vachon, appelé à relever le nom et les armes de Briançon en vertu d'un testament, prit le titre de marquis.

Marie-Louis-Gabriel-Alfred-Ladislas de Briançon-Vachon, marquis de Belmont, chambellan de Napoléon, député au corps législatif depuis 1856, a épousé Marie-Suzanne-Armande Posuel de Verneaux.

La marquise de Belmont habite Paris; de Montanier de Belmont est capitaine d'artillerie.

BELOT. *Piémont.*

D'azur au chevron d'or accompagné en chef de deux étoiles à cinq rais de même et en pointe d'une tête de licorne coupée d'argent. Couronne : de marquis. Supports : deux licornes.

Devise : *Deo et Regi.*

Seigneurs de Belot, le Chatel du Verger, de Chery, de Pontor de la Perrière, de Grand'pont, de la Deraiserie, de la Cochetière, de Quincey, de Ferreux, de la Motte Saint-Loup de Buffigny, de Belesme, du fief des Champs, la Henrière, la Grande et la Petite Bealerie et autres lieux.

Cette famille paraît en Piémont en 1310, avec le titre de chevalier, et en France au mariage de Louis XI avec Charlotte de Savoie, dans la personne de l'ambassadeur chargé par Louis 1er, duc de Savoie, d'amener sa fille en France.

Fixée dès lors à Paris, cette famille occupa de hautes charges et se transporta ensuite en Champagne, à Ferreux, qui fut érigé en marquisat par lettres patentes de juin 1660, enregistrées en août de la même année.

La branche aînée a trois représentants : le marquis de Ferreux, commandeur de l'ordre de François 1er de Naples, conseiller général de l'Aube; le comte Gaston de Ferreux, entré en service en 1867; une sœur du marquis qui a épousé le comte de la Vaulx dont elle a dix enfants.

La branche cadette établie en Languedoc depuis 1550 est représentée aujourd'hui par Hilaire de Belot, officier de la Légion d'honneur, capitaine d'artillerie, fixé à Montauban.

La famille de Belot de Ferreux a produit des chambellans, des pages et des conseillers des comtes et ducs de Savoie, des gouverneurs de villes et de provinces, des conseillers du roi en ses conseils, des membres de cours souveraines quatre grands baillis d'épée du palais de Paris, charge très-ancienne et très-recherchée, qui succédèrent à la reine Isabeau de Bavière, à Hercule de Rohan, à Achille de Harlay Montmorency-Luxembourg, dans cette charge donnant de grandes prérogatives. Nous voyons encore parmi eux des conseillers-généraux, des capitaines de 50 hommes d'armes, un commissaire des guerres et des officiers distingués de tous grades. Leurs alliances sont prises dans les meilleures familles de France et de l'étranger.

BELSUNCE. *Navarre.*

Écartelé : aux 1 et 4 de Béarn; aux 2 et 3 d'argent à une hydre de sinople à sept têtes, dont l'une est coupée et tient encore un peu au col, avec quelques gouttes de sang qui sortent de la blessure.

Ce nom est porté en France par le vicomte de Belsunce, à Bordeaux, et par de Belsunce, à Lyon.

BENAC. *Bigorre.*

Parti : au 1 de gueules au lièvre d'or en bande; au 2 d'azur à deux lapins d'or.

Le marquis de Benac, chef de nom et d'armes et unique représentant, habite Paris.

BENARD. *France, Normandie.*

FRANCE. BENARD DE LA FORTERESSE. D'azur au chevron d'or accompagné en chef de deux fleurs de souci de même et en pointe d'une tour d'argent; au chef cousu de gueules chargé d'un croissant d'or entre deux étoiles à cinq rais d'argent.

BENARD DE REZAY. D'argent à deux fasces ondées d'azur; au chef de sable chargé de trois rocs d'échiquier d'or.

NORMANDIE. BENARD DE MONVILLE. D'azur à trois feuilles de chêne d'or. — BENARD DE BOTOT. D'azur à trois lis-de-jardin d'argent.

Nous ne connaissons qu'un représentant du nom : de Benard de Sauveterre; il réside dans le département du Cher.

BENAULT DE LUBIÈRES. *Provence.*

Écartelé : aux 1 et 4 d'or à trois têtes de maures de sable, tortillées et colletées d'argent, enchaînées à un anneau posé en cœur de même; les deux en chef affrontées, la troisième renversée, qui est de Benault; aux 2 et 3 de gueules au lion tenant une fleur de lis d'argent, qui est de Lubières. Couronne: de marquis. Supports : une tête de Maure pareille à celle de l'écu.

Devise : *Nigra sum sed formosa.*

Marie de Benaud, viguier de Marseille, eut un petit-fils, Jean, qui fut gentilhomme de la chambre du roi Charles VIII, qu'il suivit à la conquête de Naples. Henri de Bénault de Lubières, conseiller au parlement d'Aix, recueillit par succession en 1382 le marquisat de Roquemartine.

Frédéric-Eugène de Benault, marquis de Lubières, seul représentant du nom, réside à Aix et à son château de Roquemartine par Eyguières, département des Bouches-du-Rhône.

BENAVILLE. *France.*

Palé d'argent et de gueules.

De Benaville, unique représentant du nom, réside au château de Xoudaille, par Rosières-aux-Salines, département de la Meurthe.

BENAZÉ. *Bretagne.*

D'argent à trois croissants de sable.

Le représentant actuel du nom, de Benazé, est avoué à Paris.

BENEVENT. *Languedoc.*

D'argent à trois bandes de gueules; au chef d'azur chargé d'un lambel d'or.

De Benevent, qu'il ne faut point comprendre dans la maison des princes de ce nom, réside à Lyon.

BENGI. *France.*

D'azur à trois étoiles à cinq rais d'argent.

Cette famille compte deux représentants dans le départemen

du Cher, l'un signe Bengi, l'autre ajoute à son nom celui de Puyvallée.

BENNE. *Toulouse, Montauban.*

De sinople à deux fasces d'argent, celle du chef chargée d'un croissant de sable.

L'unique représentant du nom, de Benne, réside au château de Marmousse, par Dreux, département d'Eur-et-Loir.

BENNERY. *Bretagne.*

D'or, à trois rats de gueules.

Le chef de nom et d'armes, unique représentant de sa famille, est maire à Publier, Haute-Savoie.

BENOIST. *France, Bretagne, Languedoc.*

FRANCE. D'azur au lion d'or.

BRETAGNE. BENOIST DE LA MASURE. D'hermines à trois chevrons de gueules semés de besants d'or.

LANGUEDOC. BENOIST DE LA PRUNARIDE. D'azur à trois bandes d'or.

Devise : *Voca me cum benedictis.*

Cette famille compte plusieurs représentants : le baron de Benoist, député; de Benoist, auditeur au conseil d'état, à Paris; de Benoist, inspecteur des forêts, à Verdun.

A ce nom se rattachent encore : Benoist de la Grandière, médecin, à Paris; Benoist de Laval, officier de cavalerie à Saint-Affrique, département de l'Aveyron; Benoist du Pontanier, conservateur des hypothèques à Clermont-Ferrand.

BENOIST D'AZY. *Anjou.*

D'azur au faucon d'or, essorant et enserrant un rameau de même.

Devise : *Benefacientes benedicti.*

Originaire de la ville d'Angers où elle occupait un rang

distingué au dix-septième siècle, cette famille a pour chef de nom et d'armes Denis-Aimé-René-Emmanuel, comte de Benoist d'Azy, né en 1796, député, ancien membre de l'assemblée legislative. administrateur des chemins de fer d'Orléans, de Lyon et du crédit foncier. Elle est encore représentée par le vicomte de Benoist d'Azy, ingénieur administrateur du chemin de fer de l'Ouest; par le baron de Benoist d'Azy, ancien officier de marine, maire de Verneuil, département de la Nièvre; et par Charles de Benoist d'Azy, ingénieur-administrateur des forges d'Alais; par madame Dupré de Saint-Maur et par madame Cochin, à Paris.

BENOIT. *Flandre, Comtat.*

Flandre. D'argent à la fasce de sable doublement coticée de gueules.

Comtat. D'or à l'ours passant de sable; au chef d'azur, chargé d'une étoile à cinq rais d'argent.

Le comte de Benoit est vice-président de la chambre consultative d'agriculture, à Baugé, Maine-et-Loire; Benoit d'Étivaud est conseiller de cour impériale, à Bastia.

Le nom de Benoit de la Salle est encore porté par un propriétaire du département de l'Aveyron; Benoit de la Paillonne, réside au château de Fontclaire, par Montdragon, département de Vaucluse.

BENQUE. *France.*

De gueules à la croix d'or.

Les représentants de cette ancienne famille résident dans la Vallée d'Aure.

BENTIVOGLIO. *Italie.*

Parti : emmanché de gueules et d'or, de quatre pièces et demie. — Écartelé : aux 1 et 4 d'or à l'aigle de sable couronnée du champ; aux 2 et 3 de Bentivoglio.

Le représentant de ce grand nom, comte de Bentivoglio, s'est fixé à Smyrne,

BENTZMANN. *Lorraine.*

De gueules à une main apaumée d'argent, accompagnée de trois coquilles d'or, deux en chef, une en pointe.

Nous ne connaissons d'autre représentant du nom que de Bentzmann, général d'artillerie.

BÉON. *Béarn, Bigorre, Gascogne, Guyenne, Angoumois.*

De gueules à deux vaches passantes d'or accolées, clarinées, colletées et onglées d'azur. Supports : deux lions.

Les branches sorties des vicomtes de Sère portent : Écartelé : aux 1 et 4 de gueules, à 2 vaches d'or; aux 2 et 3 d'azur, à une croix alésée de sable.

L'historien des comtes de Brabant et la Chenaye-Desbois regardent les Béon, comme issus des anciens vicomtes souverains du Béarn.

La première branche, celle des seigneurs de Béon, s'est éteinte à la fin du xve siècle;

La deuxième, dite d'Armentien, ferait remonter la séparation au xiiie siècle, et subsiste encore ou subsistait au commencement de ce siècle;

La troisième, dite de Bière, issus de la précédente au xve siècle, a pour représentant actuel, Jean-Marie-Clovis-Charles-Ferdinand de Béon, chef des nom et armes de Béon, né en 1834, qui est au service et a fait les campagnes de Crimée et d'Italie.

La quatrième dite des vicomtes de Sère, séparée depuis le xiiie siècle, a fourni quatre rameaux.

1° Les vicomtes de Sère, barons de Miglos, éteints au xie siècle;

2° Les seigneurs de Masser, comtes de Lamezan, éteints au xviie siècle;

3° Les Béon-Luxembourg, marquis de Routeville, comtes de Brienne, etc., éteints en 1725;

4° Les seigneurs de Caraux, marquis de Béon-Caraux, qui vivent peut-être encore; mais qui, sous Louis XVI, n'étaient représentés que par le marquis de Béon-Caraux, sous-lieutenant des gardes du corps du roi en 1783, compagnie de Luxembourg.

A l'armée des émigrés, il y avait un régiment de Sère-Caraux.

Le vicomte Henri de Béon, autre représentant du nom, est chef de gare à Bordeaux.

BÉOST (ANDRÉAS DE). *Dombes.*

D'azur à la croix d'or, cantonnée de quatre grenades de même.

Cette famille originaire de l'ancienne principauté de Dombes s'est distinguée dans la magistrature de sa province et dans l'armée. Andréas de Béost, un de ses membres, 1er capitaine de grenadiers, fut tué en 1789, à Gibraltar, sur une batterie flottante.

BER (LE). *Paris.*

D'azur à quatre croissants d'argent posés 2 et 2. — D'azur à un lion d'argent lampassé et armé de gueules; au chef abaissé d'or, chargé d'une croix pattée de gueules, accolé d'azur au cerf passant d'or; en chef trois fasces ondées d'argent.

L'unique représentant du nom de le Ber. réside au château de Val, par Bourgtherhould, département de l'Eure.

BÉRAGE. *Provence.*

De sable à un lévrier courant d'argent, accolé et bouclé d'or, sur une terrasse de sinople; au chef d'or, chargé d'un soleil de gueules, accosté de deux étoiles d'or.

Cette famille est destinée à s'éteindre dans l'unique hoir

mâle qui la représente encore, l'abbé de Bérage, à Aix, département des Bouches-du-Rhône.

BÉRAL. *Auvergne.*

D'azur à deux flambeaux d'argent allumés de gueules, passés en sautoir et surmontés d'une fleur de lis d'or

Le représentant du nom, de Béral de Sedaiges, chevalier de la Légion d'honneur est directeur du port à Toulon.

BÉRANGER. *Dauphiné, Normandie. Corse, Provence, Auvergne, Rouergue, Ile-de-France.*

DAUPHINÉ. De gueules au sautoir alésé d'or.

NORMANDIE. De gueules à deux aigles au vol abaissé d'argent, becquées, membrées et couronnées de même.

CORSE, PROVENCE. D'azur à la croix d'argent et sur le tout de Gonzille, qui est de gueules au lion d'or.

AUVERGNE, ROUERGUE. D'azur au griffon d'argent.

DAUPHINÉ, ILE-DE-FRANCE. Gironné d'or et de gueules.

Cette famille a trois représentants : le vicomte de Béranger, au château de Moyon, par Tessé, département de la Manche; de Béranger, au château de Pommegorge, par Mer, département de Loir-et-Cher, de Béranger, à Tallard, département des Hautes-Alpes.

BÉRARD. *Languedoc.*

De gueules au demi-vol d'argent.

D'ancienne chevalerie, cette maison prouve sa filiation suivie depuis une antiquité reculée.

Divisée en plusieurs branches elle compte encore plusieurs représentants : le marquis Bérard Labeau de Maclas, au château de Griotier, par Annonay, département de l'Ardèche; de Bérard de Chazelles et de Bérard des Glajeux; le premier est auditeur au conseil d'état, le second, substitut du procurzur impérial à Versailles; Bérard de Lester, au château de Mery, par Ligny-le-Chatel, département de l'Yonne; Bérard de Montours, officier de la Légion d'honneur, officier supérieur au 6° de dragons.

BÉRAUD. *Languedoc. Bretagne, Guyenne.*

LANGUEDOC. D'azur à la bande d'or. — D'azur à l'aigle d'or; au chef cousu de gueules chargé d'une étoile du second.

BRETAGNE. De gueules au loup d'argent accompagné de trois coquilles de même.

GUYENNE. D'azur à trois chevrons d'or, accompagnés de trois étoiles d'argent.

Cette famille a plusieurs représentants : de Béraud d'Arimont, capitaine-rapporteur près le 1er conseil de guerre à Oran; de Béraud de Courville, capitaine aux zouaves; Béraud de la Bourgognerie, au château de la Bourgognerie, par Ainay-le-Château, département de l'Allier; Béraud de Vougon, propriétaire dans le département de l'Allier.

BÉRAUDIÈRE (DE LA). *Poitou.*

Écartelé : aux 1 et 4 d'or à l'aigle éployée de gueules; aux 2 et 3 d'azur à la croix fourchée de douze pointes d'argent.

Cette famille est représentée par le comte de la Béraudière, à Paris, et par de la Béraudière, au château de Bouzille, par Chemillé, département de Maine-et-Loire.

BÉRAULD (VOIR BILLIERS).

BERBIS. *Bourgogne.*

D'azur au chevron d'or, accompagné en pointe d'une brebis paissante d'argent posée sur une terrasse de sinople.

Devise : *Sicut ovis.*

Anoblie le 7 octobre 1433, cette famille est représentée au château de Mailly, par Auxonne.

BERCKHEIM. *Alsace.*

Diapré d'or à une croix de gueules.

Ce nom ancien et glorieux est représenté par le baron de Berckheim, officier de la Légion d'honneur, conseiller général à Andolsheim, Haut-Rhin, et par de Berckheim, colonel commandant l'artillerie à cheval de la garde impériale.

BERCY. *France.*

D'argent à la fasce de sable, le bord supérieur dentelé. — D'argent à trois merlettes de sable.

L'unique représentant de cette famille est la douairière de Bercy, au château de Ferrière, par Angers.

BÉRENGER DE CALADON. *Languedoc.*

D'azur à l'aigle au vol abaissé d'argent, membrée d'or, accostée en pointe de deux chiens bassets affrontés de même, soutenus d'une terrasse de sinople.

Le marquis de Bérenger de Caladon, unique représentant du nom, réside à Nice.

BERENGER. *France.*

De gueules à deux aigles d'argent, au vol abaissé, becquées, membrées et couronnées d'or, rangées en fasce. Couronne : de comte. Supports : deux licornes.

Cette maison est représentée aujourd'hui par Ivon et Henri de Bérenger, fils de Henri, comte de Bérenger, décédé ; par Frédéric, vicomte de Bérenger et ses fils : Jacques et Robert de Bérenger et par son cousin Germain Olivier, vicomte de Bérenger.

BÉRENGER. *Dauphiné.*

Gironné d'or et de gueules.

Cette ancienne maison prétend descendre des anciens rois

d'Arles, par Ismidon, qui se qualifiait prince de Royans, pendant le règne des premiers dauphins. Elle a donné un grand maitre de l'ordre de Saint-Jean de Jérusalem, mort en 1373, un cardinal, un maréchal de camp, marquis de Gua, mort en mars 1727. Elle est représentée par le marquis de Bérenger, au château de Sassenage, département de l'Isère.

BÉRENGER. *Florence.*

D'azur à la croix d'argent, qui est de Bérenger sur le tout de gueules. à un lion d'argent, qui est de Gonville.

Cette famille qu'il ne faut point confondre avec celles qui précèdent et qui a donné les seigneurs de Grambois et de la Beaumevint, il y a plus de trois siècles, s'établit à l'île de Corse et en Provence.

Le marquis de Bérenger, unique représentant, réside à Paris.

BERGÉ (Le Marchais de). *Espagne. Lunebourg.*

Espagne. D'or au bœuf arrêté de gueules paissant dans un buisson de sinople, à la bordure componée de huit pièces d'or et de sinople.

Lunebourg. D'argent à deux fasces viviées de gueules.

Le Marchais de Bergé est officier supérieur du génie.

BERGER. *France.*

D'azur au chevron d'or accompagné de trois têtes de bélier d'argent. — D'azur à trois fasces d'or au franc quartier de même. — D'or à trois fasces engrelées de gueules. — D'azur au chevron d'or accompagné en chef de deux étoiles à cinq rais de même et en pointe d'un mouton d'argent langué de gueules paissant sur une terrasse de sinople.

Nous trouvons en France Berger de Monsigny, à Nice; Berger de Nomazy, chef de bataillon au 1ᵉʳ de ligne.

BERGERON D'ANGUY. *France.*

D'azur au lion d'or.

On retrouve deux représentants du nom : un à Nouan, Loir-et-Cher, et un receveur-général, à Bar-le-duc.

BERGEVIN. *Bretagne.*

De gueules au chevron accompagné en chef de deux grappes de raisin et en pointe d'un croissant, le tout d'or.

Anoblie en 1775, cette maison compte deux représentants : le chef de nom et d'armes, François de Bergevin, chevalier de la Légion d'honneur, commissaire-adjoint de la marine, à Brest; de Bergevin, garde-général des forêts à Arreau, département des Basses-Pyrennées.

BERGHEIM. *Alsace.*

Tiercé en bandes de gueules, d'argent et d'azur.

L'unique représentant du nom réside à Versailles.

BERGHES. *France.*

D'or au lion de gueules lampassé d'azur.

Cette ancienne et illustre maison tire son origine de Jean, sire de Glymes, fils naturel de Jean II, duc de la Lorraine-Inférieure et de Brabant, légitimé par l'empereur Louis de Bavière, le 27 août 1344. Son histoire est inscrite dans l'*Almanach de Gotha*.

Le prince duc de Berghes réside à son château de Pranes, département de l'Orne; il a deux fils et un oncle, Louis, prince de Berghes, ancien officier des carabiniers.

BERGUES. *Guyenne.*

De sinople à trois macles d'argent posées 2 et 1.

Le prince de Bergues, unique représentant du nom, réside

à son château de Saint-Martroy, département de la Haute-Garonne.

BERLHE. *Champagne.*

D'azur au sautoir d'or, cantonné de quatre lionceaux de même, armés et lampassés de gueules.

Cette famille, dont le nom s'écrivait Berle anciennement, originaire de Flandre, vint s'établir en Champagne dans le quinzième siècle. Elle n'est plus représentée que par un officier d'infanterie.

BERLIER. *France.*

Écartelé : aux 1 et 4 d'argent à trois lions de sable; aux 2 et 3 de gueules à une lance d'argent.

Le chef de nom et d'armes, de Berlier, habite le château de Rebouillon, par Draguignan, département du Var, un autre représentant du nom est attaché à l'administration des lignes télégraphiques à Nice.

BERLUC-PERUSSIS, *Milanais, Provence.*

Écartelé : aux 1 et 4 coupé *a* d'argent au lévrier passant de sable, *b* de gueules à la croix d'or; aux 2 et 3 d'azur à la poire d'or.

Issue des Berluschi, chevaliers du Milanais, des Peruzzi de Toscane, barons de Lauris en Provence, et des Laugier de Porchères, cette maison est représentée par Léon, chevalier de Berluc-Perrusis, à Porchères, près Forcalquier, département des Basses-Alpes.

BERMOND. *Provence.*

D'or, à un ours rampant de gueules, accolé d'un baudrier d'argent, soutenant une épée dans le fourreau de même. — Couronne : de comte.

Devise : *Plus fidei et fidelitati quam vitæ.*

La famille des Bermond est une des plus anciennes de Provence. Elle descend de celle des comtes d'Anduse, une des plus illustres du Languedoc. Depuis le XIIe siècle elle n'a pas cessé d'occuper un rang distingué et de figurer toujours parmi les plus notables habitants de la ville de Sisteron, où à toutes les époques et sans interruption elle a rempli les premières charges du pays.

Dans les archives de la ville de Sisteron les différents membres de cette famille sont constamment qualifiés de seigneurs de la Beaume, de Claret, de Rousset, de Vaulx, de Saint Martin, etc.

Le nom de Bermond est plusieurs fois mentionné parmi les chevaliers qui prirent part aux croisades.

Nous citerons parmi les principaux membres de cette famille :

Bermundus de Andusia, élu évêque de Sisteron le 2 novembre 1174.

Langerius Bermundus, frère du précèdent, est cité en 1202 dans un accord passé entre les comtes de Provence et de Forcalquier.

Guillelmus Bermundus figure en 1294 parmi les nobles et barons du bailliage de Sisteron, dans l'hommage prêté au roi Robert.

Barthélemy et Nicolas de Bermond, reçus chevaliers de Malte, le premier en 1534 et le second en 1550.

Claude de Bermond épouse en 1550, Lucrèce Curety de Vaulx, fille unique de Curety de Vaulx, seigneur de Vallavoire. A la suite de ce mariage les Bermond ajoutèrent à leur nom patronimique celui de de Vaulx.

Françoise de Bermond, fondatrice de l'ordre des Ursulines en France, décédée en 1641.

Marguerite de Bermond, mère du célèbre philosophe Luc de Vauvenargues.

Louis Elzeard de Bermond, capitaine au régiment de Normandie, mort en 1722.

Joseph-Honoré de Bermond, garde du corps du roi, chevalier de Saint Louis, décédé major de Toulon, le 30 novembre 1752.

Jean-François de Bermond, chanoine de Saint Denis, mort le 18 avril 1768.

Jean-Antoine de Bermond, seigneur de Vaulx, nommé en 1730, conseiller du roi, lieutenant-général du siége royal des soumissions de Sisteron.

Pierre de Bermond de Vaulx, consul général de 1776 à 1802 à Alep, Salonique, Tripolitza, Coron, membre du conseil général des Basses-Alpes, chevalier de la Légion d'honneur.

La famille des Bermond est actuellement représentée par le comte Jean-Antoine de Bermond de Vaulx et par ses quatre fils.

A. Pierre-Antoine de Bermond, chevalier de Malte.

B. Thérèse-Octave, lieutenant de vaisseau, nommé chevalier de la Légion d'honneur à la suite de la campagne de Crimée, a pris part à la campagne d'Italie et à l'expédition de Cochinchine.

C. Henri-Anatole, marié à Thecla de Tourville, tenant par sa famille paternelle aux ducs de Bouillon et de Montmorency et par sa famille maternelle au Bailli de Suffren.

D. Amédée, capitaine au 20ᵉ bataillon de chasseurs à pied, nommé chevalier de l'ordre de Notre Dame de Guadeloupe pour les services qu'il a rendus pendant l'expédition du Mexique.

La famille des Bermond est alliée à celles des Gombert, d'Agoult, Chateaufort, Furon, Vachères, Castellane, Bourgarel, d'Acin, Marsillon, Curety de Vaulx, Gaffarel, d'Arnaud, Beaumont, Vauvenargues, Latil, Samatan, Tourville, etc.

BERMOND. *Languedoc.*

LANGUEDOC. BERMOND D'ANDUZE. De gueules à trois étoiles à cinq rais d'or.

On retrouve en France d'autres représentants du nom de Bermond. Deux portent le titre de comte, un autre celui de vicomte, trois autres habitent leur propriété à la campagne, le septième est conservateur des hypothèques à Paris.

BERMONDET DE CROMIÈRES. *Limousin.*

D'azur à trois mains senestres apaumées d'argent, deux en chef et une en pointe.

Le marquis de Bermondet de Cromières, représentant de cette ancienne famille, réside au château de Cromières, département de la Haute-Vienne. Il a deux fils, Bernard et Marc de Bermondet de Cromières. Ce dernier a embrassé la carrière des armes.

BERMONT. *France, Provence.*

France. D'azur au chef d'or chargé d'un lion issant de gueules.

Provence. D'or au cœur de gueules. — D'argent au lion de gueules.

Le nom de Bermont de Vachères est porté par un commissaire de surveillance, à Montpellier.

BERNAGE. *France.*

D'argent à trois lévriers courants de sable.

Il n'existe plus d'hoir mâle de ce nom, mais une fille qui réside à son château de Barberie, par Senonches, département d'Eur-et-Loire.

BERNARD. On compte en France un grand nombre de différentes familles du nom de Bernard, portant également des armes distinctes, savoir :

Bernard, proprement dit, est représenté par cinq frères: les abbés Albert et Théobald; Ernest, receveur des impôts indirects; Edgard, sans fonctions; Gustave, officier au 11ᵉ de ligne Le nom est également représenté par de Bernard, agrégé au tribunal civil, à Toulouse; de Bernard, membre du conseil d'administration à Montpellier; de Bernard, à Toulouse.

BERNARD DE BOUCHET est membre de la société d'agriculture à Montpellier.

BERNARD DE DOMPIERRE a trois représentants : Nicolas-Gabriel, substitut à Lons-le-Saulnier; Claude-Joseph-Félix, sans fonctions, à Saint-Amour, Jura; de Bernard de Dompierre, avocat à Saint-Etienne, département de la Loire.

BERNARD DES ESSARTS a deux représentants, le consul général de Beyrouth, Turquie d'Asie, officier de la Légion d'honneur, et un habitant de Paris.

BERNARD DE LA FOSSE n'a qu'un représentant, Armand, sans fonctions, à Angers.

BERNARD DE LA GRANGE DE TUQUO est représenté par Gabriel-Bernard de la Grange de Tuquo, juge de paix, à Limoges.

BERNARD DE LAJATRE est avoué à Angoulême.

BERNARD DE SAGET réside à son château de Saint-Martin, par Castel-Sarrasin, Tarn-et-Garonne.

Le baron BERNARD DE SAINT-AFFRIQUE est président de la société de Saint-Roch, à Listrac, département de la Gironde

BERNARD DE SAINT-LARY réside au château de Saint-Lary près Froncescas, département de Lot-et-Garonne.

BERNARD DE SASSENAY est représenté par le marquis, le comte et le vicomte du nom à Paris.

BERNARD DE LA VERNETTE-SAINT-MAURICE est représenté par trois frères au château de la Rochette, par Saint-Gengoux-le-Royal, département de Saône-et-Loire, à Besançon et au château de Burnand, près Saint-Gengoux.

BERNARD DE SEIGNEURANS est major au 3ᵉ régiment de gendarmerie à pied, à Paris.

BERNARDON. *Orléanais.*

D'argent à trois têtes de chardon traversées de gueules, fleurées d'argent, posées 2 et 1.

Cette famille a deux représentants : de Bernardon, directeur des contributions indirectes, au Puy, département de la Haute-Loire; de Bernardon, inspecteur des contributions indirectes, à Orléans.

BERNARDY. *Dauphiné.*

D'azur au cor d'argent enguiché de gueules, surmonté d'un trangle d'argent, au chef de gueules, chargé de trois grenades d'or.

Nous retrouvons encore trois représentants du nom : un conseiller de cour impériale à Lyon; un juge de paix et un conseiller d'arrondissement dans le département de l'Ardèche.

BERNARDY (Sigoyer). *Sisteron.*

D'argent au chevron de sable, accompagné de trois trèfles de sinople, deux en chef, un en pointe.

Cette famille, issue des anciens seigneurs de Sigoyer-Melpoil, est connue depuis la fin du quinzième siècle.

De Sigoyer de Bernardy, le seul représentant du nom, est officier d'infanterie.

BERNAY DE FAVAUCOURT ET DE COUSSAY. *Picardie.*

D'hermines à un écusson de gueules chargé d'un lion d'or et entouré d'un listel d'argent chargé de la devise : *Rex domitum ferrededit;* au chef de l'écu de gueules chargé d'une épée d'argent garnie d'or en bande. Cimier : un lion issant d'or tenant l'épée. Supports : deux lions d'or.

Ce nom est porté par deux propriétaires ruraux dans les départements de la Vienne et des Deux-Sèvres.

BERNE. *Beauvoisis.*

D'argent à la hache d'armes et à une doloire de gueules. Supports : deux lévriers. Cimier : un lévrier.

Baernes, anciennement, cette maison reçut des lettres de Louis XI, dans la personne de Jean de Baernes pour lui recommander ses services dans son cher pays de Boulonnais. Sa postérité compte encore trois représentants : un habitant de Lyon, un propriétaire rural dans la Drôme, un notaire à Albi.

BERNET DE GARROS (DU). *Guyenne et Gascogne.*

D'azur au pal d'or chargé d'un arbre d'aulne arraché de sinople, cotoyé de deux licornes saillantes et affrontées d'argent.

Devise : *Vivo flumine altum.*

Ces armes furent enregistrées à Bordeaux le 21 février 1698, dans l'*Armorial général, registre de Guienne.*

Cette famille, en possession du fief de Bernet depuis le XI° siècle et qui a donné un grand nombre d'hommes distingués, a pour chef de nom et d'armes Jean-Baptiste-Charles du Bernet de Garros, qui épousa le 27 février 1852, Marie-Mathilde de la Forcade de Tauzia, dont postérité.

BERNETZ. *Soissonnais.*

D'or à trois chevrons de gueules.

On ne retrouve plus qu'un seul représentant de cette famille : de Bernetz, au château de Bout-de-Bois, à Neufvy-sur-Aronde, département de l'Oise.

BERNIER DE MALIGNY. *Normandie. Provence, Bretagne.*

NORMANDIE. D'azur à trois vases couverts d'or. — D'azur à la fasce d'argent, accompagnée en chef d'un barbeau d'or, et en pointe d'une clef d'argent posée en pal.

PROVENCE. D'azur à trois pals d'argent, à l écusson de gueules, brochant sur le tout, et chargé d'un lion du second, armé et lampassé de gueules.

Bretagne. D'argent à la fasce de gueules, accompagnée de six quintefeuilles de même.

Cette famille est représentée par de Bernier de Maligny au château de Toureaux, par Montmorillon, département de la Vienne.

BERNIÈRES. *France, Normandie.*

France. D'azur à la bande d'argent chargée de trois quintefeuilles de gueules. — D'or à la fasce de gueules chargée de trois croissants tournés du champ. — D'azur à la fasce de gueules chargée de trois croissants d'or et accompagnée d'une étoile à cinq rais de même en chef et d'un lion de sable en pointe. — D'azur au casque fermé d'argent. — De gueules au lion d'argent, la patte dextre levée et posée sur un tronc écoté d'or.

Normandie. Bernières de Louvigny. Tiercé en fasce : au 1 de gueules à une étoile d'or; au 2 d'azur à trois croissants d'or rangés en fasce; au 3 d'argent au léopard naissant de sable.

Le nom de Bernières n'est plus porté que par un fonctionnaire public dans le département de l'Orne.

BERNIS. (Voir Pierre de Bernis).

BERNON. *Bourgogne.*

D'azur au lion d'or, armé et lampassé de gueules. Supports : Deux ours.

Devise : *Je tire ma force de mon sang.*

Cette ancienne maison, originaire de Bourgogne où est situé le château de son nom, passa en Bretagne vers 1338 et forma plusieurs branches dont l'une s'établit en Poitou, et donna des chevaliers de Saint-Louis, des officiers supérieurs, etc. Son vénérable chef de nom et d'armes, Fortune-Henri-Charles, baron de Bernon, abandonna un douzième de sa solde en 1817, pendant toute l'occupation des alliés. Il fit également don d'une partie de sa pension en 1859 pour soigner les blessés de l'armée d'Italie. Il a un fils et plusieurs filles. Son fils est marié et a postérité.

Un autre représentant du nom de Bernon, est receveur-général à Valence.

BERNOT DE CHARANT. *Bourges.*

D'argent à une fasce d'azur, chargée d'une croix pattée d'or, accompagnée de deux étoiles de même.

De Bernot de Charant, chevalier de la Légion d'honneur, est chef de bataillon au 74° de ligne.

BERNY. *Auvergne, France.*

AUVERGNE. De gueules au sautoir d'or bordé du champ, cantonné de quatre besants du second.

FRANCE. D'argent à trois bandes de gueules chargées de sept roses d'or, posées 2 3 et 2.

Nous retrouvons aujourd'hui trois représentants du nom de Berny : l'un habite Amiens et le château de Ribeaucourt, dans le département de la Somme; le second Lyon et le troisième réside à Paris.

BERRE. *Savoie.*

De gueules à la tour d'argent donjonnée de trois pièces et maçonnée de sable, à la bande alesée d'azur.

Cette famille originaire du comté de Nice, passa à Collongue, en Provence au XV° siècle. Elle s'est alliée aux Castellane, aux Demandolx, aux Glandevès, etc., et a donné plusieurs chevaliers de Malte.

Le comte de Berre, major en retraite, réside à Nice.

BERRUYER DE SAINT-LAON. *Champagne.*

D'azur à trois coupes couvertes d'or.

L'unique représentant du nom est président de la société de Saint-Laon, à Loudun.

BERRY. *Picardie, Champagne.*

D'or à la bande de sable, bastillée de trois pièces.

Cette famille est représentée à la Martinique et au château de Bois, par Saint-Sorlin, Saône-et-Loire.

BERSET. *France.*

D'azur à la bande de gueules chargée d'une rangée de losanges d'argent, accompagnée en chef de trois étoiles d'or en orle et en pointe d'un lion d'argent.

Cette famille est représentée par Louis de Berset, chef de nom et d'armes, au château de Bois-Robert, département de la Mayenne; de Berset d'Hauterive, au château d'Hauterive, par Laval; Joseph de Berset de Vaufleury.

BERT DE LA BUSSIÈRE. *Bourbonnais.*

D'azur à une plume à écrire d'or posée en bande et accompagnée de deux besants d'argent posés un en chef et un en pointe.

Bert de la Bussière, unique représentant du nom, réside à Versailles.

BERTENGLES. *Normandie.*

D'argent à trois fusées et deux demi de gueules, posées en fasce.

Le seul représentant connu du nom habite son château de Saint-Crespins, par Lion-la-Forêt, département de l'Eure. La Chesnaye-Desbois donne sa généalogie.

BERTHELOT. *Bretagne.*

D'azur au chevron d'or, accompagné de trois besants de même, deux en chef et un en pointe.

Ce nom, dont La Chesnaye-Desbois donne la généalogie, est porté par de Berthelot de la Durandière, à Angers, et le comte de Berthelot de Rambuteau, grand officier de la Légion d'honneur, membre de l'institut à Paris.

BERTHELOT DES VERGERS et **BERTHELOT DE CHESNAY.** *Bretagne.*

D'azur à trois têtes de léopard surmontées chacune d'une fleur-de-lis d'or.

L'Armorial de Potier de Courcy mentionne vingt-quatre titres portés par cette famille depuis 1423.

Anc. Ext. vif 1669, neuf générations, réf. de monstres, de 1423 à 1535, paroisse de Cesson, Langueux, Saint-Brieux, Plœuc, etc.

Henry vend en 1271 au vicomte de Rohan, toutes ses possessions dans la paroisse de Saint-Eloi de Montauban; Geoffroi, écuyer dans une montre d'Olivier de Clisson en 1373; Jean, fils de Pierre, sieur de St. Ilan, épouse, vers 1400 Jeanne de Eréal, de la maison de Beaubois; Guillaume, marié vers 1423 à Jeanne Pellonësel, a formé la branche des Vergers et du Chesnay qui existe encore à Nantes et à Moncontour de Bretagne.

Cette famille a quatre représentants : de Berthelot des Vergers, prêtre, à la terre de Bonaquet, commune de Verton, près Nantes; de Berthelot de Chesnay, propriétaire à Moncontour, département des Côtes-du-Nord, de Berthelot de Chesnay, lieutenant de vaisseau; de Berthelot de Chesnay, au ministère de la marine, à Paris. Il a postérité.

BERTHIER. *France, Ile-de-France, Nivernais.*

FRANCE. D'azur semé de besants d'or; au bœuf saillant, chargé en chef de trois étoiles, le tout d'or. — D'or au chevron de gueules accompagné en chef d'une étoile d'azur, adextrée d'un dauphin de même, et senestrée d'une grenade de sable, allumée de gueules; en pointe d'un cheval galoppant de sable soutenu de sinople.

ILE DE FRANCE. D'azur à deux épées d'argent, passées en sautoir, garnies d'or, cantonnées d'un soleil et de trois cœurs enflammés de même.

NIVERNAIS. Coupé · au 1 d'argent à une barre d'azur chargée de trois têtes de lion d'or ; au 2 d'argent au cheval effrayé et contourné de sable, posé sur une lance brisée de gueules, armé d'azur, pointant à senestre, le tout surmonté d'un lambel d'azur. — D'or au bœuf effrayé de gueules, chargé de cinq étoiles d'argent rangées en bande.

Plusieurs familles distinctes sont rangées sous le nom générique de Berthier et nous avons dû comprendre dans le même contexte tous ceux qui portent le nom de Berthier, proprement dit, savoir : le comte de Berthier, à Paris; le général comte de Berthier, commandeur de la Légion d'honneur, à Paris; le vicomte de Berthier et de Berthier, à Paris.

A ce groupe nous devons joindre le comte de Berthier-Bizy, à Bizy, par Pougues, département de la Nièvre.

BERTHIER DE GRANDRY et BERTHIER DE VIVIERS. *Nivernais.*

D'azur au chevron d'or accompagné en chef de trois étoiles à cinq rais mal ordonnées et en pointe d'un lion du second.

Nous retrouvons plusieurs représentants de cette famille : de Berthier de Grandry, à Orléans; de Berthier de Grandry, général d'artillerie en retraite, à Nuits, qui a un fils; de Berthier de Grandry, capitaine d'artillerie, aide-de-camp du général Bertrand; de Berthier de Grandry, élève à l'école militaire de Saint-Cyr; le baron de Berthier de Viviers, à Viviers, département de l'Yonne; de Berthiers de Viviers, chevalier de la Légion d'honneur, officier d'ordonnance.

BERTHIER DE WAGRAM. *Ile-de-France.*

Parti : au 1 d'or à un dextrochère armé d'azur, rehaussé d'or, semé d'abeilles de même, tenant une épée de sable, et portant au bras un bouclier de pourpre chargé de la lettre W d'or et une orle de même, entouré de la devise, *Commilitoni Victor-César Berthier ;* au chef d'azur semé d'abeilles d'or (chef des princes, grand dignitaires); au 2 de gueules au pal d'or, chargé de trois chevrons de sable, qui est Neufchatel; au chef d'azur, chargé d'une aigle d'or, empiétant un foudre du même, qui est Empire français.

Le représentant de ce nom illustre, Berthier, prince de Wagram, chevalier de la Légion d'honneur, sénateur, réside à Paris.

BERTHOIS. *France.*

D'argent au lion couronné de gueules; au chef d'azur chargé d'un croissant d'or. Couronne : de baron.

Le lieutenant-général, baron Auguste de Berthois, né en 1787, ancien élève de l'école polytechnique, se distingua aux sièges de Sagonte et de Valence, en Espagne, et au passage du Guadalquivir. Aide de camp du duc d'Orléans en 1827, député de Vitré, puis de Saint-Malo et créé lieutenant-général en 1842.

Son nom est représenté par le baron de Berthois, grand officier de la Légion d'honneur, à Paris, qui a deux fils : l'aîné est lieutenant-colonel de cavalerie, le second auditeur à la cour des comptes.

BERTHOMIER DES PROTS. *Bourges.*

De gueules à trois quintefeuilles d'argent posées 2 et 1.

L'unique représentant du nom, chevalier de la Légion d'honneur, est chef d'escadron au 2ᵉ régiment d'artillerie.

BERTHOU. *Bretagne.*

D'or à l'épervier de sable mêlé d'argent, la tête contournée, perché sur un rameau de sinople et accompagné de trois molettes du second.

Cette famille est représentée par le comte de Berthou à Paris et de Berthou au château de Chanderue par le Lude, département de la Sarthe.

BERTIER. *Nivernais, Languedoc.*

Nivernais. D'azur à une fasce d'or, accompagnée en chef d'une rose d'argent, et en pointe de trois glands d'or, posés 2 et 1.

Languedoc. D'or, à un taureau cabré de gueules, chargé de cinq étoiles d'argent rangées en bande.

On retrouve encore trois représentants du nom; deux portent le titre de comte : le premier habite la campagne dans l'Indre; le second réside à Paris; le troisième est propriétaire à Toulouse.

BERTIN. *Picardie, Bretagne, Guyenne, Limousin, Normandie, Ile-de-France, Périgord.*

Picardie, Bretagne. Losangé d'argent et d'azur.

Guyenne, Gascogne. D'azur au château donjonné de trois tourelles d'argent, maçonnées de sable.

Limousin. De gueules au lion d'or adextré d'une épée d'argent.

Ile-de-France. D'argent au sautoir dentelé de sinople, cantonné de quatre mouchetures d'hermines.

Périgord. Écartelé : au 1 d'azur à une épée d'argent garnie d'or posée en pal, la pointe en haut; aux 2 et 3 d'argent à une terrasse de sinople, accompagnée de trois roses de gueules plantées sur la terrasse, tigées et feuillées de sinople; au chef d'azur, chargé de trois étoiles d'or; au 4 d'azur, au lion d'or.

Cette famille a pour représentants : de Bertin de Vaux, commandeur de la Légion d'honneur, conseiller-général, à Marly-le-Roi, département de Seine-et-Oise; de Bertin de Chalup, chevalier de la Légion d'honneur, officier supérieur de cavalerie en retraite, à Paris; de Bertin de la Hautière, à Rennes.

BERTINAULD DE SAINT-SEURIN. *La Rochelle.*

De sable, à trois hures de sanglier d'argent, posées 2 et 1. — D'azur à un chevron d'argent, chargé de trois rats de sable.

De Bertinauld de Saint-Seurin, unique représentant du nom, réside au château de Saint-Seurin, par Cozes, département de la Charente-Inférieure.

BERTON DES BALBES. *France.*

D'or à cinq cotices d'azur.

Cette famille distinguée a deux représentants : Rodrigue de Berton des Balbes, duc de Crillon, grand-officier de la Légion d'honneur, ancien pair de France, général de brigade, à Paris; Louis-Prosper de Berton des Balbes, marquis de Crillon, commandeur de la Légion d'honneur, ancien pair de France, général de brigade, à Paris.

BERTOULT. *Artois, Picardie.*

De gueules à la fasce, accompagnée en chef de trois coquilles et en pointe d'un lion léopardé, le tout d'or.

Cette famille, originaire de l'Artois, a deux représentants : le marquis de Bertoult d'Hautecloque, au château d'Hautecloque, à Saint-Pol-sur-Ternoise, département du Pas-de-Calais; Olivier, baron de Bertoult, au château d'Hulluch, même département.

BERTRAND. *France.*

Vingt-sept familles distinctes sont groupées sous le nom générique de Bertrand. Un grand nombre sont éteintes ou n'ont plus de représentants officiels dans la noblesse de France. Nous réunissons sous la même désignation tous ceux dont l'existence est notoirement constatée, savoir :

Henri, vicomte de Bertrand, commandeur de la Légion d'honneur, général de brigade, à Paris; de Bertrand, au château de Mondilhan, par Boulogne, département de la Haute-Garonne; Julie-Félix de Bertrand, écuyer, chevalier de la Légion d'honneur, président du tribunal de Saint-Flour, département du Cantal; de Bertrand de Beauvoir, ancien receveur des contributions, à Paris; le baron Henri Bertrand de Geslin, chevalier de la Légion d'honneur, sous-préfet, à Ancennis, département de la Loire-Inférieure et au château d'Oiseliniere, par Basse-Indre, département de la Seine-Inférieure.

BERTRAND DE BEUVRON. *Bretagne.*

Losangé de gueules et d'hermines. Supports : deux lions.

Devise : *Potius mori quam fœdari.*

Cette famille originaire de Bretagne, est établie depuis longtemps dans le Bourbonnais; le chef porte le titre de comte transmissible dans sa race de mâle en mâle par ordre de primogéniture. Elle a plusieurs représentants, entr'autres le vicomte Albert de Bertrand de Beuvron, officier d'infanterie. Le château patrimonial, celui de Beuvron, situé sur la commune de la Perche, département du Cher, appartient à mademoiselle de Beuvron, fille ainée de Joseph, comte de Bertrand de Beuvron, décédé.

BERULLE. *Champagne.*

De gueules au chevron d'or, accompagné de trois mollettes d'éperon de même.

Cette famille a pour chef de nom et d'armes et seul représentant connu un propriétaire à Foissy, par Villeneuve-l'Archevêque, département de l'Yonne.

BERVILLE (Sanson de). *France.*

D'or à trois sansonnets de sable, becqués et pattés de gueules, deux en chef et un en pointe.

Devise : *Ex forti dulcedo.*

La généalogie de cette famille de 1429 à 1657 a été publiée dans l'*Histoire des mayeurs d'Abbeville et comtes de Ponthieu*, par le père Ignace, carme, né Jacquet Sanson. — 1657, in-folio.

Cette famille a pour chef de nom et d'armes Louis de Sanson de Berville, à Bourges, qui épousa Augustine-Alix, Branche de Flavigny, dont postérité.

BÉRY. *Ile-de-France, Champagne.*

Ile-de-France. D'argent à une fasce de sable, le bord supérieur denché ; accompagné de trois têtes de lévrier de même, colletées d'or.

Champagne. D'or à la bande de sable percée de trois bâtons de même.

L'unique représentant du nom de Béry est conseiller d'arrondissement à Guervillers, département du Haut-Rhin.

BÈS. *Espagne.*

D'argent à une tige coupée de trois fleurs de lis de sinople.

Cette famille compte trois représentants : Emmanuel de Bès de Berc, chef de nom et d'armes, ingénieur des constructions navales, à Lorient, département du Morbihan ; Félix de Bès de Berc, notaire honoraire et maire, à Marvejols, département de la Lozère ; Andronic de Bès de Berc, docteur en médecine, directeur honoraire de l'asile public de Stephansfeld, à Strasbourg.

BESANCENET. *Champagne.*

Coupé d'azur, à une balance d'argent et d'or, à deux drapeaux croisés de gueules transpercés d'une épée de sable.

Ancien maréchal des logis des gardes du corps du roi Charles X, Jean-Richard de Besancenet, écuyer, chevalier de la Légion d'honneur, a épousé Caroline de Selle de Beauchamps. Il habite le château de Corgirnon, dans le département de la Haute-Marne.

BESANÇON. *Ile-de-France.*

D'or, à une tête de maure, tortillée d'argent, accompagnée de trois trèfles de sinople.

Ces armes sont blasonnées dans l'*Armorial général* sous le nom de Besançon du Plessis; mais nous ne connaissons qu'un de Besançon de la Main-Ferme, à Orléans.

BESCHART ou **BESCHARD.** *Bretagne, Normandie.*

BRETAGNE. D'azur à trois bèches d'argent.

Devise : *Memorare novissima tua.*

NORMANDIE. BESCHART DE COLBOC. De gueules à la fasce d'argent, chargée de cinq chevrons brisés de sable, et accompagnée en chef au côté dextre d'une molette d'éperon d'or, au côté senestre d'une coquille de même, et en pointe d'une autre molette aussi d'or.

Nous retrouvons dans la noblesse de France représentée aujourd'hui le nom de Beschard, proprement dit, dans le Loiret et le vicomte de Beschart de Bois-Robert dans le même département.

BÉSIADE. *Béarn, Orléanais.*

D'azur à la fasce d'or, chargée de trois étoiles de gueules et accompagnée en pointe d'une coquille d'or; à l'écusson de France, brochant sur la fasce.

De Bésiade, duc d'Avarey, chef de nom et d'armes de cette illustre maison, réside à Paris; il a un fils, Camille, marquis de Bésiade d'Avarey, et un petit-fils, Hubert de Bésiade d'Avarey. Il a aussi un frère, Louis, comte de Bésiade d'Avarey.

BESNARD. *Alençon, Touraine.*

ALENÇON. D'azur à deux fasces ondées d'or. — D'azur à une bande d'argent. — Losangé de sinople et d'argent.

TOURAINE. D'argent à un arbre de sinople, le pied entortillé d'un serpent de sable sur une terrasse de sinople accompagnée en chef de deux étoiles d'azur. — D'azur à une ancre d'argent à un chef d'or, chargé de trois étoiles de gueules.

Nous retrouvons dans les représentants de la noblesse de France, Besnard de la Giraudais, conseiller-général à Loroux, département de la Loire-Inférieure, et de Besnard du Val, médecin à Rheims.

BESNIER DE LA PONTONNERIE. *Paris.*

D'azur à une gerbe d'or accompagnée de deux étoiles de même en chef et d'un croissant d'argent en pointe. — D'or à un chevron d'azur surmonté de trois mouchetures d'hermines, celle du chef accostée de deux losanges de gueules et une de même en pointe.

Le seul représentant du nom est directeur de la compagnie de la Sécurité, à Paris.

BESSAS DE LA MÉGIE. *Aquitaine. Limousin, Touraine.*

Écartelé : aux 1 et 4, de gueules à une fasce, accompagnée de trois béliers d'argent; aux 2 et 3, coupé d'azur et d'or, à trois lions posés 2 et 1 de l'un en l'autre.

Couronne : de comte; — cimier : une tête de lion au naturel. — Supports : deux lions.

Devise : *Semper audax et tenax.*

Issus de l'une des plus anciennes et plus nobles maisons d'Aquitaine, d'origine chevaleresque, les de Bessas sont une branche cadette des de Larieu, qualifiés chevaliers dès le XIme siècle, seigneurs de Larieu, d'Ussat, de Bessas, de Mauléon-Barousse, etc., etc.

Les de Bessas ont quitté le nom de Larieu et pris le nom de Bessas, ainsi que le faisaient les cadets de nobles maisons, et l'ont conservé comme nom patronimique.

Les anciennes chartes, montres et maintenues portent indifféremment : de Baissaz, de Baissas, de Bessa, de Bessat, de Bessaz et enfin de Bessas dont l'usage a prévalu.

La maison de Bessas s'est répandue en Touraine, en Espagne et dans le Limousin.

Le château de Bessas, dont les ruines existent encore, était situé au milieu de la commune de ce nom, arrondissement de Largentière, département de l'Ardèche.

Parmi les nombreuses seigneuries que possédait la maison de Bessas, on cite celles de la Roche, de la Geneste, de Troche, de la Vergne, de la Blancherie, du Bisjardel, de Chaumont, de Leyscuras de la Mégie, de Lafond, de Chateauneuf, etc., etc.

La terre seigneuriale de la Mégie dont les ruines existent encore aujourd'hui est située dans le département de la Corrèze, commune d'Arnac-Pompadour.

Elle a formé plusieurs branches : l'aînée commençait au onzième siècle par Isambart de Bessas et s'est éteinte en 1854 en la personne du marquis Henri-Jacob de Bessas, ancien procureur impérial à Aqui et à Milan, ancien maire de Brives, chevalier de la Légion d'honneur, fils du marquis de Bessas et de Jeanne Catherine de Lissac de la Borie.

La troisième branche qui seule nous occupe ici, a pour auteur :

Noble Jean-Baptiste de Bessas, seigneur de la Mégie,

épousa à Troche, Anne de Plomby, qui mourut en septembre 1715 et fut inhumée dans la chapelle Sainte-Catherine de Troche, dans laquelle la maison de Bessas avait droit de sépulture.

Armes de la maison de Plomby : d'or, à la fasce de sable, chargée d'une merlette du champ.

De ce mariage sont issus plusieurs enfants entre autres l'ainé :

Noble Guillaume de Bessas, seigneur de la Mégie, qui épousa Marie de Sauvanelle.

Armes des Sauvanelle · d'argent à une croix fleuronnée de gueules. De ce mariage sont nés plusieurs enfants; l'ainé fut : Noble Jean-Baptiste de Bessas de la Mégie, marié à Jeanne-Marie Blondy de la Croix.

Armes des Blondy de la Croix : de gueules au lion d'argent, passant sur un tronc d'argent posé en bande.

Noble Jean-Baptiste de Bessas de la Mégie fit ériger la terre de la Mégie en comté par lettres patentes de juillet 1751.

De cette union sont issus plusieurs enfants, entre autres l'aîné :

Le comte Mathurin de Bessas de la Mégie, décoré de l'ordre du Lys, qui épousa le 26 février 1783, Marie Angélique Cellot, fille de Louis Cellot, écuyer du roi, et de Marie Angélique de Jombert.

Armes des Cellot : d'argent, à un arbre de sinople, au chef d'azur, chargé de trois étoiles d'or.

De ce mariage est né un fils unique qui suit :

Le comte Auguste de Bessas de la Mégie, maire pendant quinze ans de l'ancien dixième arrondissement, (nommé à l'élection), ancien directeur de chemin de fer, ancien secrétaire de la société d'instruction élémentaire, administrateur de plusieurs chemins de fer, officier de la Légion d'honneur, etc.

Étant né en 1797, époque où les titres étaient exclus des

actes publics, il n'avait été inscrit sur ses actes que sous le nom de Bessas-Lamégie. Par un jugement du tribunal de première instance de la Seine, en avril 1852, il a obtenu la rectification de ses actes; décédé le 26 mars 1858, il avait épousé Anne-Charlotte Boulay de la Meurthe, fille du comte Boulay de la Meurthe, ministre d'état, sous Napoléon Ier, membre du conseil privé, rédacteur du code civil, grand officier de la Légion d'honneur, grand-croix de l'ordre de la Réunion, décédé en 1840. Elle est sœur du comte H. Boulay de la Meurthe, ancien vice-président de la République, décédé sénateur. Elle est également sœur du comte Joseph Boulay de la Meurthe, sénateur, et de madame de Courcel.

Armes des comtes Boulay de la Meurthe : d'azur, à la gerbe liée d'or, soutenue d'une champagne d'argent du tiers de l'écu, chargée de deux palmes de sinople passés en sautoir; au franc quartier de comte tiré du conseil d'état.

De cette union sont nés deux enfants :

A. Clotilde de Bessas de la Mégie, épousa le général, marquis Paul-Edouard d'Amiguet de Vernon, ancien grand prévôt des armées de Crimée, de Kabylie, d'Italie, commandant les subdivisions de la Haute-Marne et de la Haute-Saône, commandeur de la Légion d'honneur, commandeur du Medjidié, grand-officier des Saints Maurice et Lazare, compagnon de l'ordre du Bain, etc., le 6 décembre 1867.

Armes des Vernon : Écartelé : au 1 de gueules à une épée d'argent; au 2, d'azur à une croix d'or accompagnée double en chef et en pointe; au 3, d'azur à une ancre d'or; au 4, d'or à un coq de sable. Couronne de marquis. Devise : *Vernum semper viret.* — Cri : *Vernon ! Vernon !*

De ce mariage sont nées deux filles :

a. Marguérite de Vernon, née à Paris, morte à sept mois, à Hussein-Dey, Algérie.

b. Anne-Henriette-Charlotte de Vernon.

b. Le comte Oscar de Bessas de la Mégie.

La maison de Bessas de la Mégie est alliée aux Petit de la Fosse, de Vallandé, de Rottier, de Montalct, d'Arsilly, de Lagrée, de Pompadour, du Rouveix, de la Borderie, de la Rochefoucauld-Cousage, de Chaiant, de Maulmont, de Potier, de Fleuriant, Girard du Demaine, Le Gardeur de Tilly, de Mainbray, de Montferrand, de la Roche Aymon du Cluseau, de Plaisant du Bouchiat, d'Almet, etc., etc.

Auteurs à consulter :

Willot, Athen, Frank et Wandingue, Moreri, Saint-Allais; d'Hozier, *Nobiliaire universel*, tome I, page 113; *Archives générales*, 27ᵉ volume de la collection entière, page 317; tome XI de l'*Annuaire de la Noblesse* de Borel d'Hauterive, page 321; *Moniteur de la Noblesse*, de 1854, page 67; *Dictionnaire* de Girault de Saint-Fargeau; la *Science du blason*, page 36; *État présent de la Noblesse*, page 277; *Annuaire de la Noblesse* de 1868, page 431; Papiers de famille, etc., etc.

BESSAY. *Poitou.*

De sable à quatre fusées d'argent posées en bande.

L'unique représentant de cette famille est bibliothécaire de l'œuvre des bons livres, à Luçon, département de la Vendée.

BESSE. *Limousin, Auvergne, France.*

Limousin. D'azur au chevron d'or.

Auvergne. D'azur au lion d'argent, armé, lampassé et couronné de gueules.

France. Besse de Bouchebant. D'azur au loup passant d'or, soutenu d'une champagne cousue de gueules et surmonté d'un soleil d'or.

Besse compte deux représentants. Ils joignent à leur nom celui de la Romignière ; l'un est conseiller-général à Cahors, l'autre, juge de paix à Sidi-bel-Abbès, Algérie.

BESSÉ. *La Rochelle.*

D'azur à onze billettes d'argent posées 4, 3 et 4.

Ce nom est représenté par de Bessé, propriétaire rural dans le département de Seine-et-Marne, et par de Bessé, inspecteur des finances, officier de la Légion d'honneur, à Alger.

BESSET. *Languedoc.*

D'azur à un chevron d'argent, accompagné de trois étoiles d'or; au chef abaissé d'argent.

De Besset est maire à Lamastre, département de l'Ardèche.

BESSIÈRE ou **BESSIÈRES.** *France.*

D'argent au cheval passant de sable, surmonté de trois molettes de gueules rangées en chef; à la bordure du troisième. — Écartelé : au 1 d'azur au lion d'or lampassé de gueules; au 2 d'argent, à l'épervier essorant de sable; au 3 d'or à la tour d'azur, maçonnée, ouverte et ajourée de sable; au 4 de gueules au renard d'or; au chef de l'écu de gueules, semé d'étoiles d'argent.

On connaît sous ce nom Bessières de la Jonquières, juge de Paix, à Saint-Fargeau, département de l'Yonne.

BESSON. *Lorraine, Suisse, Languedoc.*

Lorraine. D'azur à deux badelaires d'or, passés en sautoir et accompagnés en chef d'une fleur de lis de même.

Suisse. D'argent à la bande d'azur, chargée d'une fleur de lis d'or et accompagnée de deux lions de gueules.

Languedoc. Coupé, tranché, parti et gironné d'or et de sinople.

Ce nom est représenté par le secrétaire général de la préfecture, à Beauvais et par le directeur des postes, à Montauban.

BESUCHET DE SAUNOIS. *Paris.*

D'azur à un chevron d'or accompagné de deux tourterelles d'argent en chef et d'un chêne d'or sur une terrasse de même en pointe.

Besuchet de Saunois, officier de la Légion d'honneur, unique représentant du nom, réside à Paris.

BÉTHANCOURT. *Artois.*
D'argent au lion de sable armé de gueules.
De Béthancourt, chef de nom et d'armes de sa famille, réside à Paris.

BÉTHISY. *Bourbonnais, Soissonnais.*
BOURBONNAIS. D'azur fretté d'or de six pièces.
SOISSONNAIS. D'azur à une fasce d'or chargée d'un cœur de gueules, d'où sortent, à dextre un souci de gueules, et à senestre, une pensée de pourpre, tigées tous deux de sinople; à trois étoiles d'or en chef, et en pointe, un croissant d'argent à une bordure d'azur frettée d'or.
Le marquis de Béthisy, chef de nom et d'armes de sa maison, réside à Paris.

BÉTHUNE. *Artois.*
D'argent à une fasce de gueules.
Ce beau nom, également revendiqué comme de même souche en Belgique, a pour représentants le comte de Béthune à Renwez, département des Ardennes; de Béthune, maire à Cambronne, par Ribécourt, département de l'Oise; le comte Maximilien de Béthune-Sully, et le comte Charles de Béthune-Sully tous deux à Paris.

BÉTON. *Caen.*
D'hermines à trois roses de gueules en chef, deux en fasce, une en pointe.
L'unique représentant du nom, de Béton, chevalier de la Légion d'honneur, réside à Saint-Cyprien, département de la Dordogne.

BETTANCOUR. *Artois.*

ARMES ANCIENNES : Échiqueté d'or et d'azur.

ARMES MODERNES : D'argent à la bande de gueules, chargée de trois coquilles d'or.

Cette famille n'est plus représentée que par madame de Bettancour, à Lyon.

BEUGNOT. *France.*

D'argent, au chevron d'or, accompagné de trois grappes de raisin de gueules.

Le comte Arthur-Auguste Beugnot, ancien pair de France, officier de la Légion d'honneur, membre de l'Institut, représentant de la Haute-Marne, né le 18 mars 1797, est le fils de Jacques-Claude Beugnot, comte, sénateur de l'empire, ministre de la marine en 1814; — C'est l'oncle maternel du comte Curial.

BEUGNY D'HAGERUE. *Artois.*

D'argent à l'aigle à deux têtes éployée de sable; au pairle d'or brochant sur le tout.

Cette famille est représentée par Amédée-Louis de Beugny d'Hagerue, chevalier, au château de Lozinghem, par Lillers, département du Pas-de-Calais, qui a deux fils : George et Paul de Beugny d'Hagerue.

BEUIL. *Artois.*

D'argent à l'aigle éployée de sable, au pairle d'or, brochant sur le tout.

Le comte de Beuil, unique représentant du nom, réside au château de Courtemont-Varennes, à Condé-en-Brie, département de l'Aisne.

BEURET. *Alsace.*

D'azur à trois canards d'argent, nageant dans un étang de même.

Le vicomte de Beuret, grand officier de la Légion d'honneur, général de division d'artillerie, est directeur général des poudres et salpêtres, à Paris. Il est l'unique représentant du nom.

BEURMANN. *France.*

Écartelé : au 1 d'or au casque grillé, taré de profil de sable, cloué d'argent; au 2 des barons militaires; au 3 d'azur au cheval galopant; au 4 d'argent à la tente d'azur, ouverte et terrassée de sable, surmontée d'une étoile de sinople et entourée de deux branches de laurier au naturel, croisées en sautoir par la tige.

Le chef de nom et d'armes de cette famille, Eugène-Catherine, baron de Beurmann, est général de brigade d'artillerie, commandeur de la Légion d'honneur, décoré de l'ordre du Médjidié de quatrième classe, fils de Frédéric-Auguste de Beurmann, baron de l'empire, mort à l'âge de trente-sept ans, général de brigade de cavalerie, commandeur de la Légion d'honneur, chevalier de Saint-Louis. Il est aussi neveu d'Ernest, baron de Beurmann, mort général de brigade d'infanterie, grand officier de la Légion d'honneur, chevalier de Saint-Louis.

BEUVERAND. *Bourgogne.*

D'azur au bœuf d'or couronné de même, colleté de gueules et clariné d'argent.

Le chef de nom et d'armes de la famille de Beuverand est propriétaire dans la Côte-d'Or. Il représente la branche aînée; la branche cadette est également représentée; celle de Vernotte est éteinte.

BEUVILLE. *Normandie.*

De gueules semé de mouchetures d'hermines d'argent; à une fleur de lis de même, brochante sur le tout. — Palé d'argent et de gueules.

L'unique représentant du nom réside à Versailles.

BEUVRON. *France.*

Écartelé : au 1 d'Harcourt. brisé d'un lambel à trois pendants d'argent; au 2 bouclé d'azur et d'or; au 3 d'or à la fleur de lis de gueules; au 4 de gueules à trois fermeaux ou boucles d'or.

Le vicomte de Beuvron, chef de nom et d'armes, réside au château de Reuilly, par Fay-aux-Loges, département du Loiret; l'abbé de Beuvron, autre représentant du nom, est aumônier du Val-de-Grâce, à Paris.

BEVIÈRE (DE LA). *France.*

De gueules à la croix fleurdelisée d'or.

Le baron de la Bevière, chef de la famille, habite la campagne dans le département de l'Ain; de la Bevière a sa résidence au château de l'Angreau, par Champtoie, département de Maine-et-Loire.

BEVY. *Bourgogne.*

D'argent à un chevron de gueules, accompagné de trois ancres de sable, posées deux en chef et une en pointe.

L'unique représentant du nom, de Bevy, maire de Bonneguete, réside au château de Bevy, par Rumilly, département de la Haute-Savoie.

BEYNAC. *Périgord, Guyenne, Gascogne, Languedoc.*

PÉRIGORD. Burelé d'or et de gueules.

GUYENNE, GASCOGNE. D'azur à trois chevrons d'or; à deux branches de sinople en pals brochant sur le tout.

LANGUEDOC. De gueules au lièvre courant en bande d'argent.

La marquise de Beynac habite Paris, et de Beynac, le château de son nom, par Saint-Saud, département de la Dordogne.

BEYNAGUET. *Auvergne.*

D'argent à une canette de sable, becquée et membrée de gueules, nageant dans une rivière de sinople; au chef cousu d'or à trois losanges de gueules.

Devise : *Cara, patria, carrior, libertas.*

Cette devise qui date de l'an 1328, prouve l'ancienneté de cette famille qui descend des comtes de Foix, fit ses preuves de Cour et de Malte et qui a pour représentants actuels deux chefs de famille : Aimable-Rodolphe de Beynaguet, marquis de Pennautier, au château de Pennautier, département de l'Aude, et son fils puiné Paul-Amable-René de Beynaguet, comte de Pennautier, qui a épousé Blanche de Chazelles Chusclan.

BEYNE. *Languedoc.*

De gueules à trois annelets d'argent.

Le baron de Beyne, seul représentant de la famille, réside à Paris.

BEZANNE. *Champagne.*

D'azur, semé de besants d'or, au lion d'argent brochant sur le tout.

Nous ne retrouvons plus le nom de Bezanne que dans le département de l'Aisne.

BÈZE. *Nivernais, Bourgogne.*

De gueules à la fasce d'or, chargée de trois roses d'azur et accompagnée en pointe d'une clef d'argent en pal. (Ces armes sont celles du théologien célèbre, Théodore Beza.)

De cette famille il n'existe plus que deux représentants : François Gaspard de Bèze, né en 1795, au château de Mont, département de la Nièvre, et son fils François-Marie-Théodore de Bèze, né en 1831.

BÉZIEUX ou **BAIZIEUX**. *Provence, Picardie.*

D'azur à la croix d'or, vivrée de deux traits de sable.

Cette famille est représentée à Cognin, par Vinay, département de l'Isère.

BEZIN. *Guyenne.*

D'azur à un P et un B d'or.

L'unique représentant du nom, de Bezin réside à Toulouse.

BEZOLLES. *Gascogne.*

D'or à deux vaches passantes de gueules, accolées et clarinées d'azur; au chef de même, chargé de trois étoiles du champ.

Le comte de Bezolles, unique représentant du nom, réside au château de Camarade, par Valence, département du Cher.

BIBAL. *Agenois.*

De gueules à la tour d'argent, maçonnée et ajourée de sable, crenelée de cinq pièces et accompagnée en pointe d'un croissant aussi d'argent.

Devise : *Judicio et Justicia.*

Cette famille a pour chef de nom et d'armes Louis-Charles-Aymar des Anges de Bibal, avocat, à Agen.

Elle est encore représentée par George-William-Hippolyte des Anges de Bibal, frère du chef de la famille, officier au 6e de chasseurs, et par un oncle, Louis-Charles-Nathalie des Anges de Bibal, docteur en médecine. Il a un fils, Jean-Pierre-Justin-Roger, officier au 3e régiment des tirailleurs Algériens.

BICHE. *Artois.*

D'argent à trois tourteaux de sable.

De la Biche réside à son château de Busserolles, par Bellac, département de la Haute-Vienne.

BICHIER (Des Ages). *Poitou.*

De sable à la biche passante d'argent, colletée d'or.

Bichier des Ages, chevalier de la Légion d'honneur, auquel se rapportent ces armoiries, est maire de Cosne dans le département de la Nièvre.

BIDÉ DE LA GRANDVILLE. *Bretagne, Belgique.*

D'argent, au lion de sable armé et lampassé de gueules, accompagné en chef à dextre d'un croissant d'azur et à sénestre d'une étoile de même.

Julien-Léon, comte de Bidé de la Granville, unique représentant du nom, réside au château de Beaucamp, près de Lille.

BIDERAN. *Guyenne.*

De gueules au château d'argent.

De Bideran, unique représentant de cette famille, réside au château de Lagrèze, Dordogne.

BIE DE COLIGNY. *Flandre.*

D'or à la fasce bretessée et contre-bretessée de sable, accompagnée de sept abeilles de même, quatre en chef, trois en pointe.

Cette famille n'est plus représentée que par une dame douairière, à Lyon.

BIENASSIS. *Bretagne.*

D'argent à dix mouchetures d'hermines de sable; au chef de gueules, chargé de trois fleurs de lis d'or.

Cette famille n'est plus représentée que par de Bienassis, maire de Montesquieu, dans le département de Lot-et-Garonne.

BIENCOURT. *Berry, Auvergne, Normandie.*

BERRY, AUVERGNE. D'argent au lion d'azur, armé, lampassé et couronné de gueules.

NORMANDIE. De sable au lion d'argent, armé, lampassé et couronné de gueules.

Le nom de Biencourt compte de nombreux représentants : un marquis et un comte, à Paris; un marquis et un comte dans l'Indre-et-Loire.

BIERNE (van). *Belgique.*

D'argent à la croix de gueules, cantonnée de douze merlettes de même, rangées en orle. (Suivant quelques-uns cette famille porte de gueules à la croix d'or, cantonnée de douze merlettes de même, rangées en orle.)

Van Bierne, unique représentant du nom, est architecte à Paris.

BIEVILLE. (Le Cocq ou Le Coq de). *Normandie.*

D'or au coq de gueules.

Devise : *Semper vigil honoris.*

Cette famille qui a donné deux lieutenants généraux de la vicomté de Caen, a deux représentants : John-Victor le Cocq ou le Coq de Bieville, à Caen, qui a épousé Jenny-Ida, comtesse de Schmettau, dont une fille, et son frère Francis-Casimir le Cocq de Bieville, sans alliance.

BIGARRÉ. *Bretagne.*

Écartelé : au 1 de sinople au lion d'or; aux 2 et 3 d'or à l'ancre de sable; au 4 d'azur au navire voguant sur une mer et accompagnée en chef à dextre d'une étoile à cinq rais, le tout d'argent.

Cette famille n'est plus représentée que par madame la douairière de Bigarré, à Rennes.

BIGAULT. *Lorraine. Champagne.*

D'azur à trois furets d'argent, deux en chef, un en pointe, ceux du chef adossés, accompagnés de trois étoiles d'or, deux en fasce, une en pointe.

Cette famille a de nombreux représentants : de Bigault d'Avocourt, commandeur de la Légion d'honneur, colonel-commandant le 12ᵉ régiment de dragons; de Bigault d'Avocourt, inspecteur des forêts, à Montmédy, département de la Meuse; de Bigault de Boureuille, conseiller d'état; de Bigault de Granrut, chevalier de la Légion d'honneur, capitaine au 81ᵉ de ligne; de Bigault de Granrut, frères, maîtres de forges, à Loivre, département de la Marne; de Bigault de Granrut, chevalier de la Légion d'honneur, chef de bataillon au 35ᵉ de ligne; de Bigault de Granrut de Fouchères, ancien magistrat, à Étampes; de Bigault de Casanove, chevalier de la Légion d'honneur, capitaine d'infanterie, en retraite, à Varennes, département de la Meuse; de Bigault de Casanove, négociant, à Avize, département de la Marne; de Bigault de Casanove, chevalier de la Légion d'honneur et de Saint-Grégoire-le-Grand, capitaine du génie, à Sisteron, département des Basses-Alpes; de Bigault de Maisonneuve, chevalier de la Légion d'honneur, chef de bataillon au 4ᵉ de ligne.

BIGEON DE COURSY. *La Rochelle.*

D'argent à une croix ancrée.

L'unique représentant du nom, Bigeon de Courcy, chevalier de la Légion d'honneur, est inspecteur des forêts à Chaumont, département de la Haute-Marne.

BIGER. *Alençon.*

D'argent à deux vaches de gueules passantes l'une sur l'autre.

Adolphe de Biger, unique représentant du nom, réside à Magnoncourt, par Saint-Loup, département de la Haute-Saône.

BIGILLON. *Dauphiné.*

De gueules au croissant d'argent en chef et une lune de même en pointe; au chef cousu d'azur chargé de trois étoiles d'or.

Cette famille a divers représentants : Emile Bigillon, greffier en chef du tribunal de première instance, à Grenoble; Casimir Bigillon, chevalier de la Légion d'honneur, conseiller de la cour impériale, à Grenoble.

BIGNE (la). *Normandie.*

D'argent à trois roses de gueules posées 2 et 1. Couronne : de marquis.

Cette famille connue depuis le XIIe siècle et dont la filiation suivie remonte au XIVe siècle, se divise en deux branches et la branche aînée se subdivise en deux rameaux. Gaston-Victor, marquis de la Bigne, capitaine de cavalerie de la garde impériale, est chef de nom et d'armes de sa famille. Le premier rameau comprend encore Louis-Bernardin, comte de la Bigne, ancien officier de cavalerie, marié; le deuxième rameau de la branche aînée se compose également de plusieurs membres : Henri, comte de la Bigne, au château de Petit-Saint-Mars, près Étampes; Léon, vicomte de la Bigne, ancien officier d'infanterie de la garde impériale, à Montfort-l'Amoury, près Étampes, et deux filles mariées.

La seconde branche est représentée par Louis, comte de la Bigne, ancien inspecteur des finances à Montfort, département Seine-et-Oise, et par son fils, Gabriel, vicomte de la Bigne, à Versailles.

BIGNY. *Bourbonnais.*

D'azur au lion d'argent, l'écu semé de poissons de même.

Le *Promptuaire*, armorial de Jean Boisseau, seconde partie, édition de 1657, in-folio, page 38, dit :

D'azur semé de chabots d'or, au lion de même brochant sur le tout.

Le marquis de Bigny, chef de nom et d'armes, seul représentant connu du nom, réside dans le département du Cher.

BIGOT. *France, Normandie, Bretagne, Picardie.*

FRANCE. Parti : au 1 de sable au lion d'argent, armé, lampassé et couronné d'or, tenant de sa patte dextre trois flèches d'or, l'une en pal, les deux autres passées en sautoir les pointes en bas; au 2 d'argent, à trois lézards de sinople.

NORMANDIE. D'azur au chevron d'or, accompagné de trois coquilles de même; au chef du second. — D'argent au chevron de sable accompagné de trois doubles roses de gueules. — De gueules à la bande d'or accompagné de huit flanchis de même, rangés en orle. — D'argent à deux fasces de gueules, accompagnées de six quintefeuilles de même, rangées 3, 2 et 1. — D'argent au chevron de gueules accompagné de trois fourmis de sable.

BRETAGNE. D'argent à l'écureuil de pourpre couronné d'or. — De sable à trois têtes de léopard d'or, languées de gueules. — D'argent au lion morné de gueules.

PICARDIE. De gueules à trois fourmis d'or, rangées en fasce l'une sur l'autre.

Les différentes familles de ce nom encore existantes aujourd'hui sont représentées comme suit :

BIGOT DU CHAPELET DE COURGERON, représentant unique, à Courgeron par Exones, département de l'Orne.

BIGOT DU CHESNAY; représentant unique, à Rennes.

BIGOT-D'ENGENTE; représentant unique, à son château à Bar-sur-Aube.

BIGOT DE MOROGUES; quatre représentants : Paul, vicomte de Bigot de Morogues, à Orléans; Achille, baron de Bigot de Morogues, à Orléans; Alexandre, baron de Bigot de Morogues, à Orléans; Eudoxe, baron de Bigot de Morogues, à Orléans.

BIGOT DE PRÉAMENEU; représentant unique, à Paris.

BIGOT DE LA TOUANNE; deux représentants : Anatole, vicomte de Bigot de la Touanne, à Orléans; Roger, baron de Bigot de la Touanne, à Orléans.

BIGOUSSE. *France.*

D'azur au sautoir d'or cantonné en chef à dextre d'une étoile, à senestre d'un croissant et en pointe d'un chêne devant lequel passe un lévrier tourné vers sénestre, le tout d'or.

L'unique représentant du nom de Bigousse, directeur de sociétés financières, réside à Paris.

BILLARD. *Normandie, Maine.*

NORMANDIE. D'azur au chevron d'argent accompagné de trois molettes de même. — De gueules à trois pals d'or à la fasce d'argent brochant sur le tout, et chargée de trois besants d'or. — Écartelé : au 1 d'azur à l'étoile d'argent; au 2 de sable à trois fasces d'or; au 3 de gueules, au dextrochère d'or, mouvant du chef, tenant une lance du même, en barre; au 4 de sinople, au lion d'argent armé et lampassé d'or.

MAINE. Écartelé : aux 1 et 4 échiqueté d'or et d'azur; au chef du second, chargé de trois fleurs-de-lis du premier, qui est de Saint-Simon; aux 2 et 3 de sable chargé de cinq coquilles d'argent qui est de Rouvroy; sur le tout, échiqueté d'argent et d'azur, qui est de Billard.

Cette famille est représentée par de Billard de Saint-Laumer, maire de Chartres, département d'Eure-et-Loir.

BILLEBAULT DU CHAFFAULT. *Bourgogne.*

D'argent à l'aigle de sable, languée et onglée de gueules; au chef d'azur chargé de trois besants d'argent. Heaume : orné de ses lambrequins aux couleurs de l'écu.

Cette famille dont les membres ont occupé, jusqu'en 1789, la charge de président dans le bailliage de Sens est représentée par Pierre-Charles-Alphonse Billebault du Chaffault, au château du Hay, à Voisinnes, près Sens, département de l'Yonne.

BILLETTE DE VILLEROCHE. *Bretagne, Rouen, Orléans.*

BRETAGNE. De sable à trois fasces d'argent.

ROUEN. D'azur à une fasce d'argent accompagnée de trois billettes de même.

ORLÉANS. De sinople à un croissant d'or.

L'unique représentant du nom de Billette de Villeroche, est notaire à Vieille-Vigne, département de la Loire-Inférieure.

BILLIERS, (BERAULT DES). *Berry.*

D'azur au cygne d'argent, becqué et membré de sable, posé sur une terrasse de sinople ombrée d'or, et accompagné en chef d'une étoile d'argent. Couronne : de comte.

Cette famille a deux représentants : Philibert-Thomas de Berault des Billiers, résidant dans le département du Cher, qui épousa le 21 juillet 1829, Marie-Adrienne de Chassy, sa cousine sous-germaine, dont trois filles mariées ; Charles-Guillaume-Jean-Marie de Berault des Billiers, vicaire général d'Arras.

BILLION DU ROUSSET (DU). *Bourgogne.*

D'argent à trois chicots de sable, écotés chacun de trois pièces.

Cette famille n'est plus représentée que par du Billion du Bousset, curateur et administrateur provisoire des successions vacantes, à Paris.

BILLIOTY. *Florence.*

De gueules à un chef d'argent, chargé d'un renard passant du champ — ou selon Ciaconius dans son histoire des Papes et des cardinaux — d'argent, chargé d'un renard passant de gueules.

Cette famille, anciennement Volpi ou Vulpelli, est représentée par le marquis de Billioty qui réside à Paris.

BILLY. *Soissonnais.*

Vairé d'or et d'azur, à deux fasces de gueules; — les autres branches ont écartelé de celles d'Ivort, qui sont : d'or à une croix alaisée d'azur.

Ces armes sont celles de la branche aînée. Le nom compte trois représentants : un inspecteur général des mines; un auditeur à la cour des comptes; un contrôleur des contributions, à Paris.

BILMOREL. *Normandie.*

D'or au chevron de gueules chargé de trois croisssants d'argent.

L'unique représentant du nom, baronne de Bilmorel, réside à Rouen.

BINET DE JASSONNET. *Normandie, Beauvoisis, Touraine, Bretagne.*

NORMANDIE. De gueules à deux barres d'argent, la première surmontée d'une rose d'or accostée de deux de même, la seconde cotoyée à dextre d'une feuille de chêne d'or, et à senestre d'une rose de même. — D'azur au chevron d'or, accompagné de trois étoiles de même.

BEAUVOISIS. D'argent à la barre de sable, accompagnée de deux tourteaux de même. — D'azur à la fasce d'or, accompagnée en chef d'une étoile et en pointe de deux épis en pal de même.

TOURAINE, BRETAGNE. De gueules au chef d'or, chargé de trois croix recroisettées au pied fiché d'azur.

Cette famille n'a qu'un représentant : Binet de Jassonnet, maire à Dun-le-Roi, département du Cher.

BINOS. *Guyenne, Gascogne.*

D'or à la roue de gueules soutenant un chardon de sinople.

Cette famille est représentée par de Binos, inspecteur des

prisons, à Toulouse et par Alexandre de Binos de Pombarat, aide-commissaire de la marine, à Toulon.

BINOT. *Bretagne, Poitou.*

D'azur à la bisse d'argent, languée de gueules, tortillée en 8 de chiffre, et posée en pal.

Cette famille compte trois représentants : de Binot, au château de Chelle-Spou, par Lannemezan, département des Hautes-Pyrénées; de Binot de Villers, médecin à Neuvy-sur-Loire, département de la Nièvre; de Binot de Villers, à Paris.

BINOT DE VILLIERS. *Bretagne, Poitou, Ile-de-France.*

D'azur à la guivre d'argent, languée de gueules, tortillée en forme de 8 et posée en pal.

De Binot de Villiers, chef de nom et d'armes et unique représentant, réside à Paris.

BINTINAYE (LA). *Bretagne.*

D'argent à trois bandes de gueules; à une fasce de même brochant sur le tout.

Anatole de la Bintinaye, unique représentant du nom, réside à Rennes.

BION DE MARLAVAGNE. *Poitou.*

D'azur à trois ours d'argent.

L'unique représentant du nom, de Bion de Malavagne est procureur impérial à Florac, département de la Lozère.

BIRAGUE. *Milanais.*

D'argent à trois fasces bretessées et contrebretessées de gueules, de cinq pièces, chargées chacune d'un trèfle d'or.

Le comte de Birague, chef de nom et d'armes, réside à Paris; de Birague, sans titre, réside également à Paris.

BIRÉ. *Bretagne*

D'azur à une branche de grenadier d'or posée en fasce, feuillée et chargée de trois grenades de même ouvertes, grenetées et couronnées de gueules, deux en chef et une en pointe. Couronne: de comte.

Cette famille s'est composée de plusieurs branches dont les deux premières sont éteintes. La troisième se divise elle même en deux branches.

La première a pour chef de Biré, à Nantes, qui a trois fils: le premier directeur des transmissions des lignes télégraphiques, à Angoulême; le second, officier de cavalerie; le troisième, fonctionaire à la compagnie des chemins de fer d'Orléans. Les deux premiers sont mariés et l'aîné a un fils.

La seconde branche est également représentée par trois frères et cousins des précédents, l'aîné est officier d'infanterie, le second sans profession, le troisième élève à l'école militaire.

BIRMINGHAM. *Irlande.*

Parti, dentelé d'or et de gueules. Supports : Deux antilopes au naturel colletées et enchaînées d'or.

Cette famille, que des généalogistes disent éteinte, est représentée dans le département de la Manche.

BIRON. *Guyenne, Agénois.*

GUYENNE. D'azur à la bande d'or.

AGÉNOIS. Écartelé d'or et de gueules; l'écu en bannière.

Le marquis de Biron, unique représentant, est propriétaire à Biron, par Montpazier, département de la Dordogne.

BISSCHOP. *Flandre française.*

Écartelé : au 1 et 4 de gueules à la bande d'argent, chargée de deux crosses abbatiales de sable; aux 2 et 3 d'argent à la croix ancrée de sable.

Cette maison est encore représentée à Paris.

BISSON. *France, Normandie.*

FRANCE. De gueules au lion léopardé d'argent, surmonté d'une grenade de guerre enflammée d'or; au franc quartier des comtes militaires.

NORMANDIE. D'argent au chevron d'azur, accompagné de trois losanges de gueules; au chef échiqueté de sable et d'argent de trois tires, chacune de sept points.

Le dernier représentant de la famille du général de Bisson, comte de l'empire, écuyer de l'empereur, est George-Eugène Léon de Bisson, à Versailles.

Nous retrouvons d'autre part plusieurs représentants du nom : le chevalier de Bisson, dans les Alpes-maritimes; Louis-Augustin de Bisson de la Roque, à Bourseville, département de la Somme; Louis de Bisson de la Roque, au château de Bourseville, même département.

BIVILLE. *Normandie.*

D'argent à trois étais de gueules, surmontés de deux couples de chiens de sable.

Cette famille n'est plus représentée que par madame de Biville, au château de Friancourt, par Woincourt, département de la Somme.

BIZEMONT. *Picardie.*

D'azur au chevron d'or accompagné en chef de deux croissants d'argent, et en pointe d'une molette d'éperon d'or.

Le comte de Bizemont Prumelé est le seul représentant de la branche ainée. Il habite Orléans, l'hiver, et l'été le Berry.

La branche cadette porte le titre de marquis par suite de l'acquisition de la terre de Bélebat, érigée en marquisat.

Antoine, marquis de Bizemont, habite Paris et une terre dans l'Orléanais. On trouve encore d'autres rejetons de la branche cadette à Poitiers, à Paris et à Nancy.

La famille compte également cinq représentants dans l'armée.
Les descendants de l'ainé du nom ajoutent en abîme l'écu des armes de la maison de Prumelé.

BIZI. *Nivernais.*

Coupé : au 1 parti : à dextre d'azur à deux drapeaux en sautoir d'argent, montés d'or, surmontés d'une molette de même ; à sénestre de gueules, à l'épée en pal d'argent ; au 2 d'or à trois chevrons de gueules, l'un sur l'autre, accompagnés en chef de deux étoiles d'azur, et en pointe d'une ancre de sable. Couronne : de baron.

Le baron de Bizi, maire d'Écorches, par Trun, département de l'Orne, a sa résidence d'hiver à Paris.

BIZIEN. *Bretagne.*

Écartelé : aux 1 et 4 d'argent à la fasce de sable, accompagnée en chef d'une étoile à cinq rais de gueules et en pointe d'un croissant de même, qui est de Bizien ; aux 2 et 3 contre-écartelé de gueules et de sable à la croix d'argent, brochant sur les écartelures, qui est du Lézard.

Le comte de Bizien, réside dans son château de Montmurant, département d'Ille-et-Vilaine ; de Bizien du Lézard, habite Rennes et le château de la Tremblaye, près Dinan, département des Côtes-du-Nord.

BIZOUARD. *France.*

D'azur à deux chevrons d'or, accompagnés en pointe d'un lion de même.

L'unique représentant de cette famille, Louis de Bizouard de Montille, est attaché à l'administration des lignes télégraphiques, à Lyon.

BLACAS. *Provence.*

D'argent, à la comète à seize rais de gueules.

Le duc de Blacas, le comte Xavier et le comte Stanislas

résident à Paris. Un comte de Blacas, frère du duc, comme les précédents, réside au château de Vérignon, par Ains, département du Var; de Blacas est supérieur au petit séminaire à Montauban; la marquise de Blacas-Carros réside au château de Ratasbens, département du Tarn; la comtesse de Sinety-Blacas-Carros réside à Fréjus, département du Var, et la baronne de Blacas-Carros réside à Digne, département des Basses-Alpes.

BLAIN. *Lyonnais, Provence.*

LYONNAIS. De sinople au chevron d'argent chargé d'un croissant du champ.

PROVENCE. D'azur à trois épis de blé d'or, rangés sur une terrasse de même; au chef aussi d'azur chargé d'une étoile d'argent. — D'azur à un chevron d'or accompagné de trois croissants de même, deux en chef, un en pointe.

Cette famille à trois représentants du nom : de Blain des Cormiers, à Paris; un médecin, un substitut du procureur impérial et un propriétaire qui n'exerce aucune fonction. La douairière de Blain de Saint-Aubin réside à Rennes.

BLAINS (DES). *Provence.*

D'azur à un corbeau d'or.

L'unique représentant du nom, des Blains, réside au château d'Ambrony, département de l'Ain.

BLAINVILLE. *Normandie.*

D'azur à la croix d'argent, cantonnée de vingt croisettes recroisettées aux pied fiché d'or, cinq à chaque canton.

Cette famille s'est transportée dans les colonies ; elle est encore représentée par de Blainville, à Saint-Denis, Ile de la Réunion.

BLAIR. *Lorraine.*

De sable, à une fasce d'or, accompagnée de trois besants de même, posés deux en chef et un en pointe; à l'écu d'argent brochant sur la fasce, chargé d'un chevron ondé de sable accompagné de trois tourteaux de même, posés deux en chef et un en pointe.

Originaire d'Ecosse et venue dans le Béarn vers 1590, cette famille est représentée par le baron de Blair, au château de Montys-Ferrussiaux, par Haute-Galaine, département de la Loire-Inférieure et par de Blair, au château d'Etangs, par Vigy, département de la Moselle.

BLAISEL (DU). *Boulonnais, Boulogne.*

Ecartelé: aux 1 et 4 d'hermines, à six fusées de gueules, accolées et rangées en fasce, qui est du Blaisel; aux 2 et 3 d'or, à trois bandes d'azur, qui est de Quehove. Supports : Deux lions.

Nous ne connaissons qu'un représentant du nom, le marquis du Blaisel, à Paris.

BLAISY (CAUTIN DE). *Bourgogne*

D'or à la bande d'azur, accompagnée de six coquilles de même, rangées en orle.

Le chef de nom et d'armes de cette famille réside à la campagne dans le département de Saône-et-Loire.

BLANC. *Provence, Artois, Normandie, Champagne, Languedoc, Ile de France, Auvergne, Dauphiné, Bretagne.*

PROVENCE. D'azur au demi-vol d'argent. — De gueules à quatre fasces ondées d'or. — D'argent au cerf passant au naturel accompagné en pointe d'un croissant de gueules; au chef cousu du champ, chargé de trois étoiles d'azur. — Ecartelé: aux 1 et 4 d'azur à deux palmes enlacées d'or supportant un croissant d'argent, surmonté d'une larme d'or; aux 2 et 3 bandé de sinople et d'argent.

ARTOIS, NORMANDIE. D'azur au chevron d'or accompagné

de trois quintefeuilles de même; au chef du second, chargé d'une aigle de sable, couronnée d'or et au bourrelet d'or et d'azur.

Champagne. Coupé : au 1 d'or à l'aigle éployée de sable; au 2 d'azur plein. — D'argent au chevron de sable; au chef d'azur chargé de trois besants d'or.

Languedoc. D'azur à la fasce d'argent surmontée d'une croix de même, accompagnée de deux étoiles d'or en chef et en pointe d'un cygne d'argent soutenu d'une mer de même. — D'or à une aigle au naturel.

Ile de France, Provence. De gueules au dextrochère armé, mouvant de senestre, tenant une épée d'argent, garnie d'or, accostée de deux fleurs de lis de même.

Ile de France, Dauphiné. D'azur à trois piques d'or posées en pal.

Auvergne. Ecartelé : aux 1 et 4 de sinople au cor de chasse d'or; aux 2 et 3 d'azur à la tour d'argent ajourée de sable.

Dauphiné. D'azur à la bande d'or accompagnée en chef d'un croissant et en pointe d'un besant, le tout de même. — D'azur semé de piques d'or. — Parti : au 1 écartelé d'argent et d'azur, qui est de Blanc; au 2 de gueules au cygne d'argent, au chef de même chargé d'un croissant d'azur. — De gueules au cygne d'argent; au chef écartelé en sautoir d'argent et de gueules, chargé en cœur d'un croissant d'or.

Bretagne. De gueules à trois bandes d'or. — Tiercé en écusson d'or, de sable et de gueules; à une étoile d'argent posée en chef sur le gueules.

Normandie. D'azur à trois licornes effarées d'argent.

Plusieurs des familles auxquelles se rapportent ces armes sont éteintes ou nous sont inconnues. D'autres ont ajouté à leur nom primitif des noms de terre qui les distinguent entre-elles.

Blanc, proprement dit, est représentée par le baron de **Blanc**, chevalier de la Légion d'honneur, à Faverges, département de la Haute-Savoie; Blanc de Castillon, réside au château de Valmeuse, par Lambesc, département des Bouches-du-Rhône; Blanc du Coulet, est trésorier des invalides à Arles; Blanc de la Martinière est directeur des contributions directes, à Digne; Blanc de Sipriot, réside à Marseille.

BLANC DE SAINT-BONNET. *Lyonnais* et *Forez.*

Cette famille reçut en fief en 1400 la terre de Saint-Bonnet pour garder la première station de l'ancienne voie romaine de Lagdunum à Burdigala. Son nom est représenté par Joseph-Antoine-Elisabeth-Adolphe Blanc de Saint-Bonnet, chevalier de la Légion d'honneur et de l'ordre de Saint-Grégoire-le-Grand, à Lyon.

BLANC DE MOLINES. *Languedoc.*

D'azur au soleil d'or, cantonné de quatre roses d'argent.

Cette maison est représentée par de Blanc de Molines, maire de la commune de Claix, département de l'Isère.

BLANCARD (voir Saint-Victor de Saint-Blancard).

BLANCHARD. *Bourgogne, Normandie, Bretagne.*

Bourgogne. D'azur à l'arbre d'or.

Normandie. D'azur au chevron d'or, surmonté d'une croix de même et accompagné en pointe de trois molettes aussi d'or posées 2 et 1.

Bretagne. D'argent à deux bandes de sable chargées chacune d'une macle du champ.

Il existe deux représentants du nom de Blanchard proprement dit : De Blanchard, chevalier de la Légion d'honneur, conseiller général à Morteaux-Coulibœuf, département du Calvados; de Blanchard, notaire à Montignac, département de Lot-et-Garonne; Henri-Pierre de Blanchard de la Brasse, est attaché à l'administration des lignes télégraphiques à Paris; de Blanchard de l'Hôpital, réside à Saint-Jean-de-Braye, département du Loiret.

BLANCHARD DE LAVAL. *Bretagne.*

D'azur à trois croissants d'argent.

Ce nom qui s'écrit aussi Blanchard du Val est représenté par le juge de paix des Anses d'Arlet, à la Martinique.

BLANCHETTI. *Comtat Venaissin. Italie.*

Bandé d'argent et d'azur.

Cette famille est représentée en France par le comte de Blanchetti qui réside à Avignon.

BLANCMESNIL (DELLEY). *Canton de Vaud.*

D'azur au lion d'or, armé et lampassé de gueules, le bouquet de la queue tourné en dehors; à deux cotices d'or brochant l'une sur les pattes du lion, l'autre sur la queue.

Cimier : un lion naissant d'or.

Devise : *Jussu Domini Dei.*

Le chef de nom et d'armes comte de Delley de Blancmesnil, réside à Paris; Delley de Blancmesnil a sa résidence à Versailles.

BLANGY. *Beauvoisis.*

D'argent au lion de gueules.

Nous connaissons deux représentants du nom de Blangy : Le chef de nom et d'armes, comte de Blangy, habite Paris; le vicomte de Blangy, habite la campagne dans le département du Calvados.

BLANQUART. *France.*

D'azur au chevron d'argent, accompagné en pointe d'une billette de même; à la bordure de gueules.

A cette famille du Calaisis, appartiennent aujourd'hui : le baron Blanquart de Bailleul, ancien vice-président de la chambre des Députés, et procureur-général à la cour de Douai; ses trois fils, dont l'aîné a laissé des souvenirs dans la garde nationale de Paris; le second est intendant militaire; le troisième a été évêque de Versailles, et plus tard, archevêque de Rouen; ses petits fils, dont l'un est percepteur des finances, l'autre, sous-préfet de Dunkerque; ses neveux et petits-neveux : Blanquart de la Barrière; Blanquart de Lamotte, protonotaire apostolique; Blanquart des Salines, père; Blanquart des Salines, procureur impérial près le tribunal de Chartres; Emmery de Blanquart de Septfontaines, ingénieur en chef des ponts-et-chaussées.

BLANQUET. *Languedoc.*

D'argent à la bande de gueules chargée de trois roses du champ, et accompagné de deux croissants du second, celui du chef versé.

Le *Blason de France* donne ces armes au nom de Blanquet de Bouville, famille représentée par le baron de Blanquet de Bouville et ses deux fils : l'un Edmond, sert au 13° régiment d'artillerie; l'autre, Gaston, est à l'école polytechnique.

Henri de Blanquet du Chayla, officier de la légion d'honneur, est commissaire de la marine; le baron de Blanquet de Fulde, réside à Paris.

BLAVET. *Paris.*

D'argent à trois losanges de gueules, deux en chef et une en pointe.

Cette famille est représentée par Paul et Charles de Blavet, tous deux à Paris.

BLAVETTE. *France, Champagne, Paris.*

FRANCE. D'or au sautoir d'azur.

CHAMPAGNE. De sable à un pal d'argent chargé de trois croix de gueules.

Paris. D'argent à trois losanges de gueules.

Cette famille est représentée par le comte de Blavette, à Paris; de Blavette, au château d'Échelles par Roye, département de la Somme; Clément de Blavette, à Barville, département de l'Orne; Paul de Blavette, à la campagne, dans le département de l'Orne et de Blavette à la campagne, dans le département de l'Aisne.

BLAYE (le). *Guyenne, Bretagne.*

Guyenne. D'azur à trois fasces d'argent.

Bretagne. De sinople à un arbre d'or, à dextre à un épi de blé de même; à sénestre posés chacun sur une motte aussi d'or.

Cette ancienne famille a six représentants: de le Blaye, au château de Sablonière, par Beaumont-les-Autels, département d'Eure-et-Loire; de le Blaye, docteur en médecine, à Bordeaux; de le Blaye, vicaire de la Couture, au Mans; de le Blaye, notaire à Saumur, qui a un fils; de le Blaye, docteur en médecine, à Coméré, département de la Sarthe; de le Blaye, à Parcé, département de la Sarthe.

BLÉCOURT. *Picardie, Artois.*

Picardie. De gueules au lion d'argent armé et lampassé de gueules.

Artois. D'or, à trois lions de sable.

Le chef de nom et d'armes de cette ancienne famille, de Blécourt, habite le château de Cellier, près de Laon.

BLÉGIERS DE TOULIGNY. *France.*

D'azur au bélier d'argent, accorné et onglé d'or, accompagné en chef d'une étoile de même.

L'unique représentant du nom, marquis de Blégiers de Touligny, réside au château de Saint-Marcellin, près Vaison, département de Vaucluse.

BLETTERIE (de la). *Bretagne.*

D'argent à une plante de poirée mouvante d'une terasse de même, accompagnée en chef de six étoiles d'azur.

De la Bletterie, chevalier de la Légion d'honneur, unique représentant du nom, est chef d'escadron d'état-major.

BLIC. *Normandie.*

D'argent à trois roses au naturel.

Cette famille venue d'Irlande à la suite de Jacques II, n'est plus représentée que par le comte de Blic, au château d'Échalot, par Arnay-le-Duc, département de la Côte-d'Or.

BLIN. *Picardie, Provence.*

Picardie. Blin de Bourdon. D'argent à trois trèfles renversés de sable, surmontés de trois merlettes de même. L'écu timbré d'une couronne de vicomte.

Supports : Deux lévriers.

Provence. Blin de Varlemont. Parti : au 1 de gueules au bélier d'or; au 2 échiqueté de sinople et d'argent; au chef d'or, chargé d'une couleuvre ondoyante d'azur, en pal.

Le vicomte de Blin de Bourdon réside à Paris et au château de Bourdon, par Piquiguy, département de la Somme; Blin de Varlemont est conseiller général, maire de Villers-Cotterets, département de l'Aisne.

BLINAYS (de la). *Bretagne.*

D'argent à trois rencontres de bélier de sable.

Cette famille est représentée par de la Blinays, au château de la Blinays, près de Saint-Aubin, département d'Ille-et-Vilaine.

BLOIS. *Champagne, Soissonnais, Bretagne.*

D'argent, à deux fasces de gueules, chargées chacune de deux annelets d'or.

Devise : *Agere et pati fortia.*

Nous trouvons encore plusieurs représentants du nom de Blois : de Blois, proprement dit à Paris; de Blois, maire de Huillé, au château de Huillé, département de Maine-et-Loire; de Blois de la Calande, général de brigade, à Paris.

BLONAY. *Chablais.*

De sable, semé de croissettes d'argent; au lion d'or brochant sur le tout.

Le baron de Blonay réside au château de Maxilly, par Evian, département de la Haute-Savoie; de Blonay, sans titre, réside à Paris.

BLOND (LE). *Picardie, Bourgogne, France.*

PICARDIE, BOURGOGNE. D'argent à trois portails de gueules.
FRANCE. De sable à une hure de sanglier d'argent.

On ne retrouve plus le nom de le Blond, en noblesse, qu'au château de Boistyrel, par Isigny, département de la Manche.

BLONDEAU. *Champagne, Picardie, Bourgogne, Bretagne.*

CHAMPAGNE, PICARDIE. De sable à trois besants d'or.

BOURGOGNE, BRETAGNE. D'or au chevron d'azur, chargé d'un croissant d'argent et accompagné de trois œillets de gueules tigés, feuillés et soutenus de sinople. — D'azur au chevron abaissé d'or, accosté de deux croissants d'argent et surmonté d'une étoile de même.

Nous ne retrouvons plus qu'un représentant du nom : Blondeau, conseiller général du département du Doubs.

On connait encore de Blondeau de Jussieu, à Paris et un ecclésiastique, de Blondeau de Sivory, vicaire de Saint-Nicolas-du-Chardonneret, à Paris.

BLONDEL. *Normandie, Dauphiné, Flandre, Artois.*

NORMANDIE. D'azur à la fasce d'or accompagnée en chef de deux glands de même, et en pointe d'une moucheture d'hermines aussi d'or, soutenue d'un croissant de même. — D'argent à la fasce d'azur chargée d'un cœur d'or, adextré d'un fermeau et senestré d'un croissant, le tout de même; la fasce accompagnée de neuf mouchetures d'hermines de sable, quatre en chef et cinq en pointe, posées 3 et 2. — D'azur au chevron d'or accompagné de trois blondeaux ou tourterelles de même. — D'azur semé de trèfles d'or; au lion naissant de même, armé et lampassé de gueules, brochant sur le tout. — De gueules au sautoir d'argent chargé de cinq mouchetures d'hermines de sable.

Dauphiné. De sinople à l'épée d'argent accostée de deux croissants de même et surmontée de trois étoiles mal ordonnées aussi d'argent.

Flandre. De sable à la bande d'or. — Écartelé : aux 1 et 4 de sable à la bande d'or; aux 2 et 3 d'or fretté de gueules au franc-quartier de Wavrin, qui est d'azur à l'écusson d'argent. — De gueules à l'aigle d'argent, becquée et membrée d'or.

Artois, Flandre, Normandie. De gueules à l'aigle d'argent, becquée et membrée du champ.

Sous le nom générique de Blondel on ne retrouve plus que deux représentants : Alfred, baron de Blondel de Beauregard. à Paris et de Blondel de la Bougery, officier de la Légion d'honneur, à Fort-de-France, Martinique.

BLONDEL D'AUBERS. *Artois.*

De gueules à l'aigle éployée d'argent, becquée et membrée du champ.

Le chef de nom et d'armes, comte de Blondel d'Aubers, est maire de Vendin-le-Vieil, par Lens, département du Pas-de-Calais.

BLONDIN DE PÉRÉVILLE. *France.*

D'azur à la bande d'or, chargée de trois trèfles de sable.
L'unique représentant du nom, de Blondin de Péréville, réside au château de Baizieu, par Corzic, département de la Somme.

BLOSSEVILLE (Poret de). *Île de France.*

D'azur à trois glands d'or, posés 2 et 1. Supports : deux lions armés de gueules.

Devise : *In robore robur.*

Cette famille n'est plus représentée que par deux cousins germains sans alliance, ayant chacun une sœur veuve, savoir :

Bénigne-Ernest Poret, marquis de Blosseville, ancien député de l'Eure, conseiller général de ce département, maire d'Amfreville-la-Campagne, commandeur des ordres de Saint-Grégoire-le-Grand et de Charles III d'Espagne, chevalier des ordres de la Légion d'honneur et d'Isabelle la Catholique, auteur d'une histoire de la *Colonisation pénale et des établissements de l'Angleterre dans l'Australie.*

Joseph-Edouard Poret, vicomte de Blosseville, maire de la Chapelle-du-bois-des-faux, par Evreux, département de l'Eure.

BLOTTEFIÈRE. *Picardie.*

D'or à trois chevrons de sable.

Le chef de la branche ainée de cette famille, Paul-Marie-Scipion, comte de la Blottefière, est attaché à l'administration des lignes télégraphiques de l'empereur, à Paris. Elle est représentée également par un frère et par deux autres membres en ligne collatérale.

BLOU. *Languedoc.*

Parti : au 1 de gueules à trois bandes d'or ; au 2 d'azur à sept roses d'or, rangées en pal. — D'argent au cyprès de sinople.

Le comte de Blou, chef de nom et d'armes, habite la campagne dans le département de l'Ardèche ; un autre représentant, de Blou, est propriétaire dans le département de la Sarthe.

BLONAY. *Faucigny.*

De sable semé de croisettes recroisettées au pied fiché d'argent; au lion d'or brochant sur le tout.

Le baron Emmerand de Blonay, chef de nom et d'armes de la famille, réside à Evian, département de la Haute-Savoie.

La branche vaudoise de la famille possède l'antique château de Blonay, près de Vevey.

BOBERIL (DU). *Bretagne.*

D'argent à trois ancolies d'azur, les tiges en haut, de gueules.

Le chef du nom et d'armes de cette ancienne famille bretonne, Fortuné, comte du Boberil, réside dans le département de la Mayenne; Olivier, vicomte du Boberil, autre représentant du nom, habite la campagne dans le département d'Ille-et-Vilaine.

BOBIÈRE DE VALLIÈRE. *Versailles.*

D'azur à une ancre d'or; au chef d'argent chargé de trois têtes d'aigles arrachées de sable; accolé de gueules à un miroir rond d'argent pommeté d'or.

L'unique représentant du nom, de Bobière de Vallière, est juge à Versailles.

BOCQUELEY. *Dauphiné.*

D'or, au chef échiqueté d'argent et d'azur de deux tires.
Devise : *Quoiqu'il en advienne.*

Ce nom est encore représenté par de Bocquey, au château d'Hermival-les-Vaux, par Lisieux, département du Calvados.

BODARD ou **BAUDARD.** *Normandie.*

Parti : au 1 d'azur, à trois fasces ondées d'argent, qui est de Bodard; au 2 d'azur au dard d'or, posé en fasce, la pointe vers senestre, accompagnée de trois têtes de loup arrachées d'argent, posées 2 en chef, 1 en pointe; au chef d'or chargé d'une épée de sable, posée en fasce, la pointe vers sénestre, qui est de Jacopière.

Devise : *A beau dard noble but*, et *Ce n'est rien, vive le roi !*

Cette famille qui tire son nom du fief de Bodard, près Thiberville, qu'elle possédait déjà en 1399, s'est divisée en deux branches : Diégo-Antoine-Jérôme de Baudard, chef de la branche de Saint-James, ancien officier supérieur de la garde royale, chevalier de la Légion d'honneur, au château de la Jacopière, près Craon, département de la Mayenne. La seconde branche est représentée par Félix-Augustin de Bodard, baron de Saint-James, à Tours.

BODIN DE BOISRENARD. *Cambrésis*.

D'azur au chevron d'or accompagné de trois roses de même, posées deux en chef et une en pointe; au chef d'argent chargé de trois merlettes d'azur. Couronne : de comte.

La maison de Bodin, anciennement de Baudin et le Baudin est très-ancienne et se divise en deux branches. La première a pour chef de nom et d'armes Victor de Bodin de Boisrenard, à Orléans, veuf de dame de Courcy, dont trois filles mariées. Elle est encore représentée par Adolphe de Bodin de Boisrenard, au château de Boisrenard, par Nouan-sur-Loire, département de Loir-et-Cher, veuf de dame de Trimond, dont deux enfants : Léocadie, épousa le vicomte de Montlivault, lieutenant de vaisseau ; Louis, frère d'Adolphe, épousa à Rennes mademoiselle de Coniac dont trois enfants.

La seconde branche est représentée par Marie-Joseph, chevalier de Bodin de Boisrenard, à Orléans.

BODIN DE GALEMBERT. *Cambrésis*.

D'azur au chevron d'or accompagné de trois roses de même, posées 2 et 1; au chef d'argent chargé de trois merlettes d'azur. Couronne : de comte. Supports : Deux lions.

Bodin de Galembert, de même souche et de noblesse d'extraction, est une des plus anciennes familles du Cambrésis où son existence est constatée dans la charte de l'abbaye de Saint-Aubert, dès l'an 1120. Établie dans la seigneurie de Boisrenard, en Orléanais, vers 1550 elle est représentée par trois frères : Louis, comte de Bodin de Galembert, chef de nom et d'armes, à Tours, qui a six fils; Henri, vicomte de Bodin de Galembert, à Vesly, par Gisors, département de l'Eure, qui a six fils; Charles, baron de Bodin de Galembert, au château d'Etteveaux, par Luzy, département de la Nièvre, qui a quatre fils.

BOÉ. *Toulouse, Montauban.*
D'or, à un hibou d'azur.

Cette famille est représentée par de Boé, à Lille et par de Boé de Creyssels, au chateau de Milhau, par Najac, départemement de l'Aveyron.

BOESSIÈRE (DE LA). *Bretagne.*
De sable au sautoir d'or. — D'or à trois trèfles de gueules. — D'azur au chevron d'argent accompagné de trois têtes de léopard d'or. — D'argent à un buis arraché de sinople. — De gueules à trois bandes d'or. — Parti, denché d'or et de gueules. — De gueules à sept molettes ou macles d'or posées 3, 1 et 3. — De sable au sautoir d'or. — D'azur au léopard d'or accompagné de trois quintefeuilles de même. — D'argent à cinq fusées de gueules accolées en bande. — Bandé d'hermines et de gueules. — D'argent à six annelets d'azur. — D'argent à deux fasces doublement nouées de gueules.

Cette famille est représentée par le marquis de la Boessière, au château de Malleville, par Plouermel, département du

Morbihan; elle est également représentée par de la Boessière, sans titre, au château de Kerascouet, par Ploudalmezeau, département du Finistère.

BŒUF (le). *France, Bretagne, Lorraine.*

France. D'argent à trois arbres de sinople posés sur une terrasse de même et deux flammes de gueules entre les arbres, sortant de la terrasse: au chef d'azur, chargé d'un croissant d'or entre deux étoiles de même.

Bretagne. De sable, au rencontre de bœuf d'or, accompagné de huit molettes de même, rangées en orle.

Lorraine. D'azur au chevron rompu d'or, accompagné en chef de deux molettes d'argent, et en pointe d'une aigle éployée de même.

L'unique représentant du nom, Le Bœuf, grand officier de la Legion d'honneur, est directeur du dépôt central de l'artillerie, à Paris.

BOIGNE (le Borgne de). *Picardie, Bretagne.*

Picardie. D'or à l'aigle de sable.

Bretagne. D'azur à trois huchets d'or, liés, virolés, enguichés de même. — D'argent au chef denché de gueules.

Benoit le Borgne de Boigne né à Chambéry, passa aux Indes Orientales, servit dans la compagnie anglaise de Madras et devint général des armées du prince Mahratte. Il remporta sur les rajahs voisins une victoire éclatante, qui le fit combler de faveurs et de richesses. Le roi de Sardaigne lui a conféré le titre héréditaire de comte. Son petit-fils le comte Ernest de Boigne, a épousé Delphine de Sabran Pontèves le 24 juin 1852. Il siégeait comme député au parlement de Turin en mars 1860.

La famille est représentée par le comte le Borgne de Boigne, conseiller général à Yenne, département de la Savoie; Charles, baron le Borgne de Boigne, à Paris; Octave, comte le Borgne de Boigne, conseiller général, à Boisy, par Douvaine, Haute-Savoie.

BOILEAU DE LACAZE. *Touraine.*
De gueules au chevron d'argent accompagné de trois molettes d'or.

On retrouve à Toulouse le nom de Boileau de Lacaze.

BOILLE. *Espagne.*
De sinople au bœuf passant d'or.

Le comte de Boille et Rodrigue de Boille, seuls représentants du nom, résident à Paris.

BOINET. *Poitou.*
D'argent, au lion de gueules, lampassé et armé d'or; au chef d'azur.

Cette famille est encore représentée par de Boinet, au château de Brisais, département de la Vienne.

BOIRE (DE LA). *Poitou.*
De gueules à un lion d'argent, couronné, lampassé et armé d'or.

De la Boire, chevalier de la Légion d'honneur, seul représentant du nom, réside au château de Castillon, par Balleroy, département du Calvados.

BOIS (DU). *Lorraine, Normandie.*
LORRAINE. D'azur au chevron d'or.

NORMANDIE. D'or à l'aigle de sable. — De sable à l'aigle d'or.

On retrouve encore sept représentants nobles du nom : du Bois, architecte, à Paris; du Bois, ancien notaire, à Paris; du Bois, au château de Cendrecourt, par Jussey, département de la Haute-Saône; le comte du Bois du Bais, chevalier de Légion d'honneur, à Paris; du Bois d'Effre, au château de son nom, par

Alençon; le comte du Bois de la Motte, au château de Cussé, par Bonévière, département d'Ille-et-Vilaine; Jean-Marie-Joseph, Pierre-Aimé du Bois de la Villerabel, juge honoraire près le tribunal de première instance, à Saint-Brieuc.

BOIS-ADAM. *Bretagne, Normandie.*

De gueules à la bande d'argent chargée de trois mouchetures d'hermines de sable et cotoyée de six molettes du second.

Cette famille n'a plus d'autre représentant qu'un habitant de Paris.

BOIS-BÉRANGER (DU). *Bretagne.*

D'or à la bande de gueules.

Nous connaissons deux représentants du nom : la douairière de Bois-Béranger à Rennes et un capitaine de cavalerie de la garde impériale.

BOIS-BOISSEL. *Bretagne.*

D'hermines; au chef de gueules, chargé de trois masses d'or.
Devise : *Soli gestant insignia fortes.*

Du Bois-Boissel, seul représentant connu du nom est juge au tribunal civil à Guingamp, département des Côtes-du-Nord.

BOISCHEVALIER. *Bretagne.*

D'or à une meule de sable.

Cette famille a deux représentants : de Boischevalier, au château de Boischevalier, par Lège, département de la Loire-Inférieure; Eugène de Boischevalier, ingénieur à Paris.

BOISDULIÉ. *Bretagne.*

De sable au chef d'argent denché de gueules, chargé de trois coquilles de même.

Cette famille n'est plus représentée que par la douairière de Boisdulié, à Rennes, département d'Ille-et-Vilaine.

BOISE DE COURCENAY. *Guyenne.*

D'azur à deux palmiers arrachés d'or, enchainés de même et surmontés de six étoiles aussi d'or, rangées en chef.

Le seul représentant connu du nom réside au château de Rocherolles, département de l'Indre.

BOISFLEURY (POTIRON ou POTERON DE) *Bretagne.*

D'azur à une vire d'or dans laquelle est renfermée une aiguière ou vase d'argent. Heaume: de chevalier, orné de ses lambrequins.

Ces armes sont enregistrées dans l'*Armorial de 1696, généralité de Bretagne*, tome II. p. 384.

De noblesse de robe et originaires de l'Ile-de-France, les membres de cette famille ont été de père en fils et pendant près de quatre cents ans, sénéchaux des Montmorency et du Comté, en Bretagne où elle vint se fixer vers 1625 avec Anne de Montmorency. L'aïeul des chefs actuels de la famille était avant 1788 gentilhomme de la maison de Condé, président de la cour des Traites à Nantes.

La famille se divise aujourd'hui en deux branches :

Branche ainée. César-Joseph de Potiron de Boisfleury, propriétaire à Plessé, département de la Loire-Inférieure, qui épousa Lucile de Charil de Ruille dont cinq enfants : Elise, sans alliance; Eugène, magistrat, Louis, fonctionnaire du département des finances; César, capitaine de chasseurs à pied; Charles, officier de dragons.

Deuxième branche. Prosper de Potiron de Boisfleury, propriétaire à Guemené-Penfao, département de la Loire-Inférieure, a épousé N... de Lamour de Lanfégu, nièce du vicomte de Châteaubriant, dont trois enfants : Aline, Louis et Henry, sans profession ni alliance.

BOISGELIN. *Bretagne.*

Ecartelé : aux 1 et 4, de gueules, à une molette d'éperon à cinq rais d'argent; aux 2 et 3, d'azur plein.

Devise : *in virtute vis.*

Originaire du château de Boisgelin, en Bretagne qu'elle possédait déjà en 1166 et qu'elle possède encore aujourd'hui, cette famille a plusieurs représentants, savoir : Charles-Eugène-Joseph, marquis de Boisgelin, commandeur de l'ordre de Saint-Georges, maire de Saint-Martin-de-Pallieres, département du Var, qui épousa Marie-Virginie-Charlotte-Angélique Sallony, dont sept enfants.

La branche cadette est représentée par Bruno, marquis de Boisgelin, à Paris, qui épousa Isabelle de Guérault dont trois enfants. Elle est également représentée par Alexandre-Marie comte de Boisgelin, à Paris, qui épousa Berthe-Aline-Françoise-Marie Leclercq, dont trois enfants.

BOISGROLIER. *Poitou.*

D'argent à une croix pattée, losangée d'azur et d'or.

L'unique représentant du nom, de Boisgrolier, réside à son château, par Lusignan, département de la Vienne.

BOIS-GUEHENEUX. *Bretagne.*

D'argent à une aigle à deux têtes de sable, becquée et onglée de gueules.

Le représentant unique de cette famille, réside au château de Mezarette, département d'Ille-et-Vilaine.

BOISGUERET. *Orléanais, Berry.*

ORLÉANAIS. D'or à trois arbres de sinople rangés en fasce, accompagnés en chef de deux croisettes pattées de gueules et en pointe d'un croissant d'azur.

BERRY. D'or à un arbre de sinople, soutenu d'un croissant d'azur et accosté de deux croix pattées de gueules.

Cette famille qui joint à son nom celui de la Vallière à trois représentants : l'un à Blois, l'autre à la campagne dans le même département et le troisième dans l'armée.

BOISGUYON. *Normandie.*

D'argent à la fasce d'azur, surmontée d'un lambel de même de trois pendants; à la bordure aussi d'azur.

Le comte de Boisguyon, unique représentant du nom, réside à Paris.

BOIS-HAMON (DU). *Bretagne, France.*

BRETAGNE. D'argent au cerf de gueules ramé d'or.

FRANCE. De sable au léopard lionné d'or, armé et lampassé de gueules. — D'argent au chevron de gueules, accompagné de trois quintefeuilles de même.

Nous connaissons quatre représentants du nom : l'abbé de Bois-Hamon, à Rennes; du Bois-Hamon, au château de La Lande, par Montauban, département d'Ille-et-Vilaine; du Bois-Hamon, au château de Baugas, par Guérande, département de la Loire-Inférieure; du Bois-Hamon, maire de Ploudano, au château de Monchoix, département des Côtes-du-Nord.

BOIS-HÉBERT. *Normandie.*

D'azur à trois roses d'or.

Cette famille est représentée par de Bois-Hébert, au château de Saint-Maurice, à Lillebonne, département de la Seine-Inférieure.

BOISLAMBERT. *Champagne.*

D'azur à une croix d'argent.

L'unique représentant du nom, de Boislambert ou Bois-Lambert, réside au château de Bauville, par Ryes, département du Calvados.

BOISLAMOTTE. *Bretagne.*

D'azur à onze billettes d'argent, posées 4, 3, 4; à la bordure de gueules.

Cette famille bretonne, dont le nom s'écrit aussi du Bois de la Motte est représentée au château de Cucé, par Bruz, département d'Ille-et-Vilaine.

BOISPÉAN (du). *Bretagne.*

Écartelé : aux 1 et 4 d'argent semé de fleurs de lis d'azur; aux 2 et 3 d'argent fretté de gueules.

Du Boispéan, unique représentant du nom, réside au château de la Trinité, par Châteaubriant, département de la Loire-Inférieure.

BOIS-MILON. *France.*

D'argent à la bande de sable, chargé d'un lion d'or entre deux coquilles de même, posées dans le sens de la bande.

De Bois-Milon, unique représentant du nom, réside à Nice.

BOISREDON. *Poitou.*

D'azur à un bois de cerf d'argent; au chef aussi d'argent.

Cette famille a deux représentants : de Boisredon, président de la société de secours mutuels, à Saint-André-de-Cubzac, département de la Gironde; de Boisredon, au château de Gachepel, par Lavaur, département du Tarn.

BOISRENAUD. *Picardie.*

D'argent à une quartefeuille de sinople accolée à un bois de même.

L'unique représentant du nom, de Boisrenaud a sa résidence d'été au château d'Embourg, par Souvegny, département de l'Allier et celle d'hiver à Paris.

BOIS-RIOU. *Bretagne.*

D'azur fretté d'argent, accolé d'azur à une bande d'or accostée en chef de trois molettes de même et en pointe d'une coquille du second.

Le marquis de Bois-Riou, unique représentant du nom, réside à son château de Perros-Guirec, département des Côtes-du-Nord.

BOIS-ROGER. *Rouen.*

D'or à trois roses de gueules posées 2 et 1.

Cette famille a pour représentant unique de Bois-Roger, au château de Saint-Prest, par Chartres, département d'Eure-et-Loir.

BOISSARD. *Anjou.*

De gueules à trois faisceaux d'or, liés de même, les pointes en haut.

Cette familles a deux représentants : de Boissard, maire à Saint-Germain-des-Prés, par Saint-George, département de Maine-et-Loire; François, comte de Boissard de Bois-Denier, à Paris.

BOISSAT DE LAGRAVE. *Dauphiné.*

De gueules à la bande d'argent accompagnée de six besants d'or mis en cercle, trois en chef et trois en pointe. — D'azur à trois roses de gueules boutonnées d'or.

Cette famille est uniquement représenté par de Boissat de Lagrave, conseiller-général à Brantôme, département de la Dordogne.

BOISSE. *Limousin, Lyonnais.*

LIMOUSIN. Fascé d'argent et de gueules, les deux fasces d'argent chargées chacune de trois mouchetures d'hermines de sable.

LYONNAIS. D'argent à l'arbre arraché de sinople; au chef de gueules, chargé de trois besants d'or.

Cette famille est représentée par de Boisse au château de son nom, par Castelnau, département du Lot.

BOISSEAU. *France.*

D'or à trois lions de gueules sortant de trois boisseaux d'azur.

Cette famille a trois représentants : de Boisseau de la Galernerie, à Fort-de-France, Martinique; de Boisseau de Mallanville, receveur de l'enregistrement à Vendôme, département de Loir-et-Cher; de Boisseau de Mallanville, conseiller général à Marcilly-le-Hayer, département de l'Aube.

BOISSEL DE MONVILLE. *Normandie.*

Écartelé : au 1 d'azur semé de billettes d'or, au lion du même, brochant sur le tout, qui est de Boissel; au 2 de gueules au mur crênelé d'argent, maçonné de sable; au 3 d'argent à trois têtes de more; au 4 d'azur au gouvernail d'or gouverné d'un dauphin.

De Boissel de Monville, unique représentant du nom, réside à Paris.

BOISSET (Glossac de). *Auvergne.*

De gueules au lion d'or rampant contre un arbre d'argent ; au chef d'azur à trois étoiles d'or.

Cette famille d'ancienne chevalerie, originaire d'Auvergne où elle a adopté le nom d'une petite ville et d'un château ou seigneurie a quatre représentants : Balthazar-Jean-René, vicomte de Boisset chef de nom et d'armes, à Saintes, département de la Charente ses oncles, Paul de Boisset, à Douai; Elie de Boisset à Lisle d'Alby, département du Tarn; Prosper de Boisset, officier de cavalerie.

BOISSET. *France, Auvergne.*

France. D'azur à trois épis d'or.

Auvergne. D'or au chêne arraché de sinople; au chef d'azur chargé de trois étoiles du champ.

L'unique représentant de cette famille de Boisset, réside au château de Fabriargue, par Saint-Ambroix, département du Gard.

BOISSEUIL. *Versailles.*

D'azur à une bande d'argent chargée de trois larmes de gueules.

Le comte de Boisseuil, unique représentant du nom, réside au château de Bareau, par Perrigueux, département de la Dordogne.

BOISSI. *Toulouse, Montauban, Ile-de-France.*

Toulouse, Montauban. De gueules à une foy d'argent tenant deux branches de laurier passées en sautoir de même; écartelé d'or à un buisson de sinople et un chef d'azur, chargé d'une croix d'argent accostée de deux étoiles d'or.

Ile-de-France. D'or à l'aigle de sable.

L'unique représentant du nom, de Boissi, réside au château de Barsuges, par Montbert, département de la Loire-Inférieure.

BOISSIÈRE (la). *France, Orléanais, Lyonnais.*

France. De gueules au lion d'or.

Orléanais. D'or au lion coupé de gueules sur azur, couronné du dernier émail.

Lyonnais. D'azur à la bande d'or chargée d'un alérion de sable et accompagnée de deux besants d'argent.

On retrouve encore deux représentants du nom : le baron de la Boissière à Paris; de la Boissière, à Lyon.

BOISSIEU, *Forez, Lyonnais, Bugey.*

D'azur au chevron d'or, chargé en pointe d'un trèfle de même.

Cette famille originaire d'Auvergne, fixée dans le Forez et le Lyonnais vers 1618, a pour chef de nom et d'armes Jean-Jacques-Marie-Alphonse de Boissieu, correspondant de l'Institut, qui épousa Antoinette-Marie-Simon de Gatellier dont un fils, Amédée-Gustave de Boissieu, officier au 2e de chasseurs à pied.

BOISSIEU. *France, Auvergne.*

France. De gueules semé de lionceaux d'argent.

Auvergne. D'azur à l'aigle d'or, becquée et membrée de sable; à trois roses d'argent mouvantes d'une même tige, feuillées du même, rangées en pointe de l'écu.

Cette famille a six représentants : de Boissieu professeur au grand séminaire à Bourg, département de l'Ain; de Boissieu, chef de bureau au ministère de la justice et des cultes, à Paris; de Boissieu, sous-chef au ministère de la maison de l'empereur, à Paris; de Boissieu du Tiret, receveur des postes, à Paris; de Boissieu, au château du Tiret, par Ambérieux, département de l'Ain; de Boissieu, au château de Beire-le-Châtel, à Mirebeau-sur-Bèze, département de la Côte-d'Or.

BOISSIEUX. *Auvergne.*

D'azur à une aigle d'or becquée et membrée de sable, soutenue de trois roses d'argent posées 2 et 1; accolées d'azur à un chevron d'or accompagné de trois billettes d'argent, deux en chef et une en pointe.

Cette famille est représentée par de Boissieux, conseiller de préfecture, à Metz, et de Boissieux, officier de la Légion d'honneur, conseiller à la cour de cassation, à Paris.

BOISSON. *Provence.*

D'azur au phénix d'or regardant à dextre un soleil de même.

Cette famille ancienne, originaire d'Aix, qui a donné plusieurs auditeurs et conseillers de la cour des comptes, s'est alliée aux Castellane, aux Piolene, etc. Le chevalier de Boisson siégea aux assemblées de la noblesse en 1789.

Elle est représentée aujourd'hui par de Boisson, président de la chambre de commerce, à Philippeville, Algérie.

BOISSONNET. *Limousin.*

D'or à un pal ondé de gueules.

Cette famille a deux représentants : le baron de Boissonnet, chevalier de la Légion d'honneur, conseiller municipal, à Dely-Ibrahim, Algérie; de Boissonnet, officier de la Légion d'honneur, colonel du génie, conseiller général à Sézanne, département de la Marne.

BOISSY. *France, Forez.*

FRANCE. D'or à l'aigle de sable.

FOREZ. D'argent à trois fleurs de lis d'or posés 2 et 1.

De Boissy-Dubois unique représentant, est docteur en médecine à Clairac, département de Lot-et-Garonne.

BOISTARD DE PRÉMAGNY DE GLANVILLE. *Normandie.*

D'azur à trois aigles d'argent les vols étendus, posées 2 et 1; au chef d'or chargé de trois molettes de sable. Heaume : de chevalier. Lambrequins : d'or, d'argent et d'azur.

L'unique représentant de la famille, de Boistard de Prémagny de Glanville est propriétaire à Vauvilles, par Touques, département du Calvados.

BOISTEL. *Ile de France. Picardie.*

D'azur à la bande d'or, chargée de trois molettes de sable et accostée de deux lions du second.

PICARDIE. BOISTEL DE MARTINSART. De gueules à la bande en losange d'argent.

Cette famille a deux représentants : de Boistel, percepteur à Tours-sur-Marne, département de la Marne; de Boistel de Belloy, au château de Belloy-sur-Somme, département de la Somme.

BOISVILLE. *Soissonnais.*

D'azur à trois losanges d'argent posées 2 et 1; au chef d'or chargé d'un lion léopardé de gueules; accolé d'azur à une molette d'or surmontée en chef d'un lambel d'argent.

Cette famille est représentée par de Boisville, au château de Buleux, par Visemont, département de la Somme; de Boisville, docteur en médecine à Pont-Ecrepin, département de l'Orne.

BOITEL DE DIENVAL. *Paris.*

D'azur à une boîte doublée d'or, sommée d'un chérubin d'argent.

L'unique représentant du nom de Boitel de Dienval, réside au château de la Folie à Pierrefonds, département de l'Oise.

BOMPARD. *Provence.*

D'azur, à deux colombes d'argent, perchées sur un tronc écoté d'or, posé en face.

Cette maison compte aujourd'hui deux représentants à Orléans.

BOMPAS. *Guyenne.*

D'azur à un boutoir de mareschal d'argent.

Cette famille est uniquement représentée par de Bompas, au château de Greillères, par Angers, département de Maine-et-Loire.

FIN
DU PREMIER VOLUME

www.ingramcontent.com/pod-product-compliance
Lightning Source LLC
Chambersburg PA
CBHW060509170426
43199CB00011B/1383